"十四五"普通高等教育会计专业精品规划教材

配套辅导用书

审计学

学习指导与习题集

贺 超 万 菲 周中胜 主编

苏州大学出版社
Soochow University Press

图书在版编目(CIP)数据

审计学学习指导与习题集/贺超,万菲,周中胜主编.--苏州:苏州大学出版社,2023.8
"十四五"普通高等教育会计专业精品规划教材：配套辅导用书
ISBN 978-7-5672-4491-7

Ⅰ.①审… Ⅱ.①贺…②万…③周… Ⅲ.①审计学-高等学校-教学参考资料 Ⅳ.①F239.0

中国国家版本馆 CIP 数据核字(2023)第 143974 号

审计学学习指导与习题集
SHENJIXUE XUEXI ZHIDAO YU XITIJI
贺 超　万 菲　周中胜　主编
责任编辑　曹晓晴

苏 州 大 学 出 版 社 出 版 发 行
(地址:苏州市十梓街1号　邮编:215006)
丹阳兴华印务有限公司印装
(地址:丹阳市胡桥镇　邮编:212313)

开本 787 mm×1 092 mm　1/16　印张 18　字数 373 千
2023 年 8 月第 1 版　2023 年 8 月第 1 次印刷
ISBN 978-7-5672-4491-7　定价:58.00 元

图书若有印装错误,本社负责调换
苏州大学出版社营销部　电话:0512-67481020
苏州大学出版社网址　http://www.sudapress.com
苏州大学出版社邮箱　sdcbs@suda.edu.cn

"十四五"普通高等教育会计专业精品规划教材

编 审 委 员 会

顾　问　冯　博
主　任　周中胜
委　员　王则斌　俞雪华　龚菊明　茆晓颖　郁　刚　张　薇
　　　　何　艳　蒋海晨　薛华勇　王雪珍　滕　青

前言 Preface

本书是与周中胜编著的《审计学（第2版）》相配套的学习指导与习题集。本书在结构体系安排上与主教材一致，目的是便于学生更为高效地掌握现代审计的知识、理论与实务。在内容安排上，本书各章包括学习目标、重点与难点、强化练习题及其参考答案四部分内容。其中，强化练习题根据各章节核心知识点分布酌情设置单项选择题、多项选择题、论述题和综合业务题。本书最后还提供了两套综合模拟卷，旨在培养学生综合运用知识解决问题的能力，也可用于期末考试的模拟演练。

与同类教材相比，本书有以下四个特色：一是充分考虑了数智化技术发展给审计行业乃至审计人才培养带来的新变化，在内容编排上侧重对学生审计专业胜任能力等核心素质的培养，而弱化对审计概念的记忆与辨析；二是收录了近十年（2011—2021年）注册会计师考试审计科目的部分经典真题，以行业公认的难度最高的职业资质考试为引领，通过巧设真题情境，提高学生学习的积极性；三是内容丰富、详略得当，不仅对审计学课程核心知识点进行了全覆盖，而且还设计了阶梯形题组，更大程度地满足各个层次学生的学习需求；四是依据财政部最新修订的审计准则对相关表述和内容进行了修改，包括《中国注册会计师审计准则第1211号——重大错报风险的识别和评估》（2022年12月22日修订）、《中国注册会计师审计准则第1321号——会计估计和相关披露的审计》（2022年12月22日修订）、《中国注册会计师审计准则第1501号——对财务报表形成审计意见和出具审计报告》（2022年1月5日修订）。

本书在编写过程中得到了编者指导的研究生雷煜杰、孙嘉晶、蓬若曦、吴晓锵、冯明敏、胡悦、曹李强、袁广琴等的协助，在此表示感谢！由于编写时间仓促，并受编者经验和水平所限，书中难免存在不足之处，期盼同行专家与广大读者不吝指正。

编者

2023年5月于苏州大学

Contents 目录

第一章　审计概述

一、本章学习目标　/ 1

二、本章重点与难点　/ 1

三、本章强化练习题　/ 3

四、强化练习题参考答案　/ 11

第二章　注册会计师职业道德与法律责任

一、本章学习目标　/ 14

二、本章重点与难点　/ 14

三、本章强化练习题　/ 16

四、强化练习题参考答案　/ 26

第三章　注册会计师执业准则体系

一、本章学习目标　/ 30

二、本章重点与难点　/ 30

三、本章强化练习题　/ 32

四、强化练习题参考答案　/ 41

第四章　审计目标与审计计划

一、本章学习目标　/ 44

二、本章重点与难点　/ 44

三、本章强化练习题 / 49

四、强化练习题参考答案 / 60

第五章　审计证据和审计工作底稿

一、本章学习目标 / 64

二、本章重点与难点 / 64

三、本章强化练习题 / 71

四、强化练习题参考答案 / 81

第六章　审计抽样

一、本章学习目标 / 85

二、本章重点与难点 / 85

三、本章强化练习题 / 87

四、强化练习题参考答案 / 94

第七章　风险评估

一、本章学习目标 / 97

二、本章重点与难点 / 97

三、本章强化练习题 / 101

四、强化练习题参考答案 / 113

第八章　风险应对

一、本章学习目标 / 116

二、本章重点与难点 / 116

三、本章强化练习题 / 120

四、强化练习题参考答案 / 130

第九章　销售与收款循环的审计

一、本章学习目标 / 132

二、本章重点与难点 / 132

三、本章强化练习题 / 134

四、强化练习题参考答案 / 148

第十章　采购与付款循环的审计

一、本章学习目标 / 152

二、本章重点与难点 / 152

三、本章强化练习题 / 154

四、强化练习题参考答案 / 161

第十一章　生产与存货循环的审计

一、本章学习目标 / 163

二、本章重点与难点 / 163

三、本章强化练习题 / 165

四、强化练习题参考答案 / 177

第十二章　货币资金的审计

一、本章学习目标 / 181

二、本章重点与难点 / 181

三、本章强化练习题 / 184

四、强化练习题参考答案 / 193

第十三章　其他特殊项目的审计

一、本章学习目标 / 197

二、本章重点与难点 / 197

三、本章强化练习题 / 199

四、强化练习题参考答案 / 208

第十四章　完成审计工作

一、本章学习目标 / 211

二、本章重点与难点 / 211

三、本章强化练习题 / 214

四、强化练习题参考答案 / 226

第十五章　审计报告

一、本章学习目标 / 229

二、本章重点与难点 / 229

三、本章强化练习题 / 235

四、强化练习题参考答案 / 247

综合模拟卷（A卷） / 252

综合模拟卷（B卷） / 266

参考文献 / 280

第一章 审计概述

▶▶ 一、本章学习目标

（1）了解审计的产生与发展。

（2）理解审计的定义，能够识别审计要素。

（3）熟练掌握审计的分类方式，能够以不同的标准识别审计类型。

（4）熟练掌握注册会计师的业务范围及鉴证业务的分类。

（5）理解注册会计师的审计过程。

（6）熟练掌握会计师事务所组织形式的现状与发展趋势，重点掌握特殊的普通合伙会计师事务所的特点。

▶▶ 二、本章重点与难点

1. 审计的定义

审计是由有胜任能力的独立人对特定的经济实体的可计量信息进行收集和评价，以确定和报告这些信息与既定标准符合程度的活动。

2. 审计要素

审计要素包括：胜任的独立人员、经济活动和经济事项的认定、认定与既定标准的符合程度、客观的证据、系统过程、有关使用者。

3. 审计的分类方式

（1）按照审计主体分类：政府审计、内部审计、注册会计师审计。

（2）按照审计目的和内容分类：财务报表审计、经营审计、合规性审计。

（3）按照审计所依据的基础和所使用的技术分类：账项基础审计、制度基础审计、风险导向审计。

4. 注册会计师的业务范围

（1）审计业务：审查企业财务报表，出具审计报告；验证企业资本，出具验资报告；办理企业合并、分立、清算事宜中的审计业务，出具有关报告；办理法律、行政法规规定的其他审计业务，出具相应的审计报告。

（2）审阅业务：注册会计师在实施审阅程序的基础上，说明是否注意到某些事项，使其相信财务报表没有按照适用的会计准则和相关会计制度的规定编制，未能在所有重大方面公允反映被审阅单位的财务状况、经营成果和现金流量。相对于审计而言，审阅程序简单，保证程度有限，成本也较低。由于审阅程序简单，注册会计师通过实施审阅程序，通常不能获取足以支持较高程度保证（合理保证）的证据，而只能获取支持有限保证的证据。但注册会计师实施的证据收集程序至少应当足以获取有意义的保证水平，作为以消极方式提出结论的基础。

（3）其他鉴证业务：除了审计和审阅业务外，注册会计师还承办其他鉴证业务，如预测性财务信息审核、系统鉴证等，这些鉴证业务可以提高使用者的信任程度。

（4）相关服务业务：包括对财务信息执行商定程序、代编财务信息、税务咨询、管理咨询、会计服务等。

5. 审计过程

风险导向审计模式要求注册会计师在审计过程中，以重大错报风险的识别、评估和应对为工作主线，并将审计过程分为五个阶段：接受业务委托、计划审计工作、识别和评估重大错报风险、应对重大错报风险、编制审计报告。

6. 会计师事务所的组织形式

（1）独资会计师事务所：由具有注册会计师执业资格的个人独立开业，承担无限责任。优点是比较灵活，适合小型企业对注册会计师服务的需求。缺点是具有更高的诉讼风险。

（2）普通合伙会计师事务所：由两个或两个以上合伙人组成的合伙组织。合伙人以各自的财产对会计师事务所的债务承担无限连带责任。优点是在风险共担、利益共享机制的驱动下，会计师事务所不断提高执业质量和控制风险的能力。缺点是整个会计师事务所可能因个别合伙人的过失或舞弊行为受到牵连甚至倒闭。

（3）有限责任公司会计师事务所：由注册会计师认购会计师事务所股份，并以其所认购股份对会计师事务所承担有限责任。优点是可以通过公司制形式迅速聚集一批注册会计师，组成大型会计师事务所，承办大型业务。缺点是降低了风险责任对执业行为的高度制约，弱化了注册会计师的个人责任。

（4）特殊的普通合伙会计师事务所：特殊的普通合伙制是一项重要的制度创新，

其扬弃了普通合伙制和有限责任制各自的优缺点,成为我国会计师事务所做大做强的必然选择。

在特殊的普通合伙企业中,一个合伙人或者数个合伙人在执业活动中因故意或者重大过失造成合伙企业债务的,应当承担无限责任或者无限连带责任,其他合伙人以其在合伙企业中的财产份额为限承担责任。若特殊的普通合伙企业的合伙人在执业活动中非因故意或者重大过失造成合伙企业债务的,此种情形下与普通合伙企业一样,应当由全体合伙人承担无限连带责任。特殊的普通合伙企业的合伙人在执业活动中因故意或者重大过失造成的合伙企业债务,首先以合伙企业财产对外承担责任,不足时由有过错的合伙人承担无限责任或者无限连带责任,没有过错的合伙人不再承担责任。以合伙企业财产对外承担责任后,有过错的合伙人应当按照合伙协议的约定对给合伙企业造成的损失承担赔偿责任。

三、本章强化练习题

(一) 单项选择题

1. 审计产生和发展的客观依据是(　　)。
   A. 委托监督检查关系　　　　　　B. 制约控制关系
   C. 效益评价关系　　　　　　　　D. 受托责任关系
2. 创办我国第一家会计师事务所的是(　　)。
   A. 潘序伦　　　　　　　　　　　B. 谢霖
   C. 徐永祚　　　　　　　　　　　D. 奚玉书
3. 注册会计师审计经历了四个发展阶段,其中最早的阶段为(　　)。
   A. 资产负债表审计阶段　　　　　B. 详细审计阶段
   C. 会计报表审计阶段　　　　　　D. 现代审计阶段
4. 根据美国会计学会 1973 年对审计的定义,下列对审计概念的理解,不恰当的是(　　)。
   A. 通常,审计定义中涉及的认定是指财务报表的认定
   B. 对于财务审计,"既定标准"是公认会计准则
   C. 财务报表审计工作主要是保证被审计单位财务报表是否与"既定标准"相同
   D. 只有在将审计结果传递给有关使用者时才能实现审计的价值
5. 随着审计环境的不断变化,审计的方法也进行了相应的调整。在下列审计方法中,形成最晚,即最新的是(　　)。
   A. 内部控制导向审计　　　　　　B. 风险导向审计

C. 详细审计　　　　　　　　　　D. 账表导向审计

6. 下列各项，属于查错防弊阶段审计的特征的是(　　)。

A. 只对财务报表发表审计意见　　B. 以抽样审计为主

C. 全面审计　　　　　　　　　　D. 只对资产负债表发表审计意见

7. 社会审计的目的是对被审计单位的财务报表及相关资料的(　　)发表审计意见。

A. 真实性和合法性　　　　　　　B. 合法性和公允性

C. 合规性和公允性　　　　　　　D. 效益性和合法性

8. 为了体现审计的本质，在审计机构设置和实施审计过程中，必须遵循(　　)原则。

A. 可靠性　　　　　　　　　　　B. 可比性

C. 独立性　　　　　　　　　　　D. 谨慎性

9. (2018年注会)下列有关财务报表审计的说法，错误的是(　　)。

A. 财务报表审计的目的是改善财务报表的质量或内涵

B. 财务报表审计的基础是独立性和专业性

C. 财务报表审计可以有效满足财务报表预期使用者的需求

D. 财务报表审计提供的合理保证意味着注册会计师可以通过获取充分、适当的审计证据消除审计风险

10. (2021年注会)下列有关注册会计师保持职业怀疑的说法，错误的是(　　)。

A. 保持职业怀疑可以增强注册会计师在审计中保持独立性的能力

B. 职业怀疑要求注册会计师质疑相互矛盾的证据的可靠性

C. 职业怀疑要求注册会计师在评价管理层和治理层时，不应依赖以往对管理层和治理层诚信形成的判断

D. 保持职业怀疑有助于注册会计师恰当运用职业判断

11. (2020年注会)下列有关审计报告预期使用者的说法，错误的是(　　)。

A. 注册会计师可能无法识别所有的预期使用者

B. 预期使用者不包括被审计单位的管理层

C. 预期使用者可能不是审计业务的委托人

D. 预期使用者不包括执行审计业务的注册会计师

12. (2020年注会)下列各项，不属于审计业务要素的是(　　)。

A. 财务报告编制基础　　　　　　B. 审计报告

C. 财务报表　　　　　　　　　　D. 审计准则

13. (2019年注会)下列有关财务报表审计的说法，错误的是(　　)。

A. 审计不涉及为如何利用信息提供建议

B. 审计的目的是提高除管理层之外的预期使用者对财务报告的信赖程度

C. 审计只提供合理保证,不提供绝对保证

D. 审计的最终产品是审计报告和已审计的财务报表

14.(2018年注会)下列各项,通常不属于审计报告预期使用者的是( )。

A. 被审计单位的股东

B. 被审计单位的管理层

C. 对被审计单位财务报表执行审计的注册会计师

D. 向被审计单位提供贷款的银行

15.(2016年注会)下列有关审计业务的说法,正确的是( )。

A. 审计业务的最终产品是审计报告和后附财务报表

B. 如果不存在除责任方之外的其他预期使用者,则该项业务不属于审计业务

C. 审计的目的是改善财务报表质量,因此,审计可以减轻被审计单位管理层对财务报表的责任

D. 执行审计业务获取的审计证据大多数是结论性而非说服性的

16. 下列有关审计独立性由强至弱的排序,正确的是( )。

A. 社会审计、政府审计、内部审计

B. 政府审计、民间审计、内部审计

C. 政府审计、独立审计、内部审计

D. 内部审计、政府审计、注册会计师审计

17. 从独立性角度来看,在我国审计监督体系中,国家审计( )。

A. 仅与审计委托者独立,不与被审计单位独立

B. 与审计委托者和被审计单位均独立

C. 与审计委托者和被审计单位均不独立

D. 仅与被审计单位独立,不与审计委托者独立

18.(2021年注会)下列有关注册会计师审计和政府审计的共同点的说法,正确的是( )。

A. 注册会计师审计和政府审计的取证权限相同

B. 注册会计师审计和政府审计的依据都是《中华人民共和国审计法》

C. 注册会计师审计和政府审计都可以对发现的问题提出处理、处罚意见

D. 注册会计师审计和政府审计都是国家治理体系及治理能力现代化建设的重要方面

19.(2020年注会)下列有关财务报表审计的说法,错误的是( )。

A. 财务报表审计的目的是发现所有由错误或舞弊导致的重大错报

B. 财务报表审计能够提高财务报表的可信度

C. 财务报表审计能够提供高水平的保证

D. 财务报表审计的基础是独立性和专业性

20. (2017年注会) 下列有关财务报表审计和财务报表审阅的区别的说法，错误的是( )。

A. 财务报表审计所需证据的数量多于财务报表审阅

B. 财务报表审计提出结论的方式与财务报表审阅不同

C. 财务报表审计采用的证据收集程序少于财务报表审阅

D. 财务报表审计提供的保证水平高于财务报表审阅

21. 对于规模较小、业务量较少或内部控制制度较差的单位，可以采用的审计方法为( )。

A. 详查法 B. 抽查法

C. 逆查法 D. 顺查法

(二) 多项选择题

1. 风险导向战略系统审计和传统风险导向审计的不同之处主要体现在( )。

A. 风险导向战略系统审计更注重对被审计单位经营战略的分析

B. 风险导向战略系统审计更注重运用分析程序来识别可能存在的重大错报风险

C. 风险导向战略系统审计更注重对例外项目的详细审计

D. 风险导向战略系统审计所指的审计证据包括对企业及其环境进行了解而获取的证据

2. 审计的作用包括( )。

A. 制约作用 B. 促进作用

C. 核算作用 D. 证明作用

E. 预测作用

3. 审计概念中的"既定标准"在我国财务报表审计中的体现包括( )。

A. 企业会计准则 B. 企业会计制度

C. 国家其他相关财务会计法规 D. 企业内部的会计制度

4. (2017年注会) 下列各项，属于审计业务要素的有( )。

A. 财务报表 B. 审计证据

C. 财务报表编制基础 D. 审计报告

5. 按照审计所依据的基础和所使用的技术分类，审计可分为( )。

A. 账项基础审计 B. 财务报表审计

C. 风险导向审计 D. 制度基础审计

E. 经营审计

6. 按照审计主体分类,审计可分为( )。

   A. 政府审计 B. 事前审计

   C. 内部审计 D. 注册会计师审计

   E. 事后审计

7. 按照审计实施的时间分类,审计可分为( )。

   A. 提前审计 B. 事前审计

   C. 事中审计 D. 事后审计

   E. 延后审计

8. 下列有关注册会计师审计和政府审计的说法,错误的有( )。

   A. 执行政府审计的审计人员能够在职权范围内做出审计决定或向有关主管机关提出处理、处罚意见

   B. 注册会计师在审计过程中发现问题时应当提请被审计单位调整或披露,如果被审计单位管理层拒绝调整或披露,注册会计师应当出具否定意见的审计报告

   C. 政府审计的依据是《中华人民共和国注册会计师法》和审计署制定的国家审计准则

   D. 政府审计的对象是政府的财政收支或国有金融机构和企事业组织的财务收支,政府审计的目标是确定其是否真实、合法和具有效益

9. 按照审计内容分类,审计可分为( )。

   A. 账表导向审计 B. 经营审计

   C. 合规性审计 D. 财务报表审计

10. 依照《中华人民共和国注册会计师法》的规定,会计师事务所可以承接的业务有( )。

    A. 注册资本验证 B. 资产评估

    C. 经济案件鉴定 D. 管理咨询

    E. 对未来盈利能力的可实现程度做出保证的业务

11. 下列有关财务报表审计和审阅的说法,正确的有( )。

    A. 财务报表审计提供合理保证,以积极方式提出结论

    B. 财务报表审阅提供有限保证,以消极方式提出结论

    C. 财务报表审计的检查风险低于财务报表审阅的检查风险

    D. 财务报表审阅和财务报表审计获取证据的程序相同

12. 下列有关注册会计师执行的业务提供的保证程度的说法,正确的有( )。

A. 代编财务信息不需要提供保证

B. 财务报表审阅提供有限保证

C. 对财务信息执行商定程序提供低水平保证

D. 鉴证业务提供高水平保证

13. （2021 年注会）下列注册会计师执行的业务，能够提供合理保证或有限保证的有（　　）。

　　A. 财务报表审计　　　　　　　　B. 财务报表审阅

　　C. ESG 报告审阅　　　　　　　　D. 管理咨询

14. 下列各项，符合注册会计师职业道德规范的有（　　）。

　　A. 会计师事务所没有采用强迫、欺诈、利诱或骚扰等方式招揽业务

　　B. 会计师事务所为争取更多的客户对其能力做广告宣传

　　C. 会计师事务所允许有条件的其他单位以本所名义承办业务

　　D. 会计师事务所没有雇用正在其他会计师事务所执业的注册会计师

　　E. 会计师事务所向介绍业务的个人或单位支付佣金

15. 为确保鉴证小组的独立性，下列成员很可能被调离的是（　　）。

　　A. 半年前在委托单位担任财务总监的成员

　　B. 拥有委托单位 1 000 股股票，每股成本价 3.68 元的成员

　　C. 为委托单位代编财务报表的成员

　　D. 与委托单位的总裁有近缘关系的成员

　　E. 一年前在委托单位担任普通行政职务的成员

16. 下列主体，可以作为审计主体的有（　　）。

　　A. 审计署　　　　　　　　　　　B. 单位内部审计机构

　　C. 社会审计组织　　　　　　　　D. 部门审计机构

　　E. 注册会计师

17. 下列项目，可以作为审计依据的有（　　）。

　　A. 国家的法律法规　　　　　　　B. 企业会计准则

　　C. 企业会计制度　　　　　　　　D. 注册会计师执业准则

　　E. 企业内部预算、计划和经济合同

18. 下列各项，属于顺查的审计方法的有（　　）。

　　A. 从发货单查至销售发票

　　B. 从销售发票查至客户订单

　　C. 将主营业务收入总账与报表核对

　　D. 将应收账款与主营业务收入两个账户互相核对

E. 根据应收账款账龄分析表函证应收账款

19. 财务报表审计的目标是注册会计师通过执行审计工作，对财务报表发表审计意见，其意见内容有( )。

A. 财务报表是否按照适用的会计准则和相关会计制度的规定编制

B. 财务报表是否按照适用的会计准则、会计法和相关会计制度的规定编制

C. 财务报表是否在所有重大方面公允反映被审计单位的财务状况、经营成果和现金流量

D. 财务报表是否在所有方面公允反映被审计单位的财务状况、经营成果和现金流量

（三）论述题

1. 为什么有限责任合伙会计师事务所能成为当今注册会计师事务所组织形式发展的大趋势？

2. 试述审计独立性的三个方面的主要表现。

3. 试述政府审计与注册会计师审计的区别。

(四) 综合业务题

X 公司系 ABC 会计师事务所的常年审计客户。2020 年 11 月，ABC 会计师事务所与 X 公司续签了审计业务约定书，审计 X 公司 2020 年度财务报表。假定存在以下情形：

(1) X 公司由于财务困难，应付 ABC 会计师事务所 2019 年度审计费用 100 万元一直没有支付。经双方协商，ABC 会计师事务所同意 X 公司延至 2021 年年底支付。在此期间，X 公司按银行同期贷款利率支付资金占用费。

(2) X 公司由于财务人员短缺，2020 年向 ABC 会计师事务所借用一名注册会计师，由该注册会计师将经会计主管审核的记账凭证录入计算机系统。ABC 会计师事务所未将该注册会计师包括在 X 公司 2020 年度财务报表审计项目组。

(3) 甲注册会计师已连续 5 年担任 X 公司年度财务报表的签字注册会计师。根据有关规定，在审计 X 公司 2020 年度财务报表时，ABC 会计师事务所决定不再由甲注册会计师担任签字注册会计师。但在成立 X 公司 2020 年度财务报表审计项目组时，ABC 会计师事务所要求甲注册会计师继续担任外勤审计负责人。

(4) X 公司降低了 2020 年度财务报表审计费用（与往年相比下降近三分之一），导致 ABC 会计师事务所审计收入不能弥补审计成本，ABC 会计师事务所决定不再对 X 公司下属的两家重要的销售分公司进行审计，并以审计范围受限为由出具了保留意见的审计报告。

要求：请根据中国注册会计师职业道德规范有关独立性的规定，分别判断上述四种情形是否威胁 ABC 会计师事务所的独立性，并简要说明理由。

四、强化练习题参考答案

(一) 单项选择题

1. D 2. B 3. B 4. C 5. B 6. C 7. B 8. C 9. D
10. A 11. B 12. D 13. D 14. C 15. B 16. A 17. D 18. D
19. A 20. C 21. A

(二) 多项选择题

1. ABCD 2. ABD 3. ABC 4. ABCD 5. ACD 6. ACD
7. BCD 8. BC 9. BCD 10. ABCD 11. ABC 12. AB
13. ABC 14. AD 15. ABCD 16. ABCDE 17. ABCDE 18. AC
19. AC

(三) 论述题

1.【答案】 有限责任合伙会计师事务所是指会计师事务所以全部资产对其债务承担有限责任，各合伙人对个人执业行为承担无限责任，无过失的合伙人对其他合伙人的过失或不当执业行为承担有限责任，不承担无限责任。它的最大特点是，既保留了普通合伙会计师事务所和有限责任公司会计师事务所的优点，又摒弃了它们的不足。这种组织形式已成为当今会计师事务所组织形式发展的一大趋势。

理论上，正常的审计关系应该是注册会计师接受审计委托人的委托对被审计人进行审计，并向审计委托人报告工作和收取费用。在这种正常的审计关系中，注册会计师完全独立于被审计人。但实务中正常的审计委托关系扭曲为了注册会计师接受经营管理者的委托对经营管理者进行审计，同时接受经营管理者支付的审计报酬。会计师事务所和注册会计师为了取得业务,极易发生"会计原则"被"买断"的情况,使审计意见失去客观公正性。而会计师事务所和注册会计师的风险约束机制,不能仅靠外部强加,更需要会计师事务所内部自动生成。会计师事务所内部自动生成风险约束机制的有效途径之一就是会计师事务所建立合理的组织形式。

有限责任合伙会计师事务所同有限责任公司会计师事务所相比具有以下优势:

① 有限责任合伙会计师事务所比有限责任公司会计师事务所更能保持事务所的独立性;② 有限责任合伙会计师事务所的人合比有限责任公司会计师事务所的资合有优势;③ 有限责任合伙会计师事务所的个人无限责任比有限责任公司会计师事务所的个人有限责任更能使注册会计师注重执业质量的提高;④ 有限责任合伙会计师事务所的异地执业质量比有限责任公司会计师事务所的执业质量更能得到保证。

有限责任合伙会计师事务所同普通合伙会计师事务所相比具有以下优势:

① 有限责任合伙会计师事务所的合伙人之间不相互承担连带责任,同普通合伙会计师事务所的合伙人之间相互承担连带责任相比,能规避由其他合伙人过错带来的风险;② 有限责任合伙会计师事务所同普通合伙会计师事务所相比更能提高事务所的工作效率;③ 有限责任合伙会计师事务所同普通合伙会计师事务所相比更有利于事务所规模的扩大。

2.【答案】(1)机构独立。机构独立是指审计机构不能受制于其他部门和单位,尤其是不能成为国家财政部门和各机构财务部门的下属机构,否则,对财政、财务收支进行审计就失去了意义。机构独立还表现在审计机构应独立于被审计单位,与被审计单位没有任何组织上的行政隶属关系。机构独立是保证审计工作独立性的关键。

(2)业务工作独立。业务工作独立首先是指审计工作不能受任何部门、单位和个人的干涉,审计人员应独立地对被审查的事项做出评价和鉴定;其次是指审计人员要保持精神上的独立,自觉抵制干扰,对审计事项做出客观公正的结论。

(3)经济独立。经济独立是保证机构独立和业务工作独立的物质基础。如果审计机构没有一定的经费或收入,其业务活动就无法开展;如果其经费或收入受制于被审计单位或与其相关的其他单位,审计工作的独立性就无法保证。

3.【答案】(1)在审计方式方面,注册会计师审计是受托审计;政府审计是强制审计。

(2)在审计目标方面,注册会计师审计是对财务报表的合法性和公允性发表审计意见;政府审计是对各级政府及其有关部门的财政收支情况和公共资金的收支、运用情况进行审计。

(3)在审计监督的性质方面,注册会计师审计是根据审计结论发表独立、客观、公正的审计意见,以合理保证审计报告使用人确定已审计的被审计单位财务报表的可靠程度；政府审计是根据审计结果发表审计处理意见，如被审计单位拒不采纳，政府审计部门可以依法强制执行。

（4）在审计实施的手段方面，注册会计师审计是由中介组织——会计师事务所进行的，是有偿审计；政府审计是行政监督、政府行为，是无偿审计。

（5）在审计的独立性方面，注册会计师审计是双向独立，既独立于审计委托人，又独立于被审计单位；政府审计部门由国务院和各级人民政府领导，因此在独立性上体现为单向独立，即仅独立于被审计单位。

（6）在审计标准方面，注册会计师审计依据的是《中华人民共和国注册会计师法》和中国注册会计师协会制定的中国注册会计师执业准则；政府审计依据的是《中华人民共和国审计法》和审计署制定的国家审计准则。

（四）综合业务题

【答案】（1）威胁独立性。ABC会计师事务所对X公司以前年度尚未支付的审计费用收取资金占用费，与X公司存在除审计收费以外的直接经济利益关系。

（2）不威胁独立性。该注册会计师从事的记账凭证录入工作不属于为鉴证客户编制属于鉴证业务对象的数据或其他记录，不会产生自我评价对独立性的威胁。

（3）威胁独立性。甲注册会计师尽管不再担任签字注册会计师，但还担任X公司2020年度财务报表外勤审计负责人，属于签字注册会计师与鉴证客户长期交往的关联关系，该防范措施不能消除其对独立性的威胁。

（4）威胁独立性。ABC会计师事务所由于X公司降低审计费用的压力而不恰当地缩小了工作范围，形成外界压力对独立性的威胁。

第二章

注册会计师职业道德与法律责任

▶▶ 一、本章学习目标

（1）理解中国注册会计师职业道德基本原则。

（2）了解中国注册会计师职业道德概念框架。

（3）熟练掌握可能对注册会计师职业道德基本原则产生不利影响的具体情形和应对不利影响的防范措施。

（4）熟练掌握注册会计师法律责任的成因和类别。

（5）熟练掌握中国注册会计师的法律责任和避免法律责任的对策。

▶▶ 二、本章重点与难点

1. 中国注册会计师职业道德基本原则

中国注册会计师职业道德基本原则包括诚信、客观公正、独立性、专业胜任能力和勤勉尽责、保密、良好职业行为。

（1）诚信原则要求注册会计师应当在所有的职业活动中保持正直、诚实守信。

（2）客观公正原则要求注册会计师应当公正处事，实事求是，不得由于偏见、利益冲突或他人的不当影响而损害自己的职业判断。

（3）独立性原则要求注册会计师在执行审计和审阅业务、其他鉴证业务时，应当从实质上和形式上保持独立性，不得因任何利害关系影响其客观公正。

（4）专业胜任能力和勤勉尽责原则要求注册会计师获取并保持应有的专业知识和技能，确保为客户提供具有专业水准的服务，并做到勤勉尽责。

（5）保密原则要求注册会计师应当对职业活动中获知的涉密信息保密。

（6）良好职业行为原则要求注册会计师应当爱岗敬业，遵守相关法律法规，避免发生任何可能损害职业声誉的行为。

2. 可能对职业道德基本原则产生不利影响的因素

可能对职业道德基本原则产生不利影响的因素包括自身利益、自我评价、过度推介、密切关系和外在压力。注册会计师遇到或可能遇到的可能对职业道德基本原则产生不利影响的各种情形和关系，包括专业服务委托、利益冲突、应客户的要求提供第二次意见、收费、专业服务营销、礼品和款待、保管客户资产、对客观公正原则的要求。

注册会计师应当运用职业判断，确定如何应对超出可接受水平的不利影响，包括采取防范措施消除不利影响或将其降低至可接受的水平，或者终止业务约定或拒绝接受业务委托。在具体工作中，应对不利影响的防范措施包括会计师事务所层面的防范措施和具体业务层面的防范措施。注册会计师应当采取适当措施，识别可能产生利益冲突的情形，这些情形可能对职业道德基本原则产生不利影响。注册会计师应当评价利益冲突产生不利影响的严重程度，并在必要时采取防范措施消除不利影响或将其降低至可接受的水平。

3. 注册会计师的法律责任

注册会计师的法律责任是指注册会计师在执业时没有保持应有的执业谨慎，出现违约、过失或欺诈行为，从而对审计委托人、客户或其他有利益关系的第三人造成损害，按照相关法律规定而应承担的法律后果。注册会计师法律责任的成因包括自身原因和社会原因，其中自身原因包括违约、过失和欺诈。

违约是指合同的一方或几方未能达到合同条款的要求。当注册会计师违约给他人造成损失时，注册会计师应负违约责任。

过失是指在一定条件下，缺少应有的合理谨慎而导致审计失败的行为。当注册会计师过失给他人造成损害时，注册会计师应负过失责任。通常，过失按其程度不同分为普通过失和重大过失。普通过失通常是指没有保持职业上应有的合理谨慎。对于注册会计师而言，普通过失是指没有完全遵循执业准则的要求执业。重大过失是指连起码的职业谨慎都未保持，对业务或事项不加考虑，满不在乎。对于注册会计师而言，重大过失是指根本没有遵循执业准则或按执业准则的要求执业。运用"重要性"和"内部控制"这两个概念，有助于区分注册会计师的普通过失和重大过失。另外，还有一种过失叫"共同过失"，是指因注册会计师和客户双方共同的责任导致的审计失败，即对他人过失，受害方自身未能保持合理的谨慎，因而蒙受损失。

欺诈又称舞弊，是以欺骗或坑害他人为目的的一种故意的错误行为。作案具有不良动机是欺诈的重要特征，也是欺诈与普通过失和重大过失的主要区别之一。对于注册会计师而言，欺诈就是为了达到欺骗他人的目的，明知客户财务报表有重大错报，却做伪证，出具无保留意见的审计报告。

三、本章强化练习题

(一) 单项选择题

1. 注册会计师与客户沟通的基础是( )。
   A. 拥有专业胜任能力　　　　　　B. 客观公正
   C. 有良好声誉　　　　　　　　　D. 对客户信息保密

2. 由于会计师事务所之间竞争激烈,某会计师事务所在承接业务时,收费的报价很低,那么最可能对( )原则产生不利影响。
   A. 独立性　　　　　　　　　　　B. 诚信
   C. 专业胜任能力和勤勉尽责　　　D. 保密

3. 注册会计师不仅要在实质上保持独立性,而且要在形式上保持独立性的主要目的是( )。
   A. 保证确实能在实质上独立
   B. 维护公众对注册会计师职业的信任
   C. 保持注册会计师公正的心理状态
   D. 遵守审计准则

4. 下列有关注册会计师专业胜任能力和勤勉尽责的陈述,不恰当的是( )。
   A. 注册会计师应当通过教育、培训和执业实践获取与保持专业胜任能力
   B. 在运用专业知识和技能时,注册会计师无须运用职业判断
   C. 注册会计师应当采取适当措施,确保在其授权下从事专业服务的人员得到应有的培训和督导
   D. 在适当时,注册会计师应当使客户或专业服务的其他使用者了解专业服务的固有局限

5. 下列有关注册会计师应做到勤勉尽责的说法,不恰当的是( )。
   A. 勤勉尽责要求注册会计师勤勉尽责执业
   B. 勤勉尽责要求注册会计师保持应有的职业怀疑,运用专业知识、技能和经验,获取和评价审计证据
   C. 勤勉尽责要求注册会计师查出被审计单位财务报表的所有舞弊
   D. 勤勉尽责要求注册会计师采取适当措施,确保在其授权下从事专业服务的人员得到应有的培训和督导

6. 依照职业道德规范,审计人员如果经营鉴证客户的产品,或作为促销商推销鉴证客户的产品,则从( )方面影响其鉴证业务的独立性。

A. 经济利益 B. 自我评价
C. 关联关系 D. 外界压力

7. 甲注册会计师持有其为项目负责人的客户的 2 000 股股票，会导致(　　)因素的独立性受损。

A. 关联关系 B. 经济利益
C. 长期交往 D. 自我评价

8. 下列描述，属于自我评价威胁的是(　　)。

A. 被审计单位财务经理曾经是会计师事务所审计项目组成员

B. 审计项目组成员曾经是被审计单位的出纳

C. 审计项目组成员的妻子是被审计单位的独立董事

D. 审计项目组成员担任被审计单位的辩护人

9. 下列注册会计师的行为，不违反职业道德规范的是(　　)。

A. 按服务成果的大小进行收费

B. 不以个人名义承接一切业务

C. 承接了主要工作须由会计师事务所外专家完成的业务

D. 对自己的能力进行广告宣传

10. 下列情形，没有违背注册会计师职业道德相关规定的是(　　)。

A. 注册会计师采用或有收费的方式向客户提供鉴证服务

B. 某项目经理多年负责 ABC 公司的审计工作，对 ABC 公司较熟悉，容易发现问题，故今年仍安排其负责 ABC 公司的年度财务报表审计工作

C. 注册会计师可以再聘请会计、审计专家协助其工作

D. 后任注册会计师发现前任注册会计师所审计的财务报表存在重大错报，首先应当提请审计客户告知前任注册会计师

11. 下列有关会计师事务所和注册会计师不得对其能力进行广告宣传以招揽业务原因的陈述，不正确的是(　　)。

A. 广告可能导致同行之间的不正当竞争

B. 广告可以提高本会计师事务所的知名度

C. 广告可能损害专业服务的精神

D. 注册会计师的服务质量及能力无法由广告内容加以评估

12. 下列各项，属于会计师事务所泄密的是(　　)。

A. 允许投资人查询被审计单位的档案

B. 办理了必要的手续后，允许法院依法查阅审计档案

C. 中国注册会计师协会依法进行质量检查而查阅被审计单位的档案

D. 接受同业复核而查阅审计档案

13. 下列情形,对注册会计师执行审计业务的独立性影响最大的是(   )。

A. 注册会计师的母亲退休前是被审计单位工会干部

B. 注册会计师的配偶现在是被审计单位开户银行的业务骨干

C. 注册会计师的一位老师拥有被审计单位的股票

D. 注册会计师的妹妹在被审计单位担任现金出纳

14. 下列情形,不影响会计师事务所和注册会计师独立性的是(   )。

A. 注册会计师的中学同学是被审计单位的汽车驾驶员

B. 会计师事务所的办公用房系向被审计单位租用的

C. 注册会计师的父亲拥有被审计单位 1 200 股股票

D. 注册会计师的弟弟是被审计单位的副董事长

15. ABC 会计师事务所接受委托,对甲公司 2019 年度财务报表进行审计。A 注册会计师作为项目合伙人,根据审计业务的要求,组建了甲公司审计项目组。下列情形,不会对审计独立性产生不利影响的是(   )。

A. A 注册会计师以市场价格购买甲公司开发的房产一套,并一次性支付房款 150 万元

B. A 注册会计师的母亲于 2019 年购买甲公司发行的企业债券,面值 2 000 元,即将到期

C. 接受委托后,审计项目组成员 B 被甲公司聘为独立董事。为保持独立性,由审计项目组其他成员复核其执行的工作

D. ABC 会计师事务所合伙人 C 不属于审计项目组成员,其妻子继承父亲遗产,其中包括甲公司内部职工股份 20 000 股

16. 下列有关注册会计师职业道德的表述,不恰当的是(   )。

A. 注册会计师在提供专业服务时,可以在任何方面利用专家协助工作

B. 注册会计师在提供专业服务时,可以在特定领域利用专家协助工作

C. 在利用专家工作时,注册会计师应当要求专家遵守职业道德

D. 在利用专家工作时,注册会计师应当对专家遵守职业道德的情况进行监督和指导

17. 会计师事务所对无法胜任或不能按时完成的业务,应(   )。

A. 聘请其他专业人员帮助　　　　B. 转包给其他会计师事务所

C. 减少业务收费　　　　　　　　D. 拒绝接受委托

18. 注册会计师在执行审计业务时,如果不能采取有效的防范措施将对独立性的不利影响降低至可接受的水平,则应当(   )。

A. 拒绝接受委托

B. 终止业务约定

C. 与审计客户的管理层沟通可能出现的不利影响

D. 与审计客户的治理层讨论对独立性的不利影响

19. 注册会计师的法律责任形成的前提条件是( )。

A. 被审计单位经营失败

B. 被审计单位存在错误、舞弊或违法行为

C. 注册会计师的违约行为

D. 注册会计师的过失行为

20. 注册会计师在执行审计业务时未能发现审查样本中明显涂改的错漏,这种情况属于( )。

A. 违约 B. 一般过失

C. 重大过失 D. 欺诈

21. 下列有关注册会计师方面的责任的说法,不正确的是( )。

A. 注册会计师的法律责任包括行政责任、民事责任和刑事责任三种

B. 违约和过失可能使注册会计师负民事责任或行政责任,欺诈可能使注册会计师负民事责任或刑事责任

C. 重大过失是指注册会计师根本没有遵循专业标准或严重违背审计准则而导致审计失败

D. 注册会计师一旦出现过失就要赔偿损失

22. 审计人员对被审计单位的应收账款进行了大量的函证,仅发现一封回函声称与被审计单位记录不同:该企业表示,其虽向被审计单位发出过订货单,但随即就撤回了。对此封回函,注册会计师只看了一半,因为接一个电话而没有看完,接完电话后误以为已看完,便认可了该笔应收账款的存在性。但后来查清,该笔金额很大的应收账款是被审计单位虚构的。你认为审计人员的这种做法属于( )。

A. 普通过失 B. 没有过失

C. 重大过失 D. 欺诈

23.《中华人民共和国刑法》规定,承担资产评估、审计等职责的中介组织的人员故意提供虚假证明文件,情节严重的,处( ),并处罚金。

A. 五年以上有期徒刑或拘役 B. 五年以下有期徒刑或拘役

C. 五年以下有期徒刑 D. 十年以下有期徒刑

(二) 多项选择题

1. (2017年注会)下列各项,属于注册会计师应当遵守的职业道德基本原则的

有( )。

  A. 诚信   B. 保密

  C. 客观公正   D. 专业胜任能力和勤勉尽责

2. 下列有关审计独立性的表述，准确的有( )。

  A. 审计人员要保持形式上和实质上的独立性

  B. 经济来源的独立是审计工作保持独立性的物质基础

  C. 组织机构的独立是审计工作独立性的保障

  D. 内部审计没有独立性，社会审计独立性强

3. 专业胜任能力的基本原则要求注册会计师( )。

  A. 不承接自己不能胜任的业务

  B. 不仅要具有专业知识、技能和经验，而且应经济、有效地完成业务

  C. 如果不能保持和提高专业胜任能力，应当主动降低收费标准

  D. 取得会计硕士专业学位

  E. 在法规允许的情况下可以进行或有收费

4. 《中国注册会计师职业道德规范指导意见》针对注册会计师的专业胜任能力，要求( )。

  A. 注册会计师不得宣称自己具有本不具备的专业知识、技能或经验

  B. 在提供专业服务时，注册会计师可以在特定领域利用助理人员协助其工作，对助理人员的胜任能力进行监督和指导

  C. 在利用专家工作时，注册会计师应当对专家遵守职业道德的情况进行监督和指导

  D. 注册会计师应当通过教育、培训和执业实践保持和提高专业胜任能力

5. 下列各项，属于可能对职业道德基本原则产生不利影响的因素有( )。

  A. 自身利益   B. 自我评价

  C. 过度推介   D. 外在压力

6. 注册会计师曾在被审计单位工作，在这种情况下，可能影响独立性的因素有( )。

  A. 自我评价   B. 自身利益

  C. 密切关系   D. 外在压力

  E. 过度推介

7. 下列会计师事务所的行为，不违反职业道德基本原则的有( )。

  A. 通过报纸刊登会计师事务所合并的行为

  B. 为获得客户支付业务介绍费

C. 收取与客户相关的介绍费

D. 与审计客户签订审计业务约定书，约定由审计客户报销审计项目组成员的交通、住宿和工作餐费用

8. 下列注册会计师的行为，违反职业道德的有( )。

A. 甲注册会计师在审计过程中知悉客户 A 公司的经营状况不良，劝持有 A 公司股票的朋友乙出售其股票，避免损失

B. 丙注册会计师同时在两家会计师事务所任职

C. 丁注册会计师分发给客户的名片上说明自己的父亲是某财政局局长

D. 戊注册会计师接受客户赠送的贺年礼品，价值 2 000 元

9. 针对客户的诚信问题，会计师事务所应当考虑的因素有( )。

A. 客户的经营性质

B. 客户是否过分考虑将会计师事务所的收费维持在尽可能低的水平

C. 客户可能涉嫌洗钱或有其他刑事犯罪行为的迹象

D. 变更会计师事务所的理由

10. 会计师事务所在确定收费时应当主要考虑的因素有( )。

A. 专业服务所需的知识和技能

B. 所需专业人员的水平和经验

C. 各级别专业人员提供服务所需的时间

D. 提供专业服务所需承担的责任

11. 下列不会对保密原则构成不利影响的有( )。

A. 在未得到客户授权的情况下向行业监管机构提供审计工作底稿

B. 在未得到客户授权的情况下向被审计单位关联实体提供审计工作底稿

C. 在客户允许的情况下向行业监管机构披露涉密信息

D. 在法律法规允许的情况下向第三方披露涉密信息

12. 下列有关前后任注册会计师沟通的表述，不正确的有( )。

A. 接受委托前，后任注册会计师与前任注册会计师进行必要沟通，并对沟通结果进行评价，以确定是否接受委托

B. 接受委托后，如果需要查阅前任注册会计师的工作底稿，须经其所在的会计师事务所同意

C. 接受委托后的沟通与接受委托前的沟通性质相同，都是必要程序

D. 前后任注册会计师沟通的内容不包括是否发现被审计单位管理层存在诚信方面的问题

E. 前后任注册会计师沟通最有效的方式是举行会谈

13. 下列事项，对独立性产生不利影响的有（　　）。

   A. 注册会计师乘坐了其所审计的航空公司的航班

   B. 注册会计师以内部员工的价格购买了其所审计的房产公司开发的房屋

   C. 注册会计师向被审计单位的相关人员提供了审计佣金

   D. 注册会计师担任了被审计单位的会计顾问

   E. 注册会计师收到了被审计单位董事会发出的不出具无保留意见的审计报告将不再续约的告知书

14. 下列事项，对独立性产生不利影响的有（　　）。

   A. 注册会计师的大学同学购买了其所审计单位的股票

   B. 注册会计师的妻子在其所审计的单位负责妇联工作

   C. 注册会计师在其所设计的财务信息系统公司担任审计

   D. 注册会计师决定按五折进行审计收费

   E. 注册会计师参加了被审计单位的年会，抽奖获得了一个充电宝

15. 下列情形，会对独立性产生非常严重的不利影响，导致没有防范措施的有（　　）。

   A. 会计师事务所、审计项目组成员或其主要近亲属在审计客户中拥有直接经济利益或重大间接经济利益

   B. 会计师事务所、审计项目组成员或其主要近亲属在对审计客户施加控制的实体中拥有直接经济利益或重大间接经济利益

   C. 项目合伙人所在分部的其他合伙人或其主要近亲属在审计客户中拥有直接经济利益或重大间接经济利益

   D. 会计师事务所、审计项目组成员或其主要近亲属和审计客户同时在某一实体拥有经济利益，并且经济利益重大，审计客户能够直接控制该实体

16. 审计项目组成员王芳的丈夫是甲公司的股东，下列防范措施，能够消除对独立性的不利影响的有（　　）。

   A. 在审计报告意见段后增加强调事项段

   B. 请其他注册会计师复核王芳的审计工作底稿

   C. 要求王芳声明系婚前购买的股票

   D. 王芳审计甲公司前要求其丈夫出售持有甲公司的全部股票

   E. 将王芳调离审计项目组

17. 注册会计师应客户的要求提供第二次意见时可能对职业道德基本原则产生不利影响，下列措施，可以消除不利影响或将其降低至可接受水平的有（　　）。

   A. 在与客户沟通时说明注册会计师发表专业意见的局限性

B. 向前任注册会计师提供第二次意见的副本

C. 出具非无保留意见的审计报告

D. 征得客户同意后与前任注册会计师沟通

18. 注册会计师为了减少威胁，可以采取的防范措施主要有(　　)。

A. 职业、法律或规章产生的防范措施

B. 鉴证客户内部的防范措施

C. 会计师事务所自身制度和程序中的防范措施

D. 注册会计师本人采取的回避措施

E. 同行提供的其他防范措施

19. 当已识别出违反职业道德基本原则的不利影响超出可接受的水平时，注册会计师可能(　　)。

A. 采取防范措施消除不利影响

B. 采取防范措施将不利影响降低至可接受的水平

C. 终止业务约定

D. 拒绝接受业务委托

E. 把重要性水平设定为最低

20. 下列属于注册会计师法律责任成因的有(　　)。

A. 违约　　　　　　　　　　　B. 过失

C. 欺诈　　　　　　　　　　　D. 民事责任

21. 下列有关违约、过失与欺诈的表述，正确的是(　　)。

A. 导致注册会计师承担法律责任的根本原因是其自身的违约、过失与欺诈行为

B. 注册会计师在接受审计业务委托后，未能按时提交审计报告或违反了与被审计单位订立的保密协议，则应负违约责任

C. 过失分为普通过失和重大过失，另外一种过失为共同过失

D. 未能查出隐蔽性较强的错漏属于普通过失，未发现审查样本中明显涂改的错漏则属于重大过失

E. 被审计单位未能向注册会计师提供编制纳税申报表所必要的信息，后来又指控注册会计师未能妥当地编制纳税申报表，对此，法律可能判定被审计单位有共同过失

（三）论述题

1. 中国注册会计师职业道德基本原则的内容包括哪些？

2. 可能对职业道德基本原则产生不利影响的因素有哪些？

3. 利益冲突对职业道德基本原则产生不利影响的三种情形是什么？分别应该采取何种防范措施？

4. 什么是专业胜任能力？若无法保持专业胜任能力，会对审计结果产生什么影响？

5. 注册会计师法律责任的种类与内容有哪些？注册会计师如何避免法律责任？

（四）综合业务题

1. （2013年注会）上市公司甲公司是ABC会计师事务所的常年审计客户，拥有乙公司和丙公司两家子公司。A注册会计师担任甲公司2013年度财务报表审计项目合伙人，B注册会计师担任项目质量复核合伙人。相关事项如下：

（1）甲公司财务总监私下向A注册会计师透露，某电商公司正与甲公司秘密协商参股乙公司。A注册会计师就此事询问了其在该电商公司工作的朋友，并与朋友们讨论了该投资的可能性。

（2）ABC会计师事务所的网络事务所受聘对丙公司财务信息进行尽职调查，经A注册会计师批准，借阅了过去3年审计工作底稿中与丙公司相关的部分。

要求：针对上述事项，指出ABC会计师事务所或其注册会计师的做法是否恰当。如不恰当，请简要说明理由。

2. （2021年注会）上市公司甲公司是ABC会计师事务所的常年审计客户。XYZ公司和ABC会计师事务所处于同一网络。审计项目组在甲公司2020年度财务报表审计中遇到下列事项：

（1）2020年8月，甲公司收购了乙公司100%的股权。2020年9月，项目合伙人A注册会计师发现其母亲持有乙公司发行的债券（面值人民币1万元）后，要求其母亲立即处置了这些债券。该投资对于A注册会计师的母亲而言不重要。

（2）项目质量复核合伙人B注册会计师曾担任甲公司2015年度至2018年度财务报

表审计项目合伙人，未参与 2019 年度财务报表审计。

（3）XYZ 公司 2020 年 11 月新入职的高级经理 C 没有参与甲公司审计项目。C 自 2019 年 1 月 1 日起担任甲公司独立董事，任期 2 年，到期后未再续任。

（4）甲公司是丙公司的重要联营企业。2020 年 10 月，XYZ 公司接受委托为丙公司及其子公司的财务共享服务中心提供系统设计服务。丙公司不是 ABC 会计师事务所的审计客户。

（5）甲公司的重要子公司丁公司从事游戏运营业务。2020 年 8 月，丁公司聘请 XYZ 公司提供信息安全管理咨询服务，包括信息技术一般控制中的程序变更、程序和数据访问等安全政策的重新设计和优化。

（6）2020 年 7 月，甲公司某独立董事的妻子与 XYZ 公司的合伙人 D 合资开办了一家餐厅。D 不是甲公司审计团队成员。

要求：针对上述（1）至（6）项，逐项指出是否可能存在违反中国注册会计师职业道德守则有关独立性规定的情况，并简要说明理由。

四、强化练习题参考答案

（一）单项选择题

1. D　2. C　3. B　4. B　5. C　6. A　7. B　8. B　9. B
10. D　11. B　12. A　13. D　14. A　15. A　16. A　17. D　18. B

19. B　　20. C　　21. D　　22. C　　23. B

（二）多项选择题

1. ABCD　　2. ABC　　3. AB　　4. ABCD　　5. ABCD　　6. ABCD
7. AD　　8. ABCD　　9. ABCD　　10. ABCD　　11. ACD　　12. BCDE
13. BCDE　　14. CDE　　15. ACD　　16. DE　　17. ABD　　18. ABC
19. ABCD　　20. ABC　　21. ABCDE

（三）论述题

1.【答案】 中国注册会计师职业道德基本原则包括诚信、客观公正、独立性、专业胜任能力和勤勉尽责、保密、良好职业行为。

诚信原则要求注册会计师应当在所有的职业活动中保持正直、诚实守信。客观公正原则要求注册会计师应当公正处事，实事求是，不得由于偏见、利益冲突或他人的不当影响而损害自己的职业判断。独立性原则要求注册会计师在执行审计和审阅业务、其他鉴证业务时，应当从实质上和形式上保持独立性，不得因任何利害关系影响其客观公正。专业胜任能力和勤勉尽责原则要求注册会计师获取并保持应有的专业知识和技能，确保为客户提供具有专业水准的服务，并做到勤勉尽责。保密原则要求注册会计师应当对职业活动中获知的涉密信息保密。良好职业行为原则要求注册会计师应当爱岗敬业，遵守相关法律法规，避免发生任何可能损害职业声誉的行为。

2.【答案】 可能对职业道德基本原则产生不利影响的因素包括自身利益、自我评价、过度推介、密切关系和外在压力。

如果经济利益或其他利益对注册会计师的职业判断或行为产生不当影响，将产生自身利益导致的不利影响。如果注册会计师对其以前的判断或服务结果做出不恰当的评价，并且将据此形成的判断作为当前服务的组成部分，将产生自我评价导致的不利影响。如果注册会计师过度推介客户或工作单位的某种立场或意见，使其客观性受到损害，将产生过度推介导致的不利影响。如果注册会计师与客户或工作单位存在长期或亲密的关系而过于倾向他们的利益或认可他们的工作，将产生密切关系导致的不利影响。如果注册会计师受到实际的压力或感受到压力而无法客观行事，将产生外在压力导致的不利影响。

3.【答案】 第一，会计师事务所的商业利益或业务活动可能与客户存在利益冲突。如果出现此类情形，将对会计师事务所的客观公正原则产生不利影响，注册会计师应当告知客户，并在征得客户同意的情况下执行业务。

第二，会计师事务所为两个或两个以上的客户提供服务，客户之间可能存在利益冲突，或者对某一事项或交易存在争议。此类情形可能对会计师事务所的客观公正原则产生不利影响。会计师事务所可能因职业关系等获知客户的某些信息，存在利益冲突的客户可能要求会计师事务所提供相关信息或在争议中倾向其利益，或者会计师事务所自身可能失去客观公正的立场。因此，如果为存在利益冲突的两个或两个以上的客户提供服务，注册会计师应当告知所有已知相关方，并在征得他们同意的情况下执行业务。

第三，会计师事务所为某一特定行业或领域的两个或两个以上的客户提供服务，客户之间可能存在利益冲突。由于客户之间存在直接的竞争关系，其在信息保密等方面相对于其他客户有更严格的要求。因此，为某一特定行业或领域的两个或两个以上的客户提供服务也会对注册会计师的职业道德基本原则产生不利影响。在这种情形下，注册会计师应当告知客户，并在征得他们同意的情况下执行业务。在实际业务活动中往往是客户主动要求会计师事务所不能为其竞争对手提供服务。如果客户不同意注册会计师为与其存在利益冲突的其他客户提供服务，注册会计师应当终止为其中一方或多方提供服务。

除了以上针对各种情形采取的防范措施外，注册会计师还应当采取其他防范措施，以消除不利影响或将其降低至可接受的水平。例如，分派不同的项目组为相关客户提供服务；实施必要的保密程序，防止未经授权接触信息；向项目组成员提供有关安全和保密问题的指引；要求会计师事务所的合伙人和员工签订保密协议；由未参与执行相关业务的高级员工定期复核防范措施的执行情况。

如果采取的防范措施不能消除不利影响或将其降低至可接受的水平，注册会计师应当拒绝承接某一特定业务，或者解除一个或多个存在冲突的业务约定。

4. 【答案】 专业胜任能力是指注册会计师具有专业知识、技能和经验，能够经济、有效地完成客户委托的业务。

如果注册会计师在缺乏足够的知识、技能和经验的情况下提供专业服务，就构成一种欺诈。一个合格的注册会计师必须清醒地认识到自己在专业胜任能力方面存在的不足。如果注册会计师不能认识到这一点，不能保持和提高专业胜任能力，承接了自己难以胜任的业务，不但难以完成客户委托的业务，还会影响到审计质量，甚至无法识别出重大错报风险，无法给出公允的审计意见，最终将影响投资者对注册会计师、审计报告的信任程度。注册会计师应当持续了解并掌握当前法律、技术和实务的发展变化，将专业知识和技能始终保持在应有的水平，确保为客户提供具有专业水准的服务。

5. 【答案】 注册会计师的法律责任有民事责任、行政责任和刑事责任。民事责任要求当事人依法承担赔偿责任。行政责任包括行政处分和行政处罚，对于注册会计师个人来说，包括警告、暂停执业、吊销注册会计师证书；对于会计师事务所而言，包括警告、没收违法所得、罚款、暂停其经营业务或予以撤销等。刑事责任是指按照有关法律程序判处责任人刑事处罚。这三种责任可以单独追究，也可以同时追究。

注册会计师及其所在的会计师事务所可以采取以下避免法律责任的对策（包括但不

限于）：

(1) 遵守执业准则和职业道德守则。

(2) 建立健全会计师事务所质量管理体系。

(3) 与正直的客户打交道。

(4) 招聘合格的人员，并对他们进行适当的培训和监督指导。

(5) 就业务约定条款达成一致意见，取得管理层书面声明。

(6) 深入了解委托单位的情况。

（四）综合业务题

1.【答案】（1）不恰当。A注册会计师将客户和潜在投资方未公开的事项与朋友们讨论不符合保密规定。在未经客户、工作单位授权的情况下，注册会计师不得向会计师事务所、工作单位以外的第三方披露其所获知的涉密信息，除非法律法规或职业准则规定注册会计师在这种情况下有权利或义务进行披露。

（2）不恰当。在未获得客户授权的情况下，同意尽职调查团队借阅与丙公司相关的审计工作底稿不符合保密规定。除非客户已授权披露信息，否则会计师事务所人员有义务始终对业务工作底稿包含的信息予以保密。

2.【答案】（1）违反。A注册会计师的母亲在审计业务期间拥有甲公司关联实体的直接经济利益，将因自身利益对独立性产生严重不利影响。

（2）违反。如果某人员继担任项目合伙人之后立即或短时间内担任项目质量复核人员，可能因自我评价对客观公正原则产生不利影响，该人员在2年内不得担任该审计业务的项目质量复核人员。

（3）违反。如果会计师事务所的合伙人或员工兼任审计客户的董事或高级管理人员，将因自我评价和自身利益对独立性产生非常严重的不利影响，导致没有防范措施能够将其降低至可接受的水平。

（4）不违反。该服务的结果不是审计对象，不会因自我评价对独立性产生不利影响。

（5）违反。该服务涉及财务报告内部控制的重要组成部分，将因自我评价对独立性产生严重不利影响。

（6）不违反。合伙人D不是审计团队成员，其和独立董事的妻子合资开办餐厅不属于禁止的商业关系。

第三章 注册会计师执业准则体系

▶▶ 一、本章学习目标

（1）熟练掌握中国注册会计师执业准则体系的构成，并理解审计准则，了解其他鉴证业务准则和相关服务准则。

（2）理解鉴证业务的要素、分类和目标。

（3）熟练掌握会计师事务所质量管理的含义和作用。

（4）了解我国会计师事务所质量管理体系的目标。

（5）熟练掌握我国会计师事务所质量管理体系的要素和内容。

▶▶ 二、本章重点与难点

1. 美国审计准则

2001年12月安然公司和2002年6月世界通信公司会计丑闻事件后，美国加速通过了《萨班斯-奥克斯利法案》（简称《SOX法案》），根据该法案成立了美国公众公司会计监督委员会（PCAOB）。《SOX法案》出台之前，美国注册会计师协会（AICPA）的审计准则委员会（ASB）制定了适用于上市和非上市公司的审计准则。《SOX法案》出台之后，尽管ASB仍然负责制定适用于非上市公司和其他组织的公认审计准则（GAAS）及审计准则说明书（SAS），但是适用于上市公司的审计准则（AS）由PCAOB负责制定。

2. 中国审计准则

（1）制定执业规则阶段。1991—1993年，中国注册会计师协会先后发布了《注册会计师检查验证会计报表规则（试行）》等7个执业规则。

（2）建立审计准则体系阶段。中国注册会计师协会自 1994 年 5 月开始起草独立审计准则；到 2005 年，中国注册会计师协会先后制定了 6 批独立审计准则。

（3）与国际审计准则趋同阶段。为了完善中国注册会计师审计准则体系，加速实现与国际审计准则趋同，中国注册会计师协会拟定了 22 项新准则，并对 26 项已颁布的准则进行了必要的修订和完善。这些准则于 2006 年 2 月 15 日由财政部发布，它们的发布标志着我国建立起一套适应社会主义市场经济发展要求、顺应国际趋同大势的中国注册会计师执业准则体系。

（4）与国际审计准则全面趋同阶段。2009 年，根据国际审计准则明晰项目，我国启动了对 2006 年审计准则的修订工作，修订后的准则于 2010 年 11 月正式发布，自 2012 年 1 月 1 日起实施。为了提高注册会计师审计报告的信息含量，满足资本市场改革与发展对高质量会计信息的需求，保持我国审计准则与国际审计准则持续全面趋同，2016 年 12 月中国注册会计师协会拟定和颁布了《中国注册会计师审计准则第 1504 号——在审计报告中沟通关键审计事项》等 12 项准则，新审计准则自 2017 年 1 月 1 日起实施。2019 年 2 月 20 日，我国对《中国注册会计师审计准则》中的 18 项准则进行了修订，并于 2019 年 7 月 1 日起实施修订后的准则。我国审计准则的制定与修订过程，体现了我国顺应经济全球化和与国际审计准则趋同的大趋势。

3. 中国注册会计师执业准则体系

中国注册会计师执业准则体系包括鉴证业务准则和相关服务准则。

鉴证业务准则由鉴证业务基本准则统领，按照鉴证业务提供的保证程度和鉴证对象的不同，分为中国注册会计师审计准则、中国注册会计师审阅准则和中国注册会计师其他鉴证业务准则。其中，审计准则是整个执业准则体系的核心。

（1）审计准则用以规范注册会计师执行历史财务信息审计业务。在提供审计服务时，注册会计师对所审计信息是否不存在重大错报提供合理保证，并以积极方式提出结论。

（2）审阅准则用以规范注册会计师执行历史财务信息审阅业务。在提供审阅服务时，注册会计师对所审阅信息是否不存在重大错报提供有限保证，并以消极方式提出结论。

（3）其他鉴证业务准则用以规范注册会计师执行历史财务信息审计或审阅以外的其他鉴证业务，根据鉴证业务的性质和业务约定书的要求，提供有限保证或合理保证。

（4）相关服务准则用以规范注册会计师代编财务信息、执行商定程序、提供管理咨询等其他服务。在提供相关服务时，注册会计师不提供任何程度的保证。

4. 质量管理准则

质量管理准则用以规范会计师事务所在执行各类业务时应当遵守的质量管理政策和

程序，是对会计师事务所质量管理提出的制度要求。

根据《会计师事务所质量管理准则第 5101 号——业务质量控制》的规定，会计师事务所应当针对所执行的财务报表审计业务、财务报表审阅业务、其他鉴证业务和相关服务业务，设计、实施和运行质量管理体系，为会计师事务所及其人员按照适用的法律法规和职业准则的规定履行职责，并根据这些规定执行业务，以及会计师事务所和项目合伙人出具适合具体情况的报告提供合理保证。

三、本章强化练习题

（一）单项选择题

1. 下列各项中，既是注册会计师在执行审计业务时必须遵循的准则，又能够衡量注册会计师审计工作质量的权威性标准是(　　)。
   A. 注册会计师执业准则　　　　B. 质量管理准则
   C. 职业道德准则　　　　　　　D. 职业后续教育准则

2. 下列准则，属于注册会计师执业准则体系的核心部分的是(　　)。
   A. 审计准则　　　　　　　　　B. 质量管理准则
   C. 审阅准则　　　　　　　　　D. 职业后续教育准则

3. 下列有关鉴证业务的阐述，错误的是(　　)。
   A. 财务报表审计是基于责任方认定的业务
   B. 财务报表审阅提供的是消极保证
   C. 内部控制审计属于鉴证业务范畴
   D. 执行商定程序提供有限保证

4. 一项鉴证业务的成立必须具备的独立关系为(　　)。
   A. 两方关系　　　　　　　　　B. 三方关系
   C. 四方关系　　　　　　　　　D. 主从关系

5. 下列有关审计业务三方关系的说法，错误的是(　　)。
   A. 三方关系人分别是注册会计师、被审计单位管理层（责任方）及财务报表的预期使用者
   B. 财务报表的预期使用者即审计报告的收件人
   C. 是否存在三方关系是判断某项业务是否属于审计业务或其他鉴证业务的重要标准之一
   D. 财务报表审计并不减轻管理层或治理层的责任

6. 下列有关三方关系的阐述，错误的是(　　)。

A. 注册会计师不可能是财务报表的预期使用者

B. 管理层可能是财务报表的预期使用者

C. 管理层可能是财务报表的唯一预期使用者

D. 股东一定是财务报表的预期使用者

7. 注册会计师接受委托对 ABC 股份有限公司 2022 年的财务报表进行审计，下列各项，属于"鉴证对象"的是(   )。

A. ABC 公司 2022 年财务报表

B. ABC 公司 2022 年 12 月 31 日的财务状况及该年度的经营成果和现金流量

C. ABC 公司 2022 年度反映效率的关键指标

D. ABC 公司 2022 年利润表

8. 下列有关鉴证对象与鉴证对象信息的阐述，错误的是(   )。

A. 管理者只对鉴证对象信息负责

B. 管理者既要对鉴证对象信息负责，也要对鉴证对象负责

C. 实质性程序无法改变鉴证对象信息的客观性

D. 鉴证对象可以是某种系统和过程

9. 下列有关标准的表述，正确的是(   )。

A. 注册会计师个人的经验与职业判断可以成为标准

B. 只有审计准则才构成标准

C. 财务报表的编制基础可以成为标准

D. 标准中对中立性的要求是不会产生重大歧义

10. 注册会计师在审计业务中形成结论或提出建议的依据是(   )。

A. 充分、适当的证据   B. 财务报表

C. 管理建议书   D. 注册会计师的专业判断

11. 下列注册会计师执行的业务，保证程度最高的是(   )。

A. 预测性财务信息审核   B. 财务报表审阅

C. 上市公司年度财务报表审计   D. 对财务信息执行商定程序

12. 下列属于基于责任方认定的业务是(   )。

A. 财务报表审计   B. 产品质量鉴证

C. 会计核算系统鉴证   D. 验资业务

13. 下列有关审计质量管理准则的表述，正确的是(   )。

A. 鉴证业务质量控制的要求高于非鉴证业务

B. 会计师事务所质量检查的周期最短不得少于三年

C. 在会计师事务所与被审计单位的分歧解决之前，不可以出具审计报告

D. 为了确保审计质量，不可以将注册会计师的业务收入作为其考核指标

14. 会计师事务所应当倡导与培育企业内部文化的导向是(　　)。

A. 质量 B. 市场

C. 营利 D. 业绩

15. 在审计实务中，对质量管理体系承担最终责任的是(　　)。

A. 会计师事务所质量管理委员会 B. 主任会计师

C. 签字注册会计师 D. 项目经理

16. 下列有关客户关系的终止与业务约定解除的说法，错误的是(　　)。

A. 会计师事务所应当考虑是否存在相关的法律法规要求其与客户保持关系

B. 会计师事务所无须与客户适当级别的管理层和治理层讨论解除约定的情况和原因

C. 在确定是否保持客户关系时，会计师事务所应当考虑在本期或以前业务执行过程中发现的重大事项及其对保持客户关系可能造成的影响

D. 在确定是否接受新业务时，会计师事务所还应当考虑接受该业务是否会导致现实或潜在的利益冲突

17. 人力资源管理的首要环节是(　　)。

A. 招聘 B. 业绩评价

C. 专业胜任能力 D. 人员需求预测

18. (　　)应负责对审计业务进行指导和监督。

A. 注册会计师 B. 被审计单位负责人

C. 政府管理部门 D. 项目负责人

19. 项目质量复核的时间是(　　)。

A. 与管理层沟通后完成项目质量复核

B. 与治理层沟通后完成项目质量复核

C. 在出具审计报告前完成项目质量复核

D. 与审计委员会沟通后完成项目质量复核

20. 针对鉴证业务，会计师事务所应当自业务报告日起，对工作底稿至少保存(　　)。

A. 1年 B. 3年

C. 5年 D. 10年

21. 会计师事务所对被审计单位进行审计所形成的审计工作底稿，其所有权应归属(　　)。

A. 执行审计业务的注册会计师 B. 被审计单位

C. 审计委托人　　　　　　　　D. 执行审计业务的会计师事务所

22. 会计师事务所应当周期性地选取已完成的项目进行检查,这个周期不得超过( )。

A. 5 年　　　　　　　　　　　B. 60 天

C. 3 年　　　　　　　　　　　D. 10 年

23. 会计师事务所实施监控的时间为( )。

A. 出具审计报告前　　　　　　B. 出具审计报告时

C. 出具审计报告后　　　　　　D. 出具审计报告前后

(二) 多项选择题

1. 注册会计师执业准则的作用有( )。

A. 可以指导注册会计师的工作,使审计工作规范化

B. 可以提高注册会计师的审计工作质量

C. 可以维护会计师事务所和注册会计师的合法权益

D. 可以促进国际审计经验的交流

E. 可以推动会计师事务所与被审计单位关系的发展

2. 下列各项,属于鉴证业务准则的有( )。

A. 审计准则　　　　　　　　　B. 审阅准则

C. 服务准则　　　　　　　　　D. 执行商定程序准则

3. 下列属于注册会计师审计业务范围的有( )。

A. 审查企业财务报表,出具审计报告

B. 资产评估

C. 承办会计咨询、会计服务业务

D. 审查企业内部控制,出具内部控制审计报告

E. 税务咨询

4. 鉴证业务的要素包括( )。

A. 三方关系　　　　　　　　　B. 鉴证对象

C. 标准　　　　　　　　　　　D. 证据

E. 鉴证报告

5. 鉴证业务的基本原则、态度和规范的执行体现在鉴证业务的( )中。

A. 定义、目标和要素　　　　　B. 业务承接

C. 三方关系　　　　　　　　　D. 鉴证对象、标准、证据

E. 鉴证报告

6. 下列有关鉴证业务要素的表述,不正确的有( )。

A. 鉴证对象只能是财务状况

B. 审计时所使用的标准是鉴证业务准则

C. 注册会计师针对鉴证对象信息提供保证

D. 标准即用来对鉴证对象进行评价或计量的基准

E. 当鉴证对象为财务业绩时,鉴证对象信息是财务报表

7. 属于鉴证业务关系人的有(　　)。

A. 注册会计师　　　　　　B. 董事会

C. 预期使用者　　　　　　D. 委托方

E. 责任方

8. 下列有关鉴证对象与鉴证对象信息的说法,正确的有(　　)。

A. 鉴证对象可以是财务业绩或状况

B. 鉴证对象可以是非财务业绩或状况

C. 鉴证对象可以是物理特征

D. 鉴证对象可以是一种行为

E. 鉴证对象可以是某种系统和过程

9. 鉴证业务的标准应当具备的特征有(　　)。

A. 相关性　　　　　　　　B. 可靠性

C. 完整性　　　　　　　　D. 可理解性

E. 中立性

10. 下列有关适当的标准的阐述,正确的有(　　)。

A. 相关性有助于得出结论,便于预期使用者做出决策

B. 完整性强调不应忽略业务环境中可能影响得出结论的相关因素

C. 可靠性能够使能力相近的注册会计师在相似的业务环境中,对鉴证对象做出合理一致的评价或计量

D. 中立性有助于得出清晰、易于理解、不会产生重大歧义的结论

E. 可理解性有助于得出无偏向的结论

11. (2021年注会)下列注册会计师执行的业务,能够提供合理保证或有限保证的有(　　)。

A. 财务报表审计　　　　　B. 财务报表审阅

C. 对财务信息执行商定程序　D. 管理咨询

12. (2018年注会)下列有关鉴证业务保证程度的说法,正确的有(　　)。

A. 审计提供合理保证,审阅和其他鉴证业务提供有限保证

B. 合理保证是高水平的保证,有限保证是中等水平的保证

C. 合理保证以积极方式提出结论,有限保证以消极方式提出结论

D. 合理保证所需证据数量较多,有限保证所需证据数量较少

13. 下列有关审阅业务的说法,正确的有(　　)。

A. 审阅业务主要针对历史财务信息

B. 审阅业务使用的程序是有限的

C. 审阅业务提出的结论是有限保证的

D. 审阅业务提出结论的方式是积极式的

E. 审阅业务提出结论的方式是消极式的

14. 下列注册会计师执行的业务,属于直接报告业务的有(　　)。

A. 对A公司2022年度财务报表进行审计

B. 对A公司内部控制系统有效运行情况进行鉴证

C. 对A公司IT系统进行鉴证

D. 对A公司2022年度预测性财务信息进行审核

E. 对A公司2022年开发的新产品进行质量鉴证

15. 按照责任方认定能否为预期使用者所直接获取,鉴证业务可分为(　　)。

A. 直接报告业务　　　　　　　B. 合理保证业务

C. 有限保证业务　　　　　　　D. 财报保证业务

E. 基于责任方认定业务

16. (2020年注会)下列各项,属于会计师事务所质量管理体系组成要素的有(　　)。

A. 控制环境　　　　　　　　　B. 资源

C. 相关职业道德要求　　　　　D. 监控和整改程序

17. 会计师事务所设计质量管理政策和程序时应当考虑的因素包括(　　)。

A. 客户的品质　　　　　　　　B. 管理和实现审计质量的领导责任

C. 相关职业道德要求　　　　　D. 客户关系和具体业务的接受与保持

18. 下列有关质量管理体系的目标和要求的说法,恰当的有(　　)。

A. 会计师事务所应当明确质量管理体系的最终责任

B. 会计师事务所质量管理体系仅对注册会计师执行审计业务提出要求

C. 质量管理体系只能合理保证注册会计师出具适合具体情况的报告

D. 质量管理体系不仅规范会计师事务所接受客户关系,而且规范会计师事务所保持具体业务

19. 下列有关会计师事务所质量管理的阐述,正确的有(　　)。

A. 项目组的合伙人对质量管理承担最终责任

B. 对业务人员进行业绩评价时应当将其业务收入作为首要因素
C. 指导、监督、复核主要是项目组层面的质量管理措施
D. 质量管理最主要的要素是业务执行
E. 会计师事务所应当在出具报告后，对项目组做出的重大判断及据此得出的结论做出客观评价

20. 项目质量复核是指在报告日或报告日之前，项目质量复核人员对项目组做出的重大判断及据此得出的结论做出的客观评价。会计师事务所应当制定政策和程序，要求对特定业务实施项目质量复核，以客观评价项目组做出的重大判断及据此得出的结论。这些政策和程序应当包括的要求有（　　）。

A. 对所有上市实体财务报表审计实施项目质量复核
B. 对主要上市实体财务报表审计实施项目质量复核
C. 规定适当的标准，据此评价上市实体财务报表审计以外的历史财务信息审计和审阅、其他鉴证业务及相关服务业务，以确定是否应当实施项目质量复核
D. 对符合适当标准的所有业务实施项目质量复核

（三）论述题

1. 美国和中国注册会计师执业应遵守的审计准则分别是什么？它们分别是由哪个部门制定和颁布的？

2. 鉴证业务的要素有哪些？

3. 质量管理体系的目标是什么？质量管理体系的要素有哪些？

4. 项目质量复核与项目组内部复核的区别是什么?

(四) 综合业务题

1. ABC 会计师事务所是北京市一家新成立不久的会计师事务所,主任会计师是甲。在会计师事务所的日常管理及业务完成过程中,假设分别发生了以下情形:

(1) ABC 会计师事务所向所有人员提供了适用的专业文献和法律文献。但由于业务量大,成立 1 年多以来,ABC 会计师事务所还没有开展过职业道德及专业技能的培训。

(2) 甲主任会计师制定了严格的定期检查制度,每半个月就抽查一次各签字注册会计师负责的鉴证业务。

(3) ABC 会计师事务所因为注册会计师人数较少,近期招聘了大量不具备注册会计师资格的人员。当业务到来时,ABC 会计师事务所随机分配空闲审计人员组成鉴证小组。

(4) ABC 会计师事务所制定了工作人员的薪酬、晋升制度,其中最主要的考核指标是工作人员的工作业务量。相同时间内完成工作业务越多的人员得到晋升的可能性越大。

要求:请根据注册会计师执业准则,判断 ABC 会计师事务所或相关注册会计师的各项做法是否违背了执业准则,并简要说明理由。

2.（2021年注会）ABC会计师事务所的质量管理制度部分内容摘录如下：

（1）合伙人的收益以各业务部门为单位进行分配，具体分配方案由各业务部门制定，原则上以执业质量为首要考核指标。

（2）ABC会计师事务所质量管理部对上市实体审计业务的关键审计合伙人轮换进行实时监控，并每年对轮换情况实施复核。其他审计业务的关键审计合伙人轮换由各业务部门自行监控及复核。

（3）项目合伙人对项目管理和项目质量承担总体责任，项目质量复核人员对项目质量复核的实施承担总体责任。

（4）ABC会计师事务所对项目实施内部质量检查时，该项目的项目组成员及项目质量复核人员均不得担任检查人员。

（5）项目合伙人和项目组其他成员不得担任本项目的项目质量复核人员，但可以为本项目的项目质量复核提供协助。

要求：针对上述（1）至（5）项，逐项指出ABC会计师事务所质量管理制度的内容是否违反《会计师事务所质量管理准则第5101号——业务质量管理》和《会计师事务所质量管理准则第5102号——项目质量复核》的相关规定。如若违反，请简要说明理由。

四、强化练习题参考答案

（一）单项选择题

1. A 2. A 3. D 4. B 5. B 6. C 7. B 8. A 9. C
10. A 11. C 12. A 13. A 14. A 15. B 16. B 17. A 18. D
19. C 20. D 21. D 22. C 23. C

（二）多项选择题

1. ABCD 2. AB 3. AD 4. ABCDE 5. ABCDE 6. ABC
7. ACE 8. ABCDE 9. ABCDE 10. ABC 11. AB 12. CD
13. ABCE 14. BCE 15. AE 16. BCD 17. BCD 18. ACD
19. CD 20. ACD

（三）论述题

1.【答案】（1）《SOX 法案》出台之前，AICPA 的审计准则委员会（ASB）制定了适用于上市和非上市公司的审计准则。《SOX 法案》出台之后，尽管 ASB 仍然负责制定适用于非上市公司和其他组织的公认审计准则（GAAS）及审计准则说明书（SAS），但是适用于上市公司的审计准则（AS）由 PCAOB 负责制定。

（2）中国注册会计师执业应遵守的审计准则是《中国注册会计师审计准则》，《中国注册会计师审计准则》由中国注册会计师协会负责制定。

2.【答案】 鉴证业务的要素包括鉴证业务的三方关系、鉴证对象、标准、证据和鉴证报告。

（1）三方关系人分别是注册会计师、被审计单位管理层（责任方）、财务报表预期使用者。

（2）鉴证对象是否适当，是注册会计师能否将一项业务作为鉴证业务予以承接的前提条件。

（3）标准是指用于评价或计量鉴证对象的基准，适当的标准应当具备下列所有特征：相关性、完整性、可靠性、中立性、可理解性。

（4）注册会计师对财务报表提供合理保证是建立在获取充分、适当证据的基础上的，审计证据是指注册会计师为了得出审计结论和形成审计意见而使用的必要信息。

（5）鉴证报告是对鉴证对象是否在所有重大方面符合适当既定标准，以书面报告的形式发表的能够提供一定保证程度的鉴证结论。

3.【答案】（1）质量管理体系的目标主要包括以下两个方面：① 合理保证会计师事务所及其人员按照适用的法律法规和职业准则的规定履行职责，并根据这些规定执行业务；② 合理保证会计师事务所和项目合伙人出具适合具体情况的报告。

（2）质量管理体系的要素包括会计师事务所的风险评估程序、治理和领导层、相关职业道德要求、客户关系和具体业务的接受与保持、业务执行、资源、信息与沟通、监控和整改程序。

4.【答案】（1）复核主体不同：项目质量复核要求会计师事务所挑选不参与该业务的人员，独立地对特定业务实施复核，其独立性和客观性较高；项目组内部复核是项目组内部进行的复核，包括项目负责人实施的复核。

（2）复核对象不同：项目质量复核特定业务；项目组内部复核每项业务。

（3）复核要求不同：项目质量复核的重点是客观评价项目组做出的重大判断和在准备报告时形成的结论；项目组内部复核的内容比较宽泛。

（四）综合业务题

1.【答案】（1）违背了注册会计师执业准则。会计师事务所的工作量再大，也应定期开展职业道德及专业技能的培训，要求所有人员接受教育和培训，以提高工作人员的素质和专业胜任能力，所以 ABC 会计师事务所不重视教育和培训的做法违背了注册会计师执业准则。

（2）不违背注册会计师执业准则。ABC 会计师事务所制定了严格的监控制度，定期对各项业务进行抽查，这符合注册会计师执业准则的要求。

（3）违背了注册会计师执业准则。会计师事务所在决定是否接受新业务时，必须考虑执行业务的人员的必要条件。只有在具备执行业务所必需的素质、专业胜任能力、时间和资源时，才能考虑接受业务。而 ABC 会计师事务所随机分配空闲的且大部分不具备注册会计师资格的工作人员的做法，违背了注册会计师执业准则中关于"审计业务的接受与保持"方面的规定。

（4）违反了注册会计师执业准则。ABC 会计师事务所制定的员工薪酬、晋升制度，以工作业务量考核为主，忽略了工作质量的重要性。这样的薪酬、晋升制度可能会导致员工完成工作业务较多但质量不合格的情况出现，所以这违背了注册会计师执业准则中关于"资源"方面的规定。

2.【答案】（1）违反。会计师事务所应当在全所范围内统一进行合伙人考核和收益分配。会计师事务所对合伙人的考核和收益分配，应当综合考虑合伙人的执业质量、管理能力、经营业绩、社会声誉等指标，不得以承接和执行业务的收入或利润为首要指标，不得直接或变相以分所、部门、合伙人所在团队为利润中心进行收益分配。这样做是为了避免会计师事务所过于强调商业利益，而忽视执业质量。

（2）违反。会计师事务所针对公众利益实体审计客户，对关键审计合伙人的轮换进行实时监控和复核。如果注册会计师长期连续执行同一审计客户的审计业务，将会因密切关系和自身利益对独立性产生不利影响。因此，《中国注册会计师职业道德守则》明确规定，注册会计师应当识别、评价和应对这种不利影响，尤其是对于公众利益实体审计客户，关键审计合伙人应当严格遵守轮换要求。

（3）不违反。项目合伙人应当对项目管理和项目质量承担总体责任，并充分、适当地参与项目全过程；项目质量复核人员应当对项目质量复核的实施承担总体责任，并负责确定对协助人员进行指导、监督和复核的性质、时间安排和范围。

（4）不违反。会计师事务所执行监控活动的人员应当符合以下要求：① 具备有效执行监控活动所必需的胜任能力、时间和权威性；② 具备客观性，项目组成员和项目质量复核人员不得参与对该项目的任何检查。

（5）违反。项目质量复核人员应当独立于执行业务的项目组，因此，项目合伙人和项目组其他成员不得成为本项目的项目质量复核人员。为了确保协助人员的客观性，项目合伙人和项目组其他成员也不得为本项目的项目质量复核提供协助。

第四章 审计目标与审计计划

▶▶ 一、本章学习目标

(1) 熟练掌握我国财务报表审计的目标。

(2) 熟练掌握管理层的认定和审计目标的确定。

(3) 理解审计计划的步骤、要求,熟练掌握总体审计策略和具体审计计划的内容。

(4) 理解初步业务活动的目的与内容。

(5) 了解审计业务约定书的含义,理解审计业务约定书的意义和内容。

(6) 熟练掌握总体审计策略的主要考虑事项。

(7) 熟练掌握审计重要性的确定和运用。

(8) 熟练掌握审计风险与审计风险模型的内容,以及审计风险模型中各组成要素间的关系。

▶▶ 二、本章重点与难点

1. 财务报表审计的总体目标

执行财务报表审计工作时,注册会计师的总体目标有二:一是对财务报表整体是否不存在由舞弊或错误导致的重大错报获取合理保证,使得注册会计师能够对财务报表是否在所有重大方面按照适用的财务报告编制基础编制发表审计意见;二是按照审计准则的规定,根据审计结果对财务报表出具审计报告,并与管理层和治理层沟通。

2. 管理层和治理层的责任

财务报表是由被审计单位管理层在治理层的监督下编制的。管理层和治理层(如适用)认可与财务报表相关的责任,是注册会计师执行审计工作的前提,构成注册会计师按照审计准则的规定执行审计工作的基础。与管理层和治理层责任相关的执行审计工作的前提,是指管理层和治理层(如适用)认可并理解其应当承担下列责任,这些责任构成注册会计师按照审计准则的规定执行审计工作的基础:

(1)按照适用的财务报告编制基础编制财务报表,并使其实现公允反映(如适用)。

(2)设计、执行和维护必要的内部控制,以使财务报表不存在由舞弊或错误导致的重大错报。

(3)向注册会计师提供必要的工作条件,包括允许注册会计师接触与编制财务报表相关的所有信息(如记录、文件和其他事项),向注册会计师提供审计所需的其他信息,允许注册会计师在获取审计证据时不受限制地接触其认为必要的内部人员和其他相关人员。

3. 审计具体目标

审计具体目标是对审计总体目标的具体化,并受到审计总体目标的制约,它包括一般目标和项目目标。审计具体目标必须根据被审计单位管理层的认定和审计总目标来确定。管理层对财务报表各组成要素均做出了认定,审计人员的审计工作就是要确定管理层的认定是否恰当。

(1)与各类交易和事项相关的认定。

① 发生:记录的交易和事项已发生且与被审计单位有关。由发生认定推导出的审计目标是已记录的交易是真实的。发生认定所要解决的问题是管理层是否把不曾发生的项目记入财务报表,它主要与财务报表组成要素的高估有关。

② 完整性:所有应当记录的交易和事项均已记录。由完整性认定推导出的审计目标是已发生的交易确实已经记录。发生认定和完整性认定强调的是相反的关注点。发生目标针对潜在的高估,而完整性目标针对漏记交易(低估)。

③ 准确性:与交易和事项有关的金额及其他数据已恰当记录。由准确性认定推导出的审计目标是已记录的交易是按正确金额反映的。

④ 截止:交易和事项已记录于正确的会计期间。由截止认定推导出的审计目标是接近资产负债表日的交易记录于恰当的期间。

⑤ 分类:交易和事项已记录于恰当的账户。由分类认定推导出的审计目标是被审计单位记录的交易经过适当分类。

(2)与期末账户余额相关的认定。

① 存在:记录的资产、负债和所有者权益是存在的。由存在认定推导出的审计目标是记录的金额确实存在。

② 权利和义务:记录的资产由被审计单位拥有或控制,记录的负债是被审计单位

应当履行的偿还义务。由权利和义务认定推导出的审计目标是资产归属被审计单位,负债属于被审计单位的义务。

③ 完整性:所有应当记录的资产、负债和所有者权益均已记录。由完整性认定推导出的审计目标是已存在的金额均已记录。

④ 计价和分摊:资产、负债和所有者权益以恰当的金额包括在财务报表中,与之相关的计价或分摊调整已恰当记录。

(3) 与列报相关的认定。

① 发生及权利和义务:披露的交易、事项和其他情况已发生,且与被审计单位有关。如果将没有发生的交易、事项,或者与被审计单位无关的交易、事项包括在财务报表中,则违反该目标。

② 完整性:所有应当包括在财务报表中的披露均已包括。如果应当披露的事项没有包括在财务报表中,则违反该目标。

③ 分类和可理解性:财务信息已被恰当地列报和描述,且披露内容表述清楚。

④ 准确性和计价:财务信息和其他信息已公允披露,且金额恰当。

4. 初步业务活动

注册会计师应当在本期审计业务开始时开展下列初步业务活动:

(1) 针对客户关系和审计业务的接受与保持实施相应的程序。

(2) 评价遵守相关职业道德要求(包括独立性要求)的情况。

(3) 就审计业务约定条款与被审计单位达成一致意见。

在承接或保持审计业务前,注册会计师应当实施下列工作:

(1) 确定审计的前提条件存在。

(2) 确认注册会计师和管理层已就审计业务约定条款达成一致意见。

审计业务约定书或其他适当形式的书面协议的具体内容可能因被审计单位的不同而存在差异,但应当包括下列主要方面:

(1) 财务报表审计的目标与范围。

(2) 注册会计师的责任。

(3) 管理层的责任。

(4) 指出用于编制财务报表所适用的财务报告编制基础。

(5) 提及注册会计师拟出具的审计报告的预期形式和内容,以及对在特定情况下出具的审计报告可能不同于预期形式和内容的说明。

5. 总体审计策略和具体审计计划

(1) 总体审计策略:注册会计师应当制定总体审计策略,以确定审计工作的范围、时间安排和方向,并指导具体审计计划的制订。

① 审计范围。在确定审计范围时，注册会计师需要考虑下列事项：编制拟审计的财务信息所依据的财务报告编制基础；特定行业的报告要求；预期审计工作涵盖的范围，包括应涵盖的组成部分的数量及所在地点；母公司和集团组成部分之间存在的控制关系的性质，以确定如何编制合并财务报表；由组成部分注册会计师审计组成部分的范围；拟审计的经营分部的性质，包括是否需要具备专门知识；外币折算，包括外币交易的会计处理、外币财务报表的折算和相关信息的披露；除为合并目的执行的审计工作之外，对个别财务报表进行法定审计的需求；内部审计工作的可获得性及注册会计师拟信赖内部审计工作的程度；被审计单位使用服务机构的情况，以及注册会计师如何取得有关服务机构内部控制设计和运行有效性的证据；对利用在以前审计工作中获取的审计证据的预期；信息技术对审计程序的影响；协调审计工作与中期财务信息审阅的预期涵盖范围和时间安排，以及中期审阅所获取的信息对审计工作的影响；与被审计单位人员的时间协调和相关数据的可获得性。

② 报告目标、时间安排和所需沟通的性质。为计划报告目标、时间安排和所需沟通的性质，注册会计师需要考虑下列事项：被审计单位对外报告的时间表，包括中间阶段和最终阶段；与管理层和治理层举行会谈，讨论审计工作的性质、时间安排和范围；与管理层和治理层讨论注册会计师拟出具的报告的类型和时间安排及沟通的其他事项（口头或书面沟通），包括审计报告、管理建议书和向治理层通报的其他事项；与管理层讨论预期就整个审计业务中审计工作的进展进行的沟通；与组成部分注册会计师沟通拟出具的报告的类型和时间安排，以及与组成部分审计相关的其他事项；项目组成员之间沟通的预期性质和时间安排，包括项目组会议的性质和时间安排，以及复核已执行工作的时间安排；预期是否需要和第三方进行其他沟通，包括与审计相关的法定或约定的报告责任。

③ 审计方向。注册会计师应当根据职业判断，考虑用以指导项目组工作方向的重要因素，包括确定适当的重要性水平，初步识别可能存在较高重大错报风险的领域，初步识别重要的组成部分和账户余额，评价是否需要针对内部控制的有效性获取审计证据，识别被审计单位、所处行业、财务报告要求及其他相关方面最近发生的重大变化，等等。

在确定审计方向时，注册会计师需要考虑下列事项：重要性方面；重大错报风险较高的审计领域；评估的财务报表层次的重大错报风险对指导、监督及复核的影响；项目组人员的选择（在必要时包括项目质量复核人员）和工作分工，包括向重大错报风险较高的审计领域分派具备适当经验的人员；项目预算，包括考虑为重大错报风险可能较高的审计领域分配适当的工作时间；向项目组成员强调在收集和评价审计证据过程中保持职业怀疑必要性的方式；以往审计中对内部控制运行有效性进行评价的结果，包括所识别的控制缺陷的性质及应对措施；管理层重视设计和实施健全的内部控制的相关证据；业务交易量规模，以基于审计效率的考虑确定是否依赖内部控制；对内部控制重要性的重视程度；管理层用于识别和编制适用的财务报告编制基础所要求的披露的流程；影响被审计单位的重大业务发展变化，包括信息技术和业务流程的变化，关键管理人员的变化，以及收购、兼并和分立；重大的行业发展情况；会计准则及会计制度的变化，该变化可能涉及做出重大的新披露或对现有披露做出重大修改；其他相关重大变化，如影响被审计单位法律环境的变化。

④ 审计资源。注册会计师应当在总体审计策略中清楚地说明审计资源的规划和调配，包括确定执行审计业务所必需的审计资源的性质、时间安排和范围，如向具体审计领域调配的资源，向具体审计领域调配资源的多少，何时调配这些资源，以及如何管理、指导、监督这些资源。

（2）具体审计计划应当包括下列内容：

① 计划对项目组成员实施指导、监督并复核其工作的性质、时间安排和范围。

② 为了识别和评估财务报表重大错报风险，注册会计师计划实施的风险评估程序的性质、时间安排和范围。

③ 针对评估的重大错报风险，注册会计师在认定层次计划实施的进一步审计程序的性质、时间安排和范围。

④ 根据《中国注册会计师审计准则》的规定，注册会计师针对审计业务需要实施的其他审计程序。

6. 审计的重要性

重要性概念可从以下方面进行理解：首先，如果合理预期错报（包括漏报）单独或汇总起来可能影响财务报表使用者依据财务报表做出的经济决策，则通常认为错报是重大的；其次，对重要性的判断是根据具体环境做出的，并受错报的金额或性质的影响，或受两者共同作用的影响；最后，判断某事项对财务报表使用者是否重大，是在考虑财务报表使用者整体共同的财务信息需求的基础上做出的。由于不同财务报表使用者对财务信息的需求可能差异很大，因此不考虑错报对个别财务报表使用者可能产生的影响。

审计重要性的判断可从以下三个方面进行理解：

（1）财务报表整体的重要性。

在制定总体审计策略时，注册会计师应当确定财务报表整体的重要性。注册会计师通常先选定一个基准，再乘以某一百分比作为财务报表整体的重要性。选择适当的基准和百分比是注册会计师运用职业判断的结果。

（2）特定类别的交易、账户余额或披露的重要性水平。

根据被审计单位的特定情况，如果存在一个或多个特定类别的交易、账户余额或披露，其发生的错报金额虽然低于财务报表整体的重要性，但合理预期将影响财务报表使用者依据财务报表做出的经济决策，注册会计师应当确定适用这些交易、账户余额或披露的一个或多个重要性水平。

（3）实际执行的重要性。

实际执行的重要性是指注册会计师确定的低于财务报表整体重要性的一个或多个金额，旨在将财务报表中未更正和未发现错报的汇总数超过财务报表整体重要性的可能性降至适当的低水平。如果适用，实际执行的重要性还指注册会计师确定的低于特定类别的交易、账户余额或披露的重要性水平的一个或多个金额。

7. 审计风险与审计风险模型

审计风险是指当财务报表存在重大错报时，注册会计师发表不恰当审计意见的可能性。审计风险取决于重大错报风险和检查风险。重大错报风险是指财务报表在审计前存在重大错报的可能性。检查风险是指如果存在某一错报，该错报单独或连同其他错报可能是重大的，注册会计师为将审计风险降至可接受的低水平而实施程序后没有发现这种错报的风险。

审计风险模型可用以下公式表示：审计风险 = 重大错报风险 × 检查风险。

在既定的审计风险水平下，可接受的检查风险水平与认定层次重大错报风险的评估结果存在反向关系。一般而言，评估的重大错报风险越高，可接受的检查风险越低；评估的重大错报风险越低，可接受的检查风险越高。

在既定的重大错报风险水平下，注册会计师可以接受的审计风险与可以接受的检查风险存在正向关系。一般而言，注册会计师可以接受的审计风险越高，其可以接受的检查风险就越高；注册会计师可以接受的审计风险越低，其可以接受的检查风险就越低。

重要性水平与审计风险之间存在反向关系。一般而言，重要性水平越高，审计风险越低；重要性水平越低，审计风险越高。注册会计师在确定审计程序的性质、时间安排和范围时应当考虑这种反向关系。

重要性水平与审计证据的数量之间也存在反向关系。一般而言，重要性水平越低，所需收集的审计证据越多；重要性水平越高，所需收集的审计证据越少。

三、本章强化练习题

（一）单项选择题

1. 与各类交易和事项相关的审计目标中的"发生"认定主要与财务报表组成要素的（　）有关。

A. 高估　　　　　　　　　　B. 披露

C. 低估　　　　　　　　　　D. 计价

2. (2012年注会) 对于下列应收账款认定，通过实施函证程序，注册会计师认为最可能证实的是(　　)。
   A. 准确性、计价和分摊　　　B. 分类
   C. 存在　　　　　　　　　　D. 完整性

3. 下列各项中，被审计单位违反计价和分摊认定的是(　　)。
   A. 将未发生的费用登记入账　　B. 未将作为抵押的汽车披露
   C. 未计提坏账准备　　　　　　D. 将未发生的销售业务入账

4. 注册会计师在对存货实施监盘程序时，发现被审计单位有一批未入账的外购商品。注册会计师针对管理层对存货账户相关认定的审计目标是(　　)。
   A. 存在　　　　　　　　　　B. 完整性
   C. 计价和分摊　　　　　　　D. 发生

5. 发生目标与(　　)有关。
   A. 资产、负债的漏计　　　　B. 收入、费用的漏计
   C. 资产、负债的多计　　　　D. 收入、费用的多计

6. 下列各项，不属于执行初步业务活动达到的目的的是(　　)。
   A. 具备执行业务所需的独立性和能力
   B. 不存在因管理层诚信问题而可能影响注册会计师保持该项业务的意愿的事项
   C. 与被审计单位之间不存在对业务约定条款的误解
   D. 设计审计方案

7. (2021年注会) 下列各项，不属于审计的前提条件的是(　　)。
   A. 存在可接受的财务报告编制基础
   B. 管理层愿意接受非无保留意见的审计报告
   C. 管理层认可并理解其对财务报表承担的责任
   D. 管理层向注册会计师提供必要的工作条件

8. (2019年注会) 下列各项，通常无须包含在审计业务约定书中的是(　　)。
   A. 财务报表审计的目标与范围
   B. 出具审计报告的日期
   C. 管理层和治理层的责任
   D. 用于编制财务报表所适用的财务报告编制基础

9. 下列有关审计业务约定书的阐述，错误的是(　　)。
   A. 所有审计业务都必须签订审计业务约定书或其他适当形式的书面协议
   B. 审计业务约定书中应该约定审计范围
   C. 被审计单位误解了审计目标和范围，应当考虑重新签订审计业务约定书

D. 管理层限制审计范围，可以变更审计业务约定书

10. 对审计的预期范围和实施方式所做的规划被称为(   )。

   A. 具体审计计划　　　　　　　　B. 总体审计策略
   C. 初步业务活动　　　　　　　　D. 其他相关活动

11. 注册会计师在制定总体审计策略时，对审计范围的考虑事项不包括(   )。

   A. 预期审计工作涵盖的范围，包括需要审计的集团内组成部分的数量及所在地点
   B. 内部审计工作的可利用性及对内部审计工作的拟依赖程度
   C. 评估的财务报表层次的重大错报风险对指导、监督及复核的影响
   D. 拟利用在以前审计工作中获取的审计证据的程度

12. 进一步审计程序不包括(   )。

   A. 控制测试　　　　　　　　　　B. 实质性分析程序
   C. 细节测试　　　　　　　　　　D. 确定总体审计策略

13. （2020年注会）下列有关计划审计工作的说法，错误的是(   )。

   A. 在制定总体审计策略时，注册会计师应当考虑初步业务活动的结果
   B. 注册会计师制订的具体审计计划应当包括风险评估程序、计划实施的进一步审计程序和其他审计程序
   C. 注册会计师在制订审计计划时，应当确定对项目组成员的工作进行复核的性质、时间安排和范围
   D. 具体审计计划通常不影响总体审计策略

14. （2016年注会）下列有关在确定财务报表整体的重要性时选择基准的说法，正确的是(   )。

   A. 注册会计师应当充分考虑被审计单位的性质和重大错报风险，选取适当的基准
   B. 对于以营利为目的的被审计单位，注册会计师应当选取税前利润作为基准
   C. 基准一经选定，须在各年度中保持一致
   D. 基准可以是本期财务数据的预算和预测结果

15. 在对财务报表进行分析后，确定资产负债表的重要性水平为500万元，利润表的重要性水平为300万元，则注册会计师应确定的财务报表层次的重要性水平为(   )。

   A. 300万元　　　　　　　　　　B. 400万元
   C. 500万元　　　　　　　　　　D. 800万元

16. （2020年注会）下列有关实际执行的重要性的说法，错误的是(   )。

   A. 实际执行的重要性应当低于财务报表整体的重要性
   B. 并非所有审计业务都需要确定实际执行的重要性

C. 实际执行的重要性可以被用作细节测试中的可容忍错报

D. 注册会计师可以确定一个或多个实际执行的重要性

17. （2018年注会）下列情形，注册会计师通常采用较高的百分比来确定实际执行的重要性的是（   ）。

    A. 以前期间的审计经验表明被审计单位的内部控制运行有效

    B. 注册会计师首次接受委托

    C. 被审计单位面临较大的市场竞争压力

    D. 被审计单位管理层能力欠缺

18. 注册会计师应当汇总的错报不包括（   ）。

    A. 对事实的错报　　　　　　　　B. 推断误差

    C. 涉及主观决策的错报　　　　　D. 已调整的错报

19. 在既定的审计风险水平下，可接受的检查风险水平与认定层次重大错报风险的评估结果的关系是（   ）。

    A. 反向关系　　　　　　　　　　B. 正向关系

    C. 没有关系　　　　　　　　　　D. 根据具体情况确定

20. （2018年注会）下列有关固有风险和控制风险的说法，正确的是（   ）。

    A. 固有风险和控制风险与被审计单位的风险相关，独立于财务报表审计而存在

    B. 财务报表层次和认定层次的重大错报风险可以细分为固有风险与控制风险

    C. 注册会计师无法单独对固有风险和控制风险进行评估

    D. 固有风险始终存在，而运行有效的内部控制可以消除控制风险

21. （2021年注会）下列有关财务报表层次重大错报风险的说法，错误的是（   ）。

    A. 财务报表层次重大错报风险可能影响多项认定

    B. 财务报表层次重大错报风险通常与控制环境有关

    C. 财务报表层次重大错报风险增加了认定层次发生重大错报风险的可能性

    D. 财务报表层次重大错报风险的评估结果直接有助于注册会计师确定认定层次实施的进一步审计程序的性质、时间安排和范围

22. （2017年注会）下列有关检查风险的说法，错误的是（   ）。

    A. 检查风险是指注册会计师未通过审计程序发现错报，因而发表不恰当审计意见的风险

    B. 检查风险取决于审计程序设计的合理性和执行的有效性

    C. 检查风险通常不可能降低为零

    D. 保持职业怀疑有助于降低检查风险

23. 下列降低审计风险的方法，正确的是（   ）。

A. 高估注册会计师的专业能力　　B. 增加审计证据的数量

C. 低估审计客户控制风险的水平　　D. 提高重要性水平

24. 下列有关重要性水平与审计风险关系的说法，不正确的是(　　)。

A. 重要性水平与审计风险之间存在反向关系

B. 重要性水平的高低指的是金额的高低

C. 重要性水平为1 000元时的审计风险要比重要性水平为600元时的审计风险低

D. 由于重要性水平与审计风险之间存在着一定的关系，所以注册会计师可以根据自己主观期望的审计风险来确定重要性水平

（二）多项选择题

1. （2012年注会）下列有关注册会计师执行财务报表审计工作总体目标的说法，正确的有(　　)。

A. 对财务报表整体是否不存在由舞弊或错报导致的重大错报获取合理保证，使得注册会计师能够对财务报表是否在所有重大方面按照适用的财务报告编制基础编制发表审计意见

B. 对被审计单位的持续经营能力提供合理保证

C. 对被审计单位内部控制是否存在值得关注的缺陷提供合理保证

D. 按照审计准则的规定，根据审计结果对财务报表出具审计报告，并与管理层和治理层沟通

2. （2018年注会）下列各项，导致审计固有限制的有(　　)。

A. 注册会计师没有被授予调查被审计单位涉嫌违法行为所必要的特定法律权力

B. 许多财务报表项目涉及主观决策、评估或一定程度的不确定性，并且可能存在一系列可接受的解释或判断

C. 被审计单位管理层可能拒绝提供注册会计师要求的某些信息

D. 注册会计师将审计资源投向最可能存在重大错报风险的领域，并相应减少其他领域的审计资源

3. 下列认定，属于期末账户余额及相关披露的认定中所特有的有(　　)。

A. 存在认定　　B. 分类认定

C. 列报认定　　D. 准确性、计价和分摊认定

4. 在实施财务报表审计时，注册会计师更应关注"完整性"认定的项目有(　　)。

A. 应付账款　　B. 营业费用

C. 营业收入　　D. 管理费用

E. 存货

5. 在审计丙公司 2020 年度财务报表时，注册会计师发现丙公司将 2021 年 1 月 8 日的主营业务收入计入 2020 年 12 月 31 日的收入账户中，则其 2020 年度财务报表中有关销售交易存在错误的认定包括(   )。

  A. 截止   B. 计价和分摊

  C. 发生   D. 完整性

  E. 准确性

6. 下列认定，可能与固定资产账户审计相关的有(   )。

  A. 发生认定   B. 分类认定

  C. 完整性认定   D. 列报认定

7. 下列存货，基于"计价和分摊"的具体审计目标的有(   )。

  A. 充分披露质押存货   B. 期末所有存货均已登记入账

  C. 当期计提的存货跌价准备正确   D. 存货的入账成本正确

  E. 期末所有存货均存在

8. (2019 年注会) 下列各项，属于注册会计师应当进行的初步业务活动的有(   )。

  A. 评价遵守相关职业道德要求的情况

  B. 确定审计范围和审计项目组成员

  C. 就审计业务约定条款与被审计单位达成一致

  D. 针对接受或保持客户关系实施相应的质量管理程序

9. (2021 年注会) 在确定被审计单位财务报告编制基础的可接受性时，注册会计师需要考虑的有(   )。

  A. 被审计单位的性质

  B. 财务报表的目的

  C. 财务报表的性质

  D. 被审计单位管理层是否充分了解财务报告编制基础

10. 下列有关管理层责任的说法，正确的有(   )。

  A. 被审计单位管理层应当负责设计、执行和维护必要的内部控制

  B. 被审计单位管理层要对提供资料的真实性、完整性及合法性负责

  C. 如果管理层不认可或不理解其对财务报表的责任，则注册会计师只能考虑出具非无保留意见的审计报告

  D. 被审计单位应向注册会计师提供必要的工作条件，包括允许注册会计师接触与编制财务报表相关的信息

11. 下列有关总体审计策略的说法，正确的有(   )。

  A. 总体审计策略主要包括审计范围和报告目标两个方面

B. 编制财务报表适用的会计准则和相关会计制度，属于审计方向的范畴
C. 考虑重大错报风险较高的审计领域，属于审计范围的范畴
D. 向具体审计领域分配资源的数量，属于总体审计策略的内容之一
E. 总体审计策略是规划整个审计工作的蓝图

12. 在确定审计方向时，下列事项属于注册会计师需要考虑的有（　　）。

A. 重要性水平　　　　　　　　B. 项目组人员的选择和工作分工
C. 重大错报风险较高的审计领域　　D. 项目预算
E. 管理层对内部控制重要性的重视程度

13. 注册会计师可以就计划审计工作的基本情况与被审计单位治理层进行沟通。沟通的内容可以包括（　　）。

A. 审计的时间安排　　　　　　B. 总体策略
C. 审计工作中受到的限制　　　D. 具体审计程序
E. 管理层对审计工作的额外要求

14. （2016年注会）下列各项，属于具体审计计划活动的有（　　）。

A. 确定重要性
B. 确定风险评估程序的性质、时间安排和范围
C. 确定进一步审计程序的性质、时间安排和范围
D. 确定是否需要实施项目质量复核

15. 在理解审计重要性概念时，下列表述正确的有（　　）。

A. 重要性取决于在具体环境下对错报金额和性质的判断
B. 如果一项错报单独或连同其他错报可能影响财务报表使用者依据财务报表做出的经济决策，则该项错报是重大的
C. 判断一项错报对财务报表是否重大，应当考虑对个别特定财务报表使用者产生的影响
D. 较小金额错报的累积结果，可能对财务报表产生重大影响

16. 在运用审计重要性概念时，注册会计师认为应当考虑的重要性有（　　）。

A. 财务报表整体的重要性
B. 实际执行的重要性
C. 特定类别的交易、账户余额或披露的重要性
D. 明显微小错报的临界值

17. （2020年注会）下列各项审计工作中，注册会计师需要使用财务报表整体重要性的有（　　）。

A. 识别和评估重大错报风险

B. 确定实际执行的重要性

C. 评价已识别的错报对财务报表的影响

D. 确定风险评估程序的性质、时间安排和范围

18. (2019年注会) 下列各项因素中,注册会计师在确定财务报表整体的重要性时通常需要考虑的有( )。

A. 被审计单位所处行业和经济环境

B. 被审计单位所处生命周期

C. 以前年度是否存在审计难度

D. 财务报表预期使用者的范围

19. 下列各项中,注册会计师在执行一项财务报表审计业务时可以对其确定多个金额的有( )。

A. 特定类别交易、账户余额或披露的重要性水平

B. 实际执行的重要性

C. 明显微小错报的临界值

D. 财务报表整体的重要性

20. (2020年注会) 下列各项因素,可能表明注册会计师需要确定特定类别交易、账户余额或披露的重要性水平的有( )。

A. 是否存在与被审计单位所处行业相关的关键性披露

B. 财务报表使用者是否特别关注财务报表中单独披露的业务的特定方面

C. 是否存在对特定财务报表使用者的决策可能产生影响的披露

D. 适用的财务报告编制基础是否影响财务报表使用者对特定项目计量或披露的预期

21. 在确定实际执行的重要性时,下列各项因素中,注册会计师认为需要考虑的有( )。

A. 管理层和治理层对注册会计师与其沟通错报的期望

B. 前期审计工作中识别出的错报的性质和范围

C. 实施风险评估程序的结果

D. 根据前期识别出的错报对本期错报做出的预期

22. (2018年注会) 下列各项工作中,注册会计师通常要运用实际执行的重要性的有( )。

A. 运用实质性分析程序时,确定已记录金额与预期值之间的可接受差异额

B. 确定需要对哪些类型的交易、账户余额或披露实施进一步审计程序

C. 运用审计抽样实施细节测试时,确定可容忍错报

D. 确定未更正错报对财务报表整体的影响是否重大

23. 实际执行的重要性通常为财务报表整体重要性的 50%～75%，应使用接近财务报表整体重要性的 50% 的实际执行的重要性的情况有(　　)。

　　A. 连续审计项目中，以前年度审计调整较多

　　B. 项目总体风险水平为中等，处于非高风险行业

　　C. 存在或预期存在值得关注的内部控制缺陷

　　D. 被审计单位管理层面临较大的市场竞争压力和业绩压力

24. 尚未更正错报的汇总数包括已经识别的具体错报和推断误差。下列各项，属于推断误差的有(　　)。

　　A. 管理层和注册会计师对会计估计值的判断差异

　　B. 注册会计师通过实质性分析程序推断出的估计错报

　　C. 通过测试样本估计出的总体错报减去在测试中已经识别的具体错报

　　D. 注册会计师在审计过程中发现应收账款高估的 50 万元

　　E. 管理层和注册会计师对选择与运用会计政策的判断差异

25. 下列各项，属于固有风险的有(　　)。

　　A. 科技含量高的存货，由于技术进步，容易过时

　　B. 被审计单位内部行使控制职能的人员素质不适应岗位要求，影响内部控制功能的正常发挥

　　C. 鲜活、易腐存货，由于物质特性和保质期短暂，变质的风险很高

　　D. 复杂的计算比简单的计算更容易出错

26. 审计风险形成的客观原因包括(　　)。

　　A. 现代审计对象的复杂性和审计内容的广泛性

　　B. 审计技术的缺陷，如抽样审计存在抽样误差

　　C. 审计人员的经验和能力存在一定的局限

　　D. 审计人员的职业道德水平不高

27. 下列有关审计重要性的阐述，错误的有(　　)。

　　A. 重要性的金额包括财务报表层次与交易、余额、列报认定层次两个方面

　　B. 重要性与审计风险是反向关系

　　C. 重要性与审计证据是正向关系

　　D. 计划阶段的重要性要高于结果阶段的重要性

　　E. 考虑重要性性质的时候可以忽略重要性的数量

(三) 论述题

1. 与各类交易和事项相关的认定及对应的审计目标有哪些?

2. 什么是总体审计策略?其主要内容有哪些?

3. 什么是重要性?如何理解审计风险?

4. 什么是审计风险模型?审计风险模型各组成要素之间是什么关系?

5. 如何理解重要性、审计风险和审计证据三者之间的关系?

（四）综合业务题

1. （2020年注会）甲公司是ABC会计师事务所的常年审计客户，主要从事家电产品的生产、批发和零售。A注册会计师负责审计甲公司2019年度财务报表。

因实施穿行测试时发现甲公司与投资和筹资相关的内部控制未得到执行，A注册会计师将投资和筹资循环的审计策略由综合性方案改为实质性方案，并用新编制的审计计划工作底稿替换了原工作底稿。

要求：针对该事项，假定不考虑其他条件，指出A注册会计师的做法是否恰当。如不恰当，请简要说明理由。

2. 审计项目组负责审计甲公司2017年度财务报表，会计师事务所在对项目实施的质量复核中，发现在审计过程中的职业判断与做法均存在不妥之处，具体事项如下：

（1）在业务承接阶段不涉及对风险进行评估，可以由刚入职会计师事务所的员工负责与甲公司签订审计业务约定书。

（2）在具体审计计划中确定了审计方向。

（3）由于甲公司是常年审计客户，2017年是连续审计，可以不必了解甲公司及其环境，而是在2016年风险评估的基础上修正重大错报风险的评估。

（4）在对甲公司重大错报风险进行评估的基础上，合理安排进一步审计程序，可以降低审计的检查风险与重大错报风险。

（5）如果一项错报性质上不重要且金额低于重要性水平，就可认定该项错报不属于重大错报。

要求：针对上述事项，逐项指出其存在的不当之处，并简述理由。

3.（2015年注会）ABC会计师事务所首次接受委托，审计甲公司2014年度财务报表。甲公司处于新兴行业，面临较大的竞争压力，目前侧重抢占市场份额，审计工作底稿中与重要性和错报评估相关的部分内容摘录如下：

（1）考虑到甲公司所处市场环境，财务报表使用者最为关注收入指标，审计项目组将营业收入作为确定财务报表整体重要性的基准。

（2）经与前任注册会计师沟通，审计项目组了解到甲公司以前年度内部控制运行良好、审计调整较少，因此，将实际执行的重要性确定为财务报表整体重要性的75%。

（3）在运用审计抽样实施细节测试时，考虑到评估的重大错报风险水平为低，审计项目组将可容忍错报的金额设定为实际执行的重要性的120%。

（4）审计项目组认为无须对金额低于实际执行的重要性的财务报表项目实施进一步审计程序。

要求：针对上述（1）至（4）项，逐项指出审计项目组的做法是否恰当。如不恰当，请简要说明理由。

四、强化练习题参考答案

（一）单项选择题

1. A 2. C 3. C 4. B 5. D 6. D 7. B 8. B 9. D
10. B 11. C 12. D 13. D 14. A 15. A 16. B 17. A 18. D
19. A 20. A 21. D 22. A 23. B 24. D

（二）多项选择题

1. AD 2. ABCD 3. AD 4. ABD 5. AC 6. BCD
7. CD 8. ACD 9. ABC 10. ABD 11. DE 12. ABCDE
13. ABCE 14. BC 15. ABD 16. ABCD 17. ABCD 18. ABD
19. ABC 20. ABD 21. BCD 22. ABC 23. ACD 24. BC
25. ACD 26. AB 27. CDE

(三) 论述题

1.【答案】（1）发生。由发生认定推导出的审计目标是已记录的交易是真实的。

（2）完整性。由完整性认定推导出的审计目标是已发生的交易确实已经记录。

（3）准确性。由准确性认定推导出的审计目标是已记录的交易是按正确金额反映的。

（4）截止。由截止认定推导出的审计目标是接近资产负债表日的交易记录于恰当的期间。

（5）分类。由分类认定推导出的审计目标是被审计单位记录的交易经过适当分类。

2.【答案】 注册会计师应当制定总体审计策略，以确定审计工作的范围、时间安排和方向，并指导具体审计计划的制订。总体审计策略的内容主要包括：

（1）审计范围。审计范围包括管理层编制财务报表的标准和注册会计师审计财务报表的标准。在确定审计范围时，注册会计师应当确定审计业务的特征，包括采用的会计准则、特定行业的报告要求、被审计单位组成部分的分布等。

（2）报告目标、时间安排和所需沟通的性质。注册会计师应当明确审计业务的报告目标，以计划审计的时间安排和所需沟通的性质，包括提交审计报告的时间要求、预期与管理层和治理层沟通的重要日期等。

（3）审计方向。注册会计师应当根据职业判断，考虑用以指导项目组工作方向的重要因素，包括确定适当的重要性水平，初步识别可能存在较高重大错报风险的领域，初步识别重要的组成部分和账户余额，评价是否需要针对内部控制的有效性获取审计证据，识别被审计单位、所处行业、财务报告要求及其他相关方面最近发生的重大变化，等等。

（4）审计资源。注册会计师应当在总体审计策略中清楚地说明审计资源的规划和调配，包括确定执行审计业务所必需的审计资源的性质、时间安排和范围，如向具体审计领域调配的资源，向具体审计领域调配资源的多少，何时调配这些资源，以及如何管理、指导、监督这些资源。

3.【答案】（1）重要性：如果一项错报单独或连同其他错报可能影响财务报表使用者依据财务报表做出的经济决策，则该项错报是重大的。（或者回答：被审计单位财务报表中错报或漏报的严重程度，这一程度在特定环境下可能影响财务报表使用者的判断与决策。）

（2）审计风险：当财务报表存在重大错报时，注册会计师发表不恰当审计意见的可能性。审计风险取决于重大错报风险和检查风险。

重大错报风险是指财务报表在审计前存在重大错报的可能性。它是由被审计单位自身的特点和风险决定的，而与财务报表的审计与否无关。

检查风险是指如果存在某一错报，该错报单独或连同其他错报可能是重大的，注册会计师为将审计风险降至可接受的低水平而实施程序后没有发现这种错报的风险。检查风险取决于审计程序设计的合理性和执行的有效性。虽然注册会计师无法改变重大错报风险，但是注册会计师能够通过调整审计的性质、时间安排和范围来降低检查风险。

4.【答案】（1）审计风险模型可用以下公式表示：审计风险＝重大错报风险×检查风险。

（2）在既定的审计风险水平下，可接受的检查风险水平与认定层次重大错报风险的评估结果存在反向关系。一般而言，评估的重大错报风险越高，可接受的检查风险越低；评估的重大错报风险越低，可接受的检查风险越高。

在既定的重大错报风险水平下，注册会计师可以接受的审计风险与可以接受的检查风险存在正向关系。一般而言，注册会计师可以接受的审计风险越高，其可以接受的检查风险就越高；注册会计师可以接受的审计风险越低，其可以接受的检查风险就越低。

5.【答案】 重要性水平与审计风险之间存在反向关系。一般而言，重要性水平越高，审计风险越低；重要性水平越低，审计风险越高。注册会计师在确定审计程序的性质、时间安排和范围时应当考虑这种反向关系。

重要性水平与审计证据的数量之间存在反向关系。一般而言，重要性水平越低，所需收集的审计证据越多；重要性水平越高，所需收集的审计证据越少。

可接受的审计风险与审计证据的数量之间存在反向关系。一般而言，可接受的审计风险越低，所需获取的审计证据越多；可接受的审计风险越高，所需获取的审计证据越少。

（四）综合业务题

1.【答案】 不恰当。由于未预期事项、条件的变化或在实施审计程序中获取的审计证据等，在审计过程中，注册会计师应当在必要时对总体审计策略和具体审计计划做出更新与修改。如果注册会计师在审计过程中对总体审计策略或具体审计计划做出重大修改，不应替换原工作底稿，而应在审计工作底稿中记录做出的重大修改及其理由。

2.【答案】（1）在业务承接阶段就需要对被审计单位实施初步业务活动，根据初步业务活动的结果评判风险并考虑是否承接业务，应由职位较高、经验丰富的员工负责签约事宜。

（2）不应该在具体审计计划中确定审计方向，而应该在总体审计策略中确定审计方向。

（3）注册会计师无论对被审计单位多么熟悉，都必须了解被审计单位环境，只有在此基础上才能进行重大错报风险的评估。

（4）合理安排进一步审计程序，只能降低检查风险，无法降低重大错报风险。

（5）一项性质上不重要且金额低于重要性水平的错报，只有当它连同其他错报汇总起来没有超过重要性水平时，才不是重大错报；当它连同其他错报汇总起来超过重要性水平时，依然是重大错报。

3.【答案】（1）恰当。

（2）不恰当。ABC会计师事务所首次接受委托，甲公司处于新兴行业，且面临较大的竞争压力，审计项目组应考虑选择较低的百分比来确定实际执行的重要性，如50%。

（3）不恰当。在运用审计抽样实施细节测试时，可容忍错报的金额通常不超过实际执行的重要性，以防止抽样总体的错报连同其他错报的汇总数构成重大错报。

（4）不恰当。对于存在低估风险或舞弊风险的财务报表项目，不能仅仅因为其金额低于实际执行的重要性就不实施进一步审计程序。

第五章 审计证据和审计工作底稿

▶▶ 一、本章学习目标

（1）熟练掌握审计证据的含义，以及审计证据的数量和质量特征。

（2）熟练掌握获取审计证据的审计程序。

（3）熟练掌握函证的内容和函证的实施与评价。

（4）了解分析程序的含义及目的，熟练掌握分析程序用作实质性程序的原则和要求。

（5）理解审计工作底稿的含义和性质、编制审计工作底稿的目的，了解审计工作底稿的格式、内容和范围，理解审计工作底稿归档的相关内容。

▶▶ 二、本章重点与难点

1. 审计证据的含义

审计证据是指注册会计师为了得出审计结论和形成审计意见而使用的信息。这些信息包括构成财务报表基础的会计记录所含有的信息和从其他来源获取的信息。

2. 审计证据的充分性和适当性的含义及其关系

审计证据的性质就是指其充分性和适当性。注册会计师应当保持应有的职业怀疑，运用职业判断，评价审计证据的充分性和适当性。

（1）审计证据的充分性。

审计证据的充分性是对审计证据数量的衡量，它是指审计证据的数量要足以支持注册会计师的审计意见。客观公正的审计意见是建立在足够数量的审计证据的基础上的，注册会计师获取的审计证据要足以将与每一重要认定相关的审计风险限制在可接受的水平。

（2）审计证据的适当性。

审计证据的适当性是对审计证据质量的衡量，即审计证据在支持审计意见所依据的结论方面具有的相关性和可靠性。相关性和可靠性是审计证据适当性的核心内容，相关且可靠的审计证据才是高质量的。

审计证据的相关性是指用作审计证据的信息与审计程序的目的和所考虑的相关认定之间的逻辑联系。在确定审计证据的相关性时，注册会计师应当考虑：

① 特定的审计程序可能只为某些认定提供相关的审计证据，而与其他认定无关。

② 针对同一项认定，可以从不同来源获取审计证据或获取不同性质的审计证据。

③ 只与特定认定相关的审计证据并不能替代与其他认定相关的审计证据。

审计证据的可靠性是指审计证据的可信程度。审计证据的可靠性受其来源和性质的影响，并取决于获取审计证据的具体环境。注册会计师通常按照下列原则判断审计证据的可靠性：

① 从被审计单位外部独立来源获取的审计证据比从其他来源获取的审计证据更可靠。

② 相关控制有效时内部生成的审计证据比控制薄弱时内部生成的审计证据更可靠。

③ 直接获取的审计证据比间接获取或推论得出的审计证据更可靠。

④ 以文件记录形式（包括纸质、电子或其他介质）存在的审计证据比口头形式的审计证据更可靠。

⑤ 从原件获取的审计证据比从复印、传真或通过拍摄、数字化或其他方式转化成电子形式的文件获取的审计证据更可靠。

此外，审计证据虽然是从被审计单位外部独立来源获取的，但如果该证据是由不知情者或不具有资格者提供，那么审计证据也可能是不可靠的。同样，如果注册会计师不具备评价审计证据的专业能力，那么即便是直接获取的审计证据，也可能是不可靠的。

（3）充分性与适当性的关系。

充分性和适当性是审计证据的两个重要特征，两者缺一不可，只有充分且适当的审计证据才是有证明力的。

审计证据的适当性影响审计证据的充分性。审计证据质量越高，需要的审计证据数量可能越少。但如果审计证据的质量存在缺陷，那么注册会计师仅靠获取更多的审计证据可能无法弥补其质量上的缺陷。同样，如果注册会计师获取的审计证据不可靠，那么审计证据数量再多也难以起到证明作用。

评价审计证据的充分性和适当性时，注册会计师应做以下几个方面的特殊考虑：

① 对文件记录可靠性的考虑。

② 使用被审计单位生成的信息的考虑。

③ 证据相互矛盾时的考虑。

④ 获取审计证据时对成本的考虑。

3. 审计程序

按审计程序的目的划分，注册会计师为获取充分、适当的审计证据而实施的审计程序可分为风险评估程序、控制测试（必要时或决定测试时）和实质性程序。

（1）风险评估程序为注册会计师确定重要性水平、识别需要特别考虑的领域、设计和实施进一步审计程序奠定了重要的基础，有助于注册会计师合理分配审计资源，获取充分、适当的审计证据。

（2）控制测试的目的是评价内部控制在防止或发现并纠正认定层次重大错报方面的运行有效性，从而支持或修正重大错报风险的评估结果，据以确定实质性程序的性质、时间安排和范围。

（3）注册会计师应当计划和实施实质性程序，以应对评估的重大错报风险。实质性程序包括对各类交易、账户余额和披露的细节测试及实质性分析程序。注册会计师对重大错报风险的评估是一种判断，并且由于内部控制存在固有局限性，无论重大错报风险的评估结果如何，注册会计师均应当针对所有重大类别的交易、账户余额和披露，设计和实施实质性程序，以获取充分、适当的审计证据。

在实施风险评估程序、控制测试或实质性程序时，注册会计师可根据需要单独或综合运用，以获取充分、适当的审计证据。

按获取审计证据的手段划分，注册会计师为获取充分、适当的审计证据而实施的审计程序可分为检查、观察、询问、函证、重新计算、重新执行和分析程序。

（1）检查记录或文件是指注册会计师对被审计单位内部或外部生成的以纸质、电子或其他介质形式存在的记录或文件进行审查。检查有形资产是指注册会计师对资产实物进行审查。

（2）观察是指注册会计师察看相关人员正在从事的活动或执行的程序。

（3）询问是指注册会计师以书面或口头方式，从被审计单位内部或外部的知情人员获取财务信息和非财务信息，并对答复进行评价的过程。

（4）函证（外部函证）是指注册会计师直接从第三方（被询证者）获取书面答复作为审计证据的过程。书面答复可以采用纸质、电子或其他介质等形式。询证函有积极式询证函和消极式询证函两种形式。

（5）重新计算是指注册会计师以人工方式或使用计算机辅助审计技术，对记录或文件中的数据计算的准确性进行核对。

（6）重新执行是指注册会计师以人工方式或使用计算机辅助审计技术，重新独立执行作为被审计单位内部控制组成部分的程序或控制。

（7）分析程序是指注册会计师通过分析不同财务数据之间及财务数据与非财务数据之间的内在关系，对财务信息做出评价。分析程序还包括在必要时对识别出的与其他相关信息不一致或与预期值差异重大的波动或关系进行调查。

4. 函证的对象

函证程序适用的范围非常广泛，只要存在了解情况的第三方，注册会计师就可以根据具体情况和实际需要对有关内容实施函证程序。

（1）银行存款、借款及与金融机构往来的其他重要信息。

注册会计师应当对银行存款（包括零余额账户和在本期内注销的账户）、借款及与金融机构往来的其他重要信息实施函证程序，除非有充分证据表明某一银行存款、借款及与金融机构往来的其他重要信息对财务报表不重要且与之相关的重大错报风险很低。如果不对这些项目实施函证程序，注册会计师应当在审计工作底稿中说明理由。

（2）应收账款。

注册会计师应当对应收账款实施函证程序，除非存在以下两种情形：

① 根据审计重要性原则，有充分证据表明应收账款对财务报表不重要。

② 注册会计师认为函证很可能无效。

如果认为函证很可能无效，注册会计师应当实施替代审计程序，获取相关、可靠的审计证据。如果不对应收账款实施函证程序，注册会计师应当在审计工作底稿中说明理由。

（3）可函证的其他内容。

5. 函证的方式

函证有两种方式：积极式函证与消极式函证。注册会计师可以采用积极方式或消极方式实施函证程序，也可以将两种方式结合使用。

（1）积极式函证又称肯定式函证，是指要求被询证者直接向注册会计师回复，表明是否同意询证函所列示的信息，或填列所要求的信息的一种询证方式。积极式函证又分为两种：一种是在询证函中列明拟函证的账户余额或其他信息，要求被询证者确认所函证的款项是否正确。一般来说，这种询证函的回函能够提供可靠的审计证据。但是，被询证者可能对所列示信息根本不加以验证就予以回函确认，因此这种函证方式有其缺陷性。另一种是在询证函中不列明拟函证的账户余额或其他信息，而要求被询证者填写有关信息或提供进一步信息。这种函证方式由于要求被询证者做出更多的努力，可能导致回函率降低，进而使得注册会计师执行更多的替代审计程序。

如果在合理的时间内没有收到询证函回函，注册会计师应当要求被询证者回复或再次发出询证函。如果还是未得到被询证者的回复，注册会计师应当实施必要的替代审计程序。这些替代审计程序应当能提供实施函证程序所能提供的同样效果的审计证据。例如，对应付账款的完整性进行认定，检查收货单等入库记录和凭证。

（2）消极式函证又称否定式函证，是指要求被询证者只有在不同意询证函所列示的信息时才直接向注册会计师回复的一种询证方式。对于消极式询证函而言，未收到回函并不能明确表明预期的被询证者已经收到询证函或已经核实了询证函中包含的信息的准确性。因此，未收到消极式询证函的回函提供的审计证据远不如积极式询证函的回函提供的审计证据有说服力。

6. 管理层要求不实施函证程序时的处理

当被审计单位管理层要求对拟函证的某些账户余额或其他信息不实施函证程序时，注册会计师应当考虑该项要求是否合理，并获取审计证据予以支持。如果认为管理层的要求合理，注册会计师应当实施替代审计程序，以获取与这些账户余额或其他信息相关的充分、适当的审计证据。如果认为管理层的要求不合理，且被其阻挠而无法实施函证程序，注册会计师应当将这种情况视为审计范围受到限制，并考虑对审计报告可能产生的影响。

分析管理层要求不实施函证程序的原因时，注册会计师应当保持应有的职业怀疑，并考虑：

（1）管理层是否诚信。

（2）是否可能存在重大的舞弊或错误。

（3）替代审计程序能否提供与这些账户余额或其他信息相关的充分、适当的审计证据。

7. 评价函证的可靠性

函证所获取的审计证据的可靠性主要取决于注册会计师设计询证函、实施函证程序、评价函证结果等程序的适当性。

在评价函证的可靠性时，注册会计师应当考虑：

（1）函证的方式，包括对询证函的设计、寄发及收回的控制情况。

（2）以往审计或类似业务的经验。

（3）拟函证信息的性质。

（4）选择被询证者的适当性，包括被询证者的胜任能力、独立性、授权回函情况、对函证项目的了解及其客观性。

（5）被询证者易于回函的信息类型。

（6）被审计单位施加的限制或回函中的限制。

因此，如果可行的话，注册会计师应当努力确保询证函被送交给适当的人员。对于以电子形式（如传真或电子邮件）收到的回函，由于回函者的身份及其授权情况很难确定，对回函的更改也难以发觉，因此其可靠性存在风险。注册会计师和回函者采用一定的程序为电子形式的回函创造安全环境，可以降低该风险。如果注册会计师确信这种程序安全并得到适当控制，则会提高相关回函的可靠性。电子函证程序涉及多种确认发件人身份的技术，如加密技术、电子数码签名技术、网页真实性认证程序等。

如果被询证者利用第三方协调和提供回函，注册会计师可以实施审计程序以应对下列风险：

（1）回函来源不合适。

（2）回函者未经授权。

（3）信息传输的安全性遭到破坏。

如果认为询证函回函不可靠，注册会计师应当评价其对评估的相关重大错报风险（包括舞弊风险），以及其他审计程序的性质、时间安排和范围的影响。例如，注册会计师可以通过直接打电话给被询证者等方式来验证回函的内容和来源。

8. **对不符事项的处理**

不符事项是指被询证者提供的信息与询证函要求确认的信息不一致，或与被审计单位记录的信息不一致。根据审计准则的规定，注册会计师应当调查不符事项，以确定是否表明存在错报。

询证函回函中指出的不符事项可能显示财务报表存在错报或潜在错报。当识别出错报时，注册会计师需要根据《中国注册会计师审计准则第1141号——财务报表审计中与舞弊相关的责任》的规定，评价该错报是否表明存在舞弊。不符事项可以为注册会计师判断来自类似的被询证者回函的质量及类似账户回函质量提供依据。不符事项还可能显示被审计单位与财务报告相关的内部控制存在缺陷。

某些不符事项并不表明存在错报。例如，注册会计师可能认为询证函回函的差异是由函证程序的时间安排、计量或书写错误造成的。

9. **数据的可靠性**

注册会计师对已记录的金额或比率做出预期时，需要采用内部或外部的数据。

来自被审计单位内部的数据包括：① 前期数据，并根据当期的数据进行调整；② 当期的财务数据；③ 预算或预测；④ 非财务数据；等等。

来自被审计单位外部的数据包括：① 政府或政府有关部门发布的信息，如通货膨胀率、利率、有关部门确定的生产或进出口配额等；② 行业监督者、贸易协会及行业调查单位发布的信息，如行业平均增长率等；③ 经济预测组织（包括某些银行）发布的预测消息，如某些行业的业绩指标等；④ 公开出版的财务信息；⑤ 证券交易所发布的信息；等等。

数据的可靠性直接影响根据数据形成的预期值。数据的可靠性越高，预期值的准确性也就越高,分析程序将更有效。注册会计师计划获取的保证水平越高,对数据可靠性的要求也就越高。

数据的可靠性受其来源和性质的影响,并取决于获取该数据的环境。在确定实质性分析程序使用的数据是否可靠时,注册会计师应当考虑下列因素:

(1) 可获得信息的来源。

数据来源的客观性和独立性越强,所获取数据的可靠性就越高;来源不同的数据相互印证时比单一来源的数据更可靠。

(2) 可获得信息的可比性。

实质性分析程序使用的相关数据必须具有可比性。通常,被审计单位所处行业的数据与被审计单位的数据具有一定的可比性。但应当注意,对于生产和销售特殊产品的被审计单位,注册会计师应考虑获取广泛的相关行业数据,以增强数据的可比性,进而提高数据的可靠性。

(3) 可获得信息的性质和相关性。

例如,被审计单位管理层制定预算时,是将该预算作为预期的结果还是作为希望达到的目标。若作为预期的结果,则预算的相关程度较高;若仅作为希望达到的目标,则预算的相关程度较低。此外,可获得的信息与审计目标越相关,数据就越可靠。

(4) 与信息编制相关的控制。

与信息编制相关的控制越有效,该信息就越可靠。

10. 审计工作底稿

(1) 审计工作底稿的含义。

审计工作底稿是指注册会计师对制订的审计计划、实施的审计程序、获取的相关审计证据,以及得出的审计结论做出的记录。审计工作底稿是审计证据的载体,是注册会计师在审计过程中形成的审计工作记录和获取的资料。它形成于审计过程,也反映整个审计过程。

(2) 需要变动审计工作底稿的情形。

注册会计师发现有必要修改现有审计工作底稿或增加新的审计工作底稿的情形主要有以下两种:

① 注册会计师已实施了必要的审计程序,取得了充分、适当的审计证据,并得出了恰当的审计结论,但审计工作底稿的记录不够充分。

② 审计报告日后,发现例外情况,要求注册会计师实施新的或追加的审计程序,或导致注册会计师得出新的结论。

(3) 变动审计工作底稿时的记录要求。

在完成最终审计档案归整工作后,如果发现有必要修改现有审计工作底稿或增加新

的审计工作底稿,无论修改或增加的性质如何,注册会计师均应当记录下列事项:

① 修改或增加审计工作底稿的理由。

② 修改或增加审计工作底稿的时间和人员,以及复核的时间和人员。

三、本章强化练习题

(一)单项选择题

1. (2018年注会)下列有关审计证据的适当性的说法,错误的是( )。

   A. 审计证据的适当性不受审计证据的充分性的影响

   B. 审计证据的适当性包括相关性和可靠性

   C. 审计证据的适当性影响审计证据的充分性

   D. 审计证据的适当性是对审计证据质量和数量的衡量

2. (2019年注会)下列各项,不影响审计证据可靠性的是( )。

   A. 被审计单位内部控制是否有效

   B. 用作审计证据的信息与相关认定之间的关系

   C. 审计证据的来源

   D. 审计证据的存在形式

3. 审计证据的相关性是指审计证据应与( )相关。

   A. 审计目标   B. 审计范围

   C. 审计事实   D. 会计报表

4. 下列有关审计风险和审计证据的说法,不正确的是( )。

   A. 审计风险由重大错报风险和检查风险组成

   B. 注册会计师需要获取的审计证据的数量受重大错报风险水平影响

   C. 错报风险越大,则所需收集的审计证据数量就越多

   D. 为了降低审计风险,注册会计师收集的审计证据数量越多越好

5. (2015年注会)下列有关审计证据的说法,正确的是( )。

   A. 外部证据与内部证据矛盾时,注册会计师应当采用外部证据

   B. 审计证据不包括会计师事务所接受与保持客户或业务时实施质量管理程序获取的信息

   C. 注册会计师可以考虑获取审计证据的成本与所获取的信息的有用性之间的关系

   D. 注册会计师无须鉴定作为审计证据的文件记录的真伪

6. 在审计过程中发现舞弊或错误行为,表明出现重大问题的可能性( ),为了降低审计风险,必须相应地( )审计证据的数量。

A. 减小、减少 　　　　　　　　 B. 减小、增加

C. 增加、增加 　　　　　　　　 D. 增加、减少

7. 下列审计证据，其证明力由强到弱排列的是(　　)。

A. 注册会计师自编的分析表、购货发票、销货发票、管理层声明书

B. 购货发票、销货发票、注册会计师自编的分析表、管理层声明书

C. 销货发票、管理层声明书、购货发票、注册会计师自编的分析表

D. 注册会计师自编的分析表、销货发票、管理层声明书、购货发票

8. (2019年注会)下列审计程序，不适用于细节测试的是(　　)。

A. 函证 　　　　　　　　　　　 B. 检查

C. 询问 　　　　　　　　　　　 D. 重新执行

9. 下列审计程序，具有不可替代性的是(　　)。

A. 应收账款函证 　　　　　　　 B. 存货监盘

C. 应付账款函证 　　　　　　　 D. 面询固定资产的使用情况

10. 注册会计师实施的下列审计程序，属于重新执行的是(　　)。

A. 利用被审计单位的银行存款日记账和银行对账单，重新编制银行存款余额调节表，并与被审计单位编制的银行存款余额调节表进行比较

B. 以人工方式或使用计算机辅助审计技术，对记录或文件中的数据计算的准确性进行核对

C. 对应收账款余额或银行存款进行函证

D. 对被审计单位执行的存货盘点或控制活动进行观察

11. 下列审计程序，只能获得有关被审计单位内部控制执行方面证据的是(　　)。

A. 检查记录或文件 　　　　　　 B. 函证

C. 重新执行 　　　　　　　　　 D. 重新计算

12. 下列程序，一般用于对银行存款、应收账款、应收票据、其他应收款等项目审计的是(　　)。

A. 复算 　　　　　　　　　　　 B. 观察

C. 函证 　　　　　　　　　　　 D. 询问

13. (2021年注会)下列各项，通常不影响询证函回函的可靠性的是(　　)。

A. 被询证者的客观性 　　　　　 B. 对询证函的寄出及收回的控制情况

C. 回函的及时性 　　　　　　　 D. 回函中包含的限制条款

14. 注册会计师为发现被审计单位的会计报表和其他会计资料中的重要比率及趋势的异常变化，应采用(　　)收集审计证据。

A. 重新计算 　　　　　　　　　 B. 分析程序

C. 估价 D. 检查

15．（2016年注会）下列有关分析程序的说法，正确的是(　　)。

A．分析程序是指注册会计师通过分析不同财务数据之间的内在关系对财务信息做出评价

B．注册会计师无须在了解被审计单位及其环境的各个方面的基础上实施分析程序

C．细节测试比实质性分析程序更能有效地将认定层次的检查风险降低至可接受的水平

D．用于总体复核的分析程序的主要目的在于识别那些可能表明财务报表存在重大错报风险的异常变化

16．（2018年注会）下列有关用作风险评估程序的分析程序的说法，错误的是(　　)。

A．此类分析程序所使用数据的汇总性较强

B．此类分析程序的主要目的在于识别可能表明财务报表存在重大错报风险的异常变化

C．此类分析程序通常不需要确定预期值

D．此类分析程序通常包括账户余额变化的分析，并辅之以趋势分析和比率分析

17．（2020年注会）在实施实质性分析程序时，注册会计师需要确定已记录金额与预期值之间可接受的差异额。下列因素，注册会计师在确定可接受的差异额时通常无须考虑的是(　　)。

A．实际执行的重要性　　　　B．明显微小错报的临界值

C．计划的保证水平　　　　　D．评估的重大错报风险

18．（2019年注会）下列有关实质性分析程序的说法，错误的是(　　)。

A．实质性分析程序达到的精确度低于细节测试

B．实质性分析程序提供的审计证据是间接证据，因此无法为相关财务报表认定提供充分、适当的审计证据

C．实质性分析程序并不适用于所有财务报表认定

D．注册会计师可以对某些财务报表认定同时实施实质性分析程序和细节测试

19．（2020年注会）在实施实质性分析程序时，注册会计师需要对已记录的金额或比率做出预期。下列因素，与做出预期所使用数据的可靠性无关的是(　　)。

A．可获得信息的相关性　　　B．信息的可分解程度

C．可获得信息的可比性　　　D．与信息编制相关的控制

20．（2017年注会）下列有关实质性分析程序适用性的说法，错误的是(　　)。

A．实质性分析程序通常更适用于在一段时间内存在预期关系的大量交易

B．注册会计师无须在所有审计业务中运用实质性分析程序

C. 实质性分析程序不适用于识别出特别风险的认定

D. 对特定实质性分析程序适用性的确定，受到认定的性质和注册会计师对重大错报风险评估的影响

21. （2017年注会）下列有关注册会计师在临近审计结束时运用分析程序的说法，错误的是（ ）。

A. 注册会计师进行分析的重点通常集中在财务报表层次

B. 注册会计师进行分析的目的在于识别可能表明财务报表存在重大错报风险的异常变化

C. 注册会计师采用的方法与风险评估程序中使用的分析程序基本相同

D. 注册会计师进行分析并非为了对特定账户余额和披露提供实质性的保证水平

22. （   ）是注册会计师发表审计意见、出具审计报告的依据，必须进行复核以防止差错。

A. 风险评估程序　　　　　　　　B. 实质性分析程序

C. 审计工作底稿　　　　　　　　D. 审计目标

23. （2020年注会）下列因素，注册会计师在确定审计工作底稿的要素和范围时通常无须考虑的是（ ）。

A. 审计程序的范围　　　　　　　B. 已获取的审计证据的重要程度

C. 识别出的例外事项的性质　　　D. 审计方法

（二）多项选择题

1. （2018年注会）下列各项，可能构成审计证据的有（ ）。

A. 注册会计师在本期审计中获取的信息

B. 被审计单位聘请的专家编制的信息

C. 注册会计师在以前审计中获取的信息

D. 会计师事务所接受业务时实施质量管理程序获取的信息

2. 经被审计单位之手递交注册会计师的外部证据有（ ）。

A. 应收账款询证函回函　　　　　B. 律师证明函件

C. 银行对账单　　　　　　　　　D. 有关的契约及合同

E. 购货发票

3. 审计证据的充分性是对审计证据数量的衡量，主要与（ ）有关。

A. 审计证据的质量　　　　　　　B. 样本量

C. 重大错报风险　　　　　　　　D. 是否使用分析程序

E. 具体审计程序

4. 下列有关审计证据的说法，正确的有（ ）。

A. 审计证据越多越好
B. 审计证据的质量与审计证据的数量是反向关系
C. 审计取证需要考虑审计风险
D. 审计取证不应以获取审计证据的困难和成本为由减少不可替代的审计程序
E. 审计证据的充分性包括相关性和可靠性

5. 下列有关审计证据可靠性的说法，错误的有( )。
A. 书面证据比实物证据可靠
B. 内部证据均不能被认为是可靠的证据
C. 注册会计师自行获得的证据比被审计单位提供的证据可靠
D. 不同来源的证据不能相互印证则表明证据不可靠
E. 内部控制良好的情况下审计证据比较可靠

6. 按审计程序的目的划分，注册会计师为获取审计证据而实施的审计程序可分为( )。
A. 必要审计程序   B. 风险评估程序
C. 环境分析程序   D. 控制测试
E. 实质性程序

7. 下列审计程序，属于同一级次的有( )。
A. 风险导向审计   B. 询问
C. 检查   D. 了解被审计单位
E. 风险评估程序

8. 在审计过程中，注册会计师可根据需要单独或综合运用( )程序，以获取充分、适当的审计证据。
A. 检查记录或文件和检查有形资产   B. 观察和询问
C. 函证和分析程序   D. 重新计算和重新执行

9. 下列有关获取审计证据的审计程序的说法，正确的有( )。
A. 观察程序主要用于观察实物资产的状况和被审计单位的主要业务活动
B. 重新执行是指要求被审计单位相关人员将内部控制的程序重新执行一遍，以检查其是否有效执行
C. 分析程序可用于风险评估，但不适用于控制测试
D. 在某些情况下，对询问的答复为注册会计师修改审计程序或实施追加的审计程序提供了证据

10. （2021年注会）在做出是否有必要实施函证程序的决策时，下列因素，注册会计师应当考虑的有( )。

A. 评估的认定层次重大错报风险

B. 函证程序针对的认定

C. 被审计单位管理层协助注册会计师实施函证程序的能力或意愿

D. 实施除函证程序以外的其他审计程序获取的审计证据

11. 注册会计师需要函证应付账款的情形包括(　　)。

A. 应付账款定期与供应商对账　　B. 应付账款的控制风险较高

C. 某应付账款账户金额较大　　　D. 主要供应商期末余额很小

E. 账龄较短的应付账款项目

12. 下列有关函证的表述，不正确的有(　　)。

A. 函证是仅依靠邮寄方式来获取审计证据的程序

B. 银行存款函证仅适用于银行账户中存在余额的项目

C. 询证函应该以被审计单位的名义发出

D. 如果应收账款期末余额较小，则不需要函证

13. 下列有关函证方式的说法，正确的有(　　)。

A. 对于注册会计师在询证函中列明拟函证的账户余额或其他信息的积极式询证函，其结果有可能导致被询证者对所列示信息不加核实就回函确认

B. 对于注册会计师在询证函中不列明拟函证的账户余额或其他信息的积极式询证函，由于被询证者需要做出更多的努力，其结果有可能导致回函率降低

C. 对于注册会计师要求被询证者仅在不同意询证函列示信息的情况下才予以回函，则收到的回函能够为财务报表认定层次提供说服力强的审计证据

D. 如果注册会计师在采用积极的函证方式时没有收到回函，则说明所函证信息存在错误

14. 注册会计师应采用消极式函证的情况有(　　)。

A. 某些债务人欠款金额很大　　　B. 重大错报风险评估为低水平

C. 预期不存在大量的错误　　　　D. 涉及大量余额较小的账户

E. 没有理由相信被询证者不认真对待函证

15. (2016年注会)下列有关询证函回函可靠性的说法，错误的有(　　)。

A. 被询证者对函证信息的口头回复是可靠的审计证据

B. 询证函回函中的免责条款削弱了回函的可靠性

C. 由被审计单位转交给注册会计师的回函不是可靠的审计证据

D. 以电子形式收到的回函不是可靠的审计证据

16. (2014年注会)下列有关在实施实质性分析程序时确定可接受的差异额的说法，正确的有(　　)。

A. 评估的重大错报风险越高，可接受的差异额就越低

B. 重要性水平影响可接受的差异额

C. 确定可接受的差异额时，需要考虑一项错报单独或连同其他错报导致财务报表发生重大错报的可能性

D. 需要从实质性分析程序中获取的保证程度越高，可接受的差异额就越高

17．（2017 年注会）如果在期中实施了实质性分析程序，在确定对剩余期间实施实质性分析程序是否可以获取充分、适当的审计证据时，注册会计师通常考虑的因素有（   ）。

A. 数据的可靠性　　　　　　　　B. 预期值的准确程度

C. 可接受的差异额　　　　　　　D. 分析程序对特定认定的适用性

18．（2016 年注会）下列各项，属于注册会计师编制审计工作底稿的目的的有（   ）。

A. 有助于项目组计划和执行审计工作

B. 保留对未来审计工作持续产生重大影响的事项的记录

C. 便于后任注册会计师查阅

D. 便于监管机构对会计师事务所实施执业质量检查

19．下列有关审计工作底稿的要素的说法，错误的有（   ）。

A. 审计过程记录是审计工作底稿的核心内容

B. 对于某一个具体项目而言，可以选取不具有唯一性的识别特征

C. 审计过程中，注册会计师应当根据具体情况判断某一事项是否属于重大事项

D. 对于大型、复杂的审计项目，重大事项概要的作用显得尤为明显

E. 注册会计师如果发现识别出的信息与针对某重大事项得出的结论相矛盾，必须采取适当的程序加以解决，但一般无须进行记录

20．（2018 年注会）注册会计师在审计工作底稿归档期间做出的下列变动，属于事务性变动的有（   ）。

A. 删除管理层书面声明的草稿

B. 在审计档案归整工作完成核对表上签字认可

C. 将审计报告日前已收回的询证函进行编号和交叉索引

D. 获取估值专家的评估报告最终版本并归入审计工作底稿

（三）论述题

1．简述审计证据的充分性和适当性的含义及两者之间的关系。

2. 如何理解审计证据的可靠性?

3. 获取审计证据的方法有哪些?

4. 函证程序可以用于哪些财务报表项目?

5. 函证的方式包括哪些?

(四) 综合业务题

1. (2018年注会) ABC会计师事务所的A注册会计师负责审计甲公司2017年度财务报表。审计工作底稿中与函证相关的部分内容摘录如下:

A注册会计师拟对甲公司应付乙公司的款项实施函证程序,因甲公司与乙公司存在诉讼纠纷,管理层要求不实施函证程序,A注册会计师认为其要求合理,实施了替代审计程序,结果满意。

要求:针对上述事项,指出A注册会计师的做法是否恰当。如不恰当,请简要说明理由。

2.（2020年注会）ABC会计师事务所的A注册会计师负责审计甲公司2019年度财务报表。与函证相关的部分事项如下：

（1）在发出询证函前，A注册会计师根据风险评估结果选取部分被询证者，通过查询公开网站等方式，验证了甲公司管理层提供的被询证者名称和地址的准确性，结果满意。

（2）甲公司2019年12月31日银行借款账面余额为零。为确认这一情况，A注册会计师在询证函中将银行借款项目用斜线划掉。银行回函显示信息相符，结果满意。

（3）甲公司开户行乙银行因受新冠病毒感染疫情影响无法处理函证。A注册会计师与乙银行的上级银行沟通后向其寄发了询证函并收到了回函，结果满意。

（4）2020年3月现场审计工作开始前，甲公司已收回2019年年末的大部分应收账款。A注册会计师检查了相关的收款单据和银行对账单，结果满意，遂决定不对应收账款实施函证程序，并在审计工作底稿中记录了上述不发函的理由。

（5）A注册会计师收到丙公司通过电子邮件发来的其他应收款回函扫描件后，向甲公司财务人员取得了丙公司财务人员的微信号，联系对方核实了函证内容，并在审计工作底稿中记录了沟通情况及微信对话截图。

要求：针对上述（1）至（5）项，逐项指出A注册会计师的做法是否恰当。如不恰当，请简要说明理由。

3.（2015年注会）甲公司是ABC会计师事务所的常年审计客户，A注册会计师负责审计甲公司2014年度财务报表。审计工作底稿中与分析程序相关的部分内容摘录如下：

A注册会计师对运输费用实施实质性分析程序，确定已记录金额与预期值之间可接受的差异额为150万元，实际差异额为350万元，A注册会计师就超出可接受差异额的200万元询问了管理层，并对其答复获取了充分、适当的审计证据。

要求：针对上述事项，指出A注册会计师的做法是否恰当。如不恰当，请简要说明理由。

4. 上市公司甲集团公司是ABC会计师事务所的常年审计客户。A注册会计师是甲集团公司2020年度财务报表审计的项目合伙人，B注册会计师是项目质量复核人员。A注册会计师于2021年3月5日签署甲集团公司审计报告。与审计工作底稿相关的部分事项如下：

（1）A注册会计师在2021年5月20日完成了甲集团公司审计工作底稿归档工作。

（2）A注册会计师在2021年5月1日收到了询证函回函，将其替换了应收账款函证替代程序的工作底稿。

（3）A注册会计师于2021年3月6日对商誉减值实施追加的审计程序，修改了审计工作底稿，A注册会计师要求审计项目组记录修改的理由、时间和人员，以及复核的时间和人员。由于审计报告已经发布，B注册会计师不再进行项目质量复核。

（4）A注册会计师在完成审计工作底稿归档工作后，于2021年5月25日删除了被取代的预计负债的审计工作底稿。

（5）A注册会计师在对营业收入进行细节测试时，对销售发票进行了检查，并将销售发票的开具人和时间作为识别特征记录于审计工作底稿。

（6）甲集团公司的乙组成部分注册会计师针对乙组成部分财务信息出具审计报告的日期是2021年3月2日，A注册会计师要求乙组成部分注册会计师的审计工作底稿自2021年3月2日起至少保存10年。

要求：针对上述（1）至（6）项，逐项指出注册会计师的做法是否恰当。如不恰当，请简要说明理由。

四、强化练习题参考答案

（一）单项选择题

1. D 2. B 3. A 4. D 5. C 6. C 7. A 8. D 9. B
10. A 11. C 12. C 13. C 14. B 15. B 16. C 17. B 18. B
19. B 20. C 21. B 22. C 23. A

（二）多项选择题

1. ABCD 2. CDE 3. ABC 4. CD 5. AB 6. BDE
7. BC 8. ABCD 9. CD 10. ABD 11. BCD 12. ABD
13. ABC 14. BCDE 15. ABD 16. ABC 17. ABCD 18. ABD
19. BE 20. ABC

（三）论述题

1.【答案】 审计证据的充分性是指审计证据的数量要足以支持注册会计师的审计意见，它是注册会计师形成审计意见所需证据的最低数量要求。

审计证据的适当性是对审计证据质量的衡量，即审计证据在支持各类交易、账户余额、列报（包括披露）的相关认定，或发现其中存在错报方面具有的相关性和可靠性。

充分性和适当性是审计证据的两个重要特征，两者缺一不可，只有充分且适当的审计证据才是有证明力的。审计证据的适当性影响审计证据的充分性。也就是说，审计证据的质量越高，需要的审计证据数量可能越少。需要注意的是，尽管审计证据的充分性和适当性相关，但如果审计证据的质量存在缺陷，那么注册会计师仅靠获取更多的审计证据可能无法弥补其质量上的缺陷。

2．【答案】 审计证据的可靠性是指审计证据的可信程度。审计证据的可靠性受其来源和性质的影响，并取决于获取审计证据的具体环境。注册会计师通常按照下列原则判断审计证据的可靠性：

（1）从被审计单位外部独立来源获取的审计证据比从其他来源获取的审计证据更可靠。

（2）相关控制有效时内部生成的审计证据比控制薄弱时内部生成的审计证据更可靠。

（3）直接获取的审计证据比间接获取或推论得出的审计证据更可靠。

（4）以文件记录形式（包括纸质、电子或其他介质）存在的审计证据比口头形式的审计证据更可靠。

（5）从原件获取的审计证据比从复印、传真或通过拍摄、数字化或其他方式转化成电子形式的文件获取的审计证据更可靠。

此外，审计证据虽然是从被审计单位外部独立来源获取的，但如果该证据是由不知情者或不具有资格者提供，那么审计证据也可能是不可靠的。同样，如果注册会计师不具备评价审计证据的专业能力，那么即便是直接获取的审计证据，也可能是不可靠的。

3．【答案】 注册会计师可以采用检查、观察、询问、函证、重新计算、重新执行、分析程序等具体审计程序来获取审计证据。

（1）检查记录或文件是指注册会计师对被审计单位内部或外部生成的以纸质、电子或其他介质形式存在的记录或文件进行审查。检查有形资产是指注册会计师对资产实物进行审查。

（2）观察是指注册会计师察看相关人员正在从事的活动或执行的程序。

（3）询问是指注册会计师以书面或口头方式，从被审计单位内部或外部的知情人员获取财务信息和非财务信息，并对答复进行评价的过程。

（4）函证（外部函证）是指注册会计师直接从第三方（被询证者）获取书面答复作为审计证据的过程。书面答复可以采用纸质、电子或其他介质等形式。询证函有积极式询证函和消极式询证函两种形式。

（5）重新计算是指注册会计师以人工方式或使用计算机辅助审计技术，对记录或文件中的数据计算的准确性进行核对。

（6）重新执行是指注册会计师以人工方式或使用计算机辅助审计技术，重新独立执行作为被审计单位内部控制组成部分的程序或控制。

（7）分析程序是指注册会计师通过分析不同财务数据之间及财务数据与非财务数据之间的内在关系，对财务信息做出评价。分析程序还包括在必要时对识别出的与其他相关信息不一致或与预期值差异重大的波动或关系进行调查。

4.【答案】 函证程序适用的范围非常广泛，只要存在了解情况的第三方，注册会计师就可以根据具体情况和实际需要对有关内容实施函证程序。

（1）银行存款、借款及与金融机构往来的其他重要信息。

注册会计师应当对银行存款（包括零余额账户和在本期内注销的账户）、借款及与金融机构往来的其他重要信息实施函证程序，除非有充分证据表明某一银行存款、借款及与金融机构往来的其他重要信息对财务报表不重要且与之相关的重大错报风险很低。如果不对这些项目实施函证程序，注册会计师应当在审计工作底稿中说明理由。

（2）应收账款。

注册会计师应当对应收账款实施函证程序，除非存在以下两种情形：

① 根据审计重要性原则，有充分证据表明应收账款对财务报表不重要。

② 注册会计师认为函证很可能无效。

如果认为函证很可能无效，注册会计师应当实施替代审计程序，获取相关、可靠的审计证据。如果不对应收账款实施函证程序，注册会计师应当在审计工作底稿中说明理由。

（3）交易性金融资产、应收票据等可函证的其他内容。

5.【答案】 函证有两种方式：积极式函证与消极式函证。注册会计师可以采用积极方式或消极方式实施函证程序，也可以将两种方式结合使用。

积极式函证又称肯定式函证，是指要求被询证者直接向注册会计师回复，表明是否同意询证函所列示的信息，或填列所要求的信息的一种询证方式。积极式函证又分为两种：一种是在询证函中列明拟函证的账户余额或其他信息，要求被询证者确认所函证的款项是否正确。一般来说，这种询证函的回函能够提供可靠的审计证据。但是，被询证者可能对所列示信息根本不加以验证就予以回函确认，因此这种函证方式有其缺陷性。另一种是在询证函中不列明拟函证的账户余额或其他信息，而要求被询证者填写有关信息或提供进一步信息。这种函证方式由于要求被询证者做出更多的努力，可能导致回函率降低，进而使得注册会计师执行更多的替代审计程序。

消极式函证又称否定式函证，是指要求被询证者只有在不同意询证函所列示的信息时才直接向注册会计师回复的一种询证方式。对于消极式询证函而言，未收到回函并不能明确表明预期的被询证者已经收到询证函或已经核实了询证函中包含的信息的准确性。因此，未收到消极式询证函的回函提供的审计证据远不如积极式询证函的回函提供的审计证据有说服力。

（四）综合业务题

1.【答案】 不恰当。A 注册会计师还应考虑可能存在重大的舞弊或错误，以及管理层的诚信度。

2.【答案】 （1）恰当。

（2）不恰当。用斜线划掉表示该项目不适用，与发函目的不符，应当在银行借款项目下填写零或无。

（3）恰当。

（4）不恰当。A 注册会计师应当对应收账款实施函证程序，除非有充分证据表明应收账款不重要，或者函证很可能无效或收款单据和银行对账单可能不可靠。

（5）不恰当。A 注册会计师没有核实微信联络人的身份。

3.【答案】 不恰当。A 注册会计师应针对 350 万元的差异额进行调查，而不能仅对超出可接受差异额的部分进行调查。

4.【答案】 （1）不恰当。审计工作底稿归档工作应当在审计报告日后 60 天内完成。

（2）不恰当。收到的询证函回函是审计报告日前已实施的替代审计程序的补充证据，应当与已实施的替代审计程序工作底稿一并归档。

（3）不恰当。B 注册会计师应当对实施的追加审计程序的审计工作底稿进行复核，并记录复核的事项、理由、结论及复核的时间和人员。

（4）不恰当。A 注册会计师不应在规定的保存期限届满前删除或废弃任何性质的审计工作底稿。

（5）不恰当。识别特征应具有唯一性，A 注册会计师应当将销售发票的编号作为识别特征记录于审计工作底稿。

（6）不恰当。基于甲集团公司的审计目的，乙组成部分注册会计师的审计工作底稿应当自 2021 年 5 月 20 日起至少保存 10 年。

第六章 审计抽样

▶▶ 一、本章学习目标

（1）了解审计抽样的概念、种类、特征及应用。

（2）了解抽样风险和非抽样风险的来源及种类。

（3）了解统计抽样和非统计抽样的概念及区别。

（4）了解属性抽样和变量抽样的概念及区别。

（5）了解审计抽样在控制测试和细节测试中的应用，理解其基本流程和具体方法。

▶▶ 二、本章重点与难点

1. 审计抽样的概念

审计抽样是指注册会计师对具有审计相关性的总体中低于百分之百的项目实施审计程序，使所有抽样单元都有被选取的机会，为注册会计师针对整个总体得出结论提供合理基础。审计抽样能够使注册会计师获取和评价有关所选取项目某些特征的审计证据，以形成或有助于形成有关总体的结论。

2. 审计抽样的特征

审计抽样具有以下三个特征：

（1）对具有审计相关性的总体中低于百分之百的项目实施审计程序。

（2）所有抽样单元都有被选取的机会。

（3）可以根据样本项目的测试结果推断出有关抽样总体的结论。

3. 审计抽样的种类

审计抽样的分类方法众多，从决策依据的角度，可以将审计抽样划分为统计抽样和非统计抽样；而从所了解的总体特征的角度，可以将审计抽样划分为属性抽样和变量抽样。

4. 抽样风险与非抽样风险

在审计工作中，注册会计师通过对重大错报风险的评估和对检查风险的控制来使审计风险降至可接受的低水平。而抽样风险和非抽样风险都会对重大错报风险的评估和检查风险的确定产生影响，进而影响审计风险。

抽样风险是指注册会计师根据样本得出的结论，可能不同于如果对整个总体实施与样本相同的审计程序得出的结论的风险。非抽样风险是指注册会计师由于任何与抽样风险无关的原因而得出错误结论的风险，包括审计风险中不是由审计抽样导致的所有风险。注册会计师即使对某类交易或账户余额的所有项目都实施审计程序，也可能仍未能发现重大错报或控制失效。

5. 审计抽样的应用

控制测试中审计抽样的一般步骤如下：

（1）确定测试目标和被审查总体的范围。

（2）定义抽样单元与偏差。

（3）选择抽样方法，确定样本规模。

（4）选取样本项目，评价样本结果。

6. 传统变量抽样

传统变量抽样运用正态分布理论，根据样本结果推断总体的特征。传统变量抽样主要包括均值法、差额法和比率法三种方法。

（1）均值法。在这种方法下，注册会计师先计算样本中所有项目审定金额的平均值，然后通过样本均值推断总体均值的估计值，进而计算估计的总体金额，而总体估计金额与总体账面金额之差，就是注册会计师推断的总体错报。

（2）差额法。在这种方法下，注册会计师先计算样本的审定金额与账面金额之间的平均差额，然后再用这个平均差额乘以总体规模得到推断的总体错报，进而计算估计的总体金额。

（3）比率法。在这种方法下，注册会计师先计算样本的审定金额与账面金额之间的比率，然后再用这个比率乘以总体的账面金额来求出估计的总体金额。

7. 货币单元抽样

货币单元抽样运用属性原理，它是一种对货币的金额而不是发生率得出结论的统计抽样方法。货币单元抽样以货币单元为抽样单元，总体中的每个货币单元被选取的机会相同，所以总体中某一项目被选取的概率等于该项目的金额与总体金额的比率，项目金额越大，被选取的概率就越大。在实际工作中，注册会计师并不会对总体的货币单元进行检查,而是对包含被选取的货币单元的账户余额或交易进行检查。这些账户余额或交易被称作逻辑单元。

三、本章强化练习题

(一) 单项选择题

1. 审计抽样是注册会计师获取和评价与被选取项目的某些特征有关的审计证据的一种方法,在下列测试中,注册会计师不应运用审计抽样的是(   )。

    A. 函证应收账款

    B. 监盘存货

    C. 测试销售发票是否经适当授权批准

    D. 测试被审计单位库存现金日记账与库存现金总账的登记职责是否分离

2. 下列有关信赖过度风险的说法,正确的是(   )。

    A. 信赖过度风险属于非抽样风险

    B. 信赖过度风险影响审计效率

    C. 信赖过度风险与控制测试和细节测试均相关

    D. 注册会计师可以通过扩大样本规模来降低信赖过度风险

3. (2019年注会)下列与内部控制有关的审计工作,通常可以运用审计抽样的是(   )。

    A. 评价内部控制设计的合理性

    B. 确定控制是否得到执行

    C. 测试自动化应用控制的运行有效性

    D. 测试留下运行轨迹的人工控制的运行有效性

4. (2016年注会)下列有关抽样风险的说法,错误的是(   )。

    A. 如果注册会计师对总体中的所有项目都实施检查,就不存在抽样风险

    B. 在运用非统计抽样时,注册会计师可以对抽样风险进行定性的评价和控制

    C. 无论是控制测试还是细节测试,注册会计师都可以通过扩大样本规模来降低抽样风险

    D. 注册会计师未能恰当地定义误差将导致抽样风险

5. (2020年注会)下列有关非抽样风险的说法,错误的是(   )。

    A. 注册会计师未能恰当地定义误差会导致非抽样风险

    B. 非抽样风险可以量化

    C. 非抽样风险在所有审计业务中均存在

D. 即使对总体中的所有项目都实施测试,也无法消除非抽样风险

6. 注册会计师在对应收账款的存在认定进行测试时实施了函证程序,并分析得出了下列差异,其中应当定义为误差的是( )。

　　A. 客户在函证日之前支付、被审计单位在函证日之后不久收到的款项

　　B. 被函证的客户根本不存在

　　C. 被审计单位在不同客户之间误登明细账

　　D. 客户回函声称其欠款金额与函证金额相符

7. (2015年注会)下列抽样方法,适用于控制测试的是( )。

　　A. 变量抽样　　　　　　　　B. PPS抽样

　　C. 属性抽样　　　　　　　　D. 差额法抽样

8. (2019年注会)运用审计抽样实施细节测试时,对总体进行分层可以提高抽样效率的情形是( )。

　　A. 总体规模较大　　　　　　B. 总体变异性较大

　　C. 误拒风险较高　　　　　　D. 预计总体错报较高

9. (2018年注会)下列有关审计抽样的样本代表性的说法,错误的是( )。

　　A. 如果样本的选取是无偏向的,则该样本通常具有代表性

　　B. 样本具有代表性意味着根据样本测试结果推断的错报与总体中的错报相同

　　C. 样本的代表性与样本规模无关

　　D. 样本的代表性通常只与错报的发生率而非错报的特定性质相关

10. (2021年注会)运用审计抽样实施控制测试时,下列各项,与样本规模同向变动的是( )。

　　A. 总体规模　　　　　　　　B. 可容忍偏差率

　　C. 可接受的信赖过度风险　　D. 预计总体偏差率

11. (2015年注会)下列有关在审计抽样中影响样本规模的因素的表述,正确的是( )。

　　A. 可接受的误受风险越高,样本规模越大

　　B. 可容忍错报越高,样本规模越大

　　C. 在既定的可容忍错报下,预计总体错报越大,样本规模越大

　　D. 总体规模越大,样本规模越大

12. (2014年注会)下列有关细节测试样本规模的说法,错误的是( )。

　　A. 总体项目的变异性越小,通常样本规模越小

　　B. 当总体被适当分层时,各层样本规模的汇总数通常等于在不对总体分层的情况下确定的样本规模

C. 当误受风险一定时，可容忍错报越低，所需的样本规模越大

D. 对于大规模总体，总体的实际规模对样本规模几乎没有影响

13.（2016年注会）如果运用审计抽样实施控制测试没有为得出有关测试总体的结论提供合理的基础，那么注册会计师可以采取相关措施。下列注册会计师采取的措施，错误的是（　　）。

  A. 扩大样本规模   B. 测试替代控制

  C. 修改相关实质性程序   D. 提高可容忍偏差率

14. 注册会计师采用差额法推断存货项目的总体错报，假定样本的账面金额是500万元，样本规模是200个，审计确定样本的实际金额是450万元，存货总体的账面金额是4 000万元，总体规模是2 000个，则推断的总体错报金额是（　　）万元。

  A. 400   B. 500

  C. 450   D. 550

15. X注册会计师运用传统变量抽样对甲公司存货项目进行审计，发现样本项目的审定金额和账面金额之间没有差异，则下列X注册会计师拟采用的推断总体错报的方法，最恰当的是（　　）。

  A. 均值法   B. 比率法

  C. 差额法   D. 差异法

16. 注册会计师欲从1 000张凭单中按系统选样方法选出40张作为样本，确定的选样起点为556，则所得到的最小编号是（　　）。

  A. 6   B. 24

  C. 128   D. 38

17. X注册会计师对甲公司2019年的付款是否得到授权进行测试，设定的控制要求是检查付款前是否有授权人在付款单据上签字，则下列定义的抽样单元，最恰当的是（　　）。

  A. 每一张验收单   B. 每一张现金支付凭证

  C. 每一张付款单据   D. 每一笔应付账款明细账

18. 下列有关概率比例规模抽样的表述，正确的是（　　）。

A. 概率比例规模抽样适用于交易发生额或账户余额存在低估差错的情况

B. 与低估的账户相比，高估的账户被选取的可能性更小

C. 每个账户被选取的机会相同

D. 余额为零的账户没有被选取的机会

19. 下列有关统计抽样和非统计抽样的说法，错误的是（　　）。

A. 注册会计师应当根据具体情况并运用职业判断，确定运用统计抽样或非统计

抽样

B. 注册会计师在统计抽样与非统计抽样之间进行选择时主要考虑成本效益

C. 非统计抽样如果设计适当,也能提供与统计抽样同样有效的结果

D. 注册会计师运用非统计抽样时,不需要考虑抽样风险

20. 运用审计抽样实施控制测试时,下列因素,不影响样本规模的是(　　)。

A. 控制的类型　　　　　　　　　B. 可容忍偏差率

C. 控制运行的相关期间的长短　　　D. 选取样本的方法

(二) 多项选择题

1. (2014年注会)下列审计程序,通常不运用审计抽样的有(　　)。

A. 风险评估程序　　　　　　　　B. 控制测试

C. 实质性分析程序　　　　　　　D. 细节测试

2. (2017年注会)下列各项,属于审计抽样基本特征的有(　　)。

A. 对具有审计相关性的总体中低于百分之百的项目实施审计程序

B. 可以根据样本项目的测试结果推断出有关抽样总体的结论

C. 所有抽样单元都有被选取的机会

D. 可以基于某一特征从总体中选出特定项目实施审计程序

3. (2013年注会)下列有关非抽样风险的说法,正确的有(　　)。

A. 注册会计师实施控制测试和实质性程序时均可能产生非抽样风险

B. 注册会计师保持职业怀疑有助于降低非抽样风险

C. 注册会计师可以通过扩大样本规模来降低非抽样风险

D. 注册会计师可以通过加强对审计项目组成员的监督和指导来降低非抽样风险

4. (2014年注会)下列有关抽样风险的说法,正确的有(　　)。

A. 误受风险和信赖不足风险影响审计效果

B. 误受风险和信赖过度风险影响审计效果

C. 误拒风险和信赖不足风险影响审计效率

D. 误拒风险和信赖过度风险影响审计效率

5. 影响审计效率的抽样风险包括(　　)。

A. 对内部控制信赖过度的风险　　B. 对内部控制信赖不足的风险

C. 误拒风险　　　　　　　　　　D. 误受风险

6. (2017年注会)下列各项,属于统计抽样特征的有(　　)。

A. 评价非抽样风险　　　　　　　B. 运用概率论评价样本结果

C. 运用概率论计量抽样风险　　　D. 随机选取样本项目

7. 下列抽样方法,通常可用于统计抽样的有(　　)。

A. 随机选样 B. 系统选样
C. 整群选样 D. 随意选样

8. (2016年注会)下列有关控制测试样本规模的说法,错误的有( )。
A. 对相关控制的依赖程度增加,所需的样本规模增大
B. 大规模总体中抽样单元的数量增加,所需的样本规模增大
C. 拟测试总体的预期偏差率增加,所需的样本规模增大
D. 可容忍偏差率增加,所需的样本规模增大

9. (2013年注会)下列因素,直接影响控制测试样本规模的有( )。
A. 可容忍偏差率
B. 拟测试总体的预期偏差率
C. 控制所影响账户的可容忍错报
D. 注册会计师在评估风险时对相关控制的依赖程度

10. (2016年注会)下列有关注册会计师在运用审计抽样时评价样本结果的说法,正确的有( )。
A. 在分析样本误差时,注册会计师应当对所有误差进行定性评估
B. 注册会计师应当实施追加的审计程序,以高度确信异常误差不影响总体的其余部分
C. 控制测试的抽样风险无法计量,但注册会计师在评价样本结果时仍应考虑抽样风险
D. 在细节测试中,如果根据样本结果推断的总体错报小于可容忍错报,则总体可以接受

11. 下列各项,属于传统变量抽样方法的有( )。
A. 均值估计抽样 B. 差额估计抽样
C. 概率比例规模抽样 D. 比率估计抽样

12. (2019年注会)运用审计抽样实施细节测试时,可以作为抽样单元的有( )。
A. 一笔交易 B. 一个账户余额
C. 每个货币单元 D. 交易中的一个记录

13. 下列对PPS抽样的相关理解,合理的有( )。
A. 总体自动进行分层
B. 较大金额的差错被发现的概率较大
C. 对零余额或负余额的选取需要在设计时特别考虑
D. 确定所需的样本规模时不需要直接考虑货币金额的标准差

14. (2016年注会)下列有关注册会计师运用非统计抽样实施细节测试的说法,错

误的有( )。

A. 注册会计师增加单独测试的重大项目，可以减小样本规模

B. 在定义抽样单元时，注册会计师无须考虑实施计划的审计程序或替代程序的难易程度

C. 在确定可接受的误受风险水平时，注册会计师无须考虑针对同一审计目标的其他实质性程序的检查风险

D. 注册会计师根据样本中发现的错报金额推断总体错报金额时，可以采用比率法或差额法

15. （2014年注会）下列选取样本的方法，可以在统计抽样中使用的有( )。

A. 使用随机数表选样 B. 随意选样
C. 使用计算机辅助审计技术选样 D. 系统选样

（三）论述题

1. 什么是审计抽样的适用性？审计抽样适用于哪些程序？不适用于哪些程序？

2. 抽样风险有哪些类型？它们会对审计工作产生什么样的影响？

3. 在控制测试和细节测试中，哪些因素会影响样本规模？影响的方向如何？

4. 简述细节测试中审计抽样的基本程序。

(四) 综合业务题

1. A审计人员在对甲公司2022年3月的工资单进行审查时，决定从甲公司900名职工中抽取30名职工的工资单进行审查，并采用系统抽样方法选样。

要求：计算抽样间距。

2. （2019年注会）A注册会计师在审计工作底稿中记录了实施进一步审计程序的情况，部分内容摘录如下：

甲公司原材料年末余额为10 000万元，包括3 000个项目，A注册会计师在实施计价测试时，抽样选取了50个项目作为测试样本，发现2个样本存在错报，这2个样本的账面金额分别为150万元和50万元，审定金额分别为120万元和40万元，A注册会计师采用比率法推断的总体错报为2 400万元。

要求：假定不考虑其他条件，指出A注册会计师的做法是否恰当。如不恰当，请简要说明理由。

3. （2012年注会）A注册会计师负责审计甲公司2011年度财务报表。在针对存货实施细节测试时，A注册会计师决定采用传统变量抽样方法实施统计抽样。甲公司2011年12月31日存货账面余额合计15 000万元。A注册会计师确定的总体规模为3 000个，样本规模为200个，样本账面余额合计1 200万元，样本审定金额合计800万元。

要求：代A注册会计师分别采用均值估计抽样、差额估计抽样和比率估计抽样三种方法计算推断的总体错报金额。

四、强化练习题参考答案

（一）单项选择题

1. D　　2. D　　3. D　　4. D　　5. B　　6. B　　7. C　　8. B　　9. B
10. D　　11. C　　12. B　　13. D　　14. B　　15. A　　16. A　　17. C　　18. D
19. D　　20. D

（二）多项选择题

1. AC　　2. ABC　　3. ABD　　4. BC　　5. BC　　6. BCD
7. AB　　8. BD　　9. ABD　　10. AB　　11. ABD　　12. ABCD
13. ABCD　　14. BC　　15. ACD

（三）论述题

1.【答案】 审计抽样的适用性：当控制的运行留下轨迹时，注册会计师可以考虑运用审计抽样实施控制测试。在实施细节测试时，注册会计师可以运用审计抽样获取审计证据。

审计抽样通常被用于细节测试，而当控制的运行留下轨迹时，也可以考虑运用审计抽样实施控制测试；在其他审计程序中，一般不宜运用审计抽样。

2.【答案】（1）控制测试中的抽样风险。控制测试中的抽样风险主要有两种：一是信赖过度风险；二是信赖不足风险。信赖过度风险是指在对内部控制的有效性进行测试时，基于对样本的考察得出了信赖内部控制的结论，但总体的实际情况可能并不符合这一结论。即在注册会计师选取的内部控制样本中，其有效性高于总体水平，这样对样本考察的结果将导致注册会计师对内部控制给予过度的信赖。信赖不足风险是指在对内部控制的有效性进行测试时，基于对样本的考察得出了不能信赖内部控制的结论，但总体的实际情况是可以信赖的，即对内部控制应该信赖而未予以信赖。

（2）实质性测试中的抽样风险。实质性测试中的抽样风险也有两种：一是误拒风险；二是误受风险。误拒风险是指在对账户余额的正确性进行测试时，实际上某项余额是正确的，而注册会计师考察样本后却得出该项余额不正确的结论，即将事实上正确的余额误作为错误的予以拒绝。误受风险是指在对账户余额的正确性进行测试时，实际上某项余额是错误的，而注册会计师考察样本后却得出该项余额正确的结论，即将事实上错误的余额误作为正确的予以接受。

3.【答案】（1）控制测试中影响样本规模的因素及其变动关系：

① 可接受的抽样风险，与样本规模呈反向变动关系。注册会计师愿意接受的抽样风险越低，样本规模通常越大；反之，注册会计师愿意接受的抽样风险越高，样本规模

通常越小。

② 可容忍偏差率,与样本规模呈反向变动关系。可容忍偏差率是注册会计师设定的偏离规定的内部控制程序的比率。可容忍偏差率越低,样本规模通常越大。

③ 预计总体偏差率,与样本规模呈同向变动关系。预计总体偏差率是注册会计师根据以前对被审计单位的经验或实施风险评估程序的结果而估计总体中可能存在的误差。预计总体偏差率越低,样本规模通常越小。

④ 总体规模,对样本规模的影响程度很小。对于大规模总体而言,总体的实际规模对样本规模几乎没有影响。

(2) 细节测试中影响样本规模的因素及其变动关系:

① 可接受的抽样风险,与样本规模呈反向变动关系。

② 可容忍错报,与样本规模呈反向变动关系。可容忍错报是注册会计师设定的货币金额,注册会计师试图对总体中的实际错报不超过该货币金额获取适当水平的保证。可容忍错报越低,样本规模通常越大。

③ 预计总体错报,与样本规模呈同向变动关系。预计总体错报越高,样本规模通常越大。

④ 总体变异性,与样本规模呈同向变动关系。在控制测试中,一般不考虑总体变异性;在细节测试中,总体变异性越低,样本规模通常越小。

⑤ 总体规模,对样本规模的影响程度很小。

4.【答案】

步骤	内容
1	确定测试的目标
2	定义总体、抽样单元与错报
3	根据审计目标设计细节测试的程序
4	确定样本规模
5	选择抽样方法
6	评价样本结果,推断总体

(四) 综合业务题

1.【答案】 抽样间距 = 900 ÷ 30 = 30。

2.【答案】 不恰当。推断的总体错报应为 2 000 万元。

3.【答案】 (1) 均值估计抽样:

样本审定金额的平均值 = 800 ÷ 200 = 4(万元)

估计的总体金额 = 4 × 3 000 = 12 000(万元)

推断的总体错报金额 = 15 000 − 12 000 = 3 000(万元)

(2) 差额估计抽样：

样本平均错报金额 =（1 200 – 800）÷ 200 = 2（万元）

推断的总体错报金额 = 2 × 3 000 = 6 000（万元）

(3) 比率估计抽样：

比率 = 800 ÷ 1 200 = 2/3

估计的总体金额 = 15 000 × 2/3 = 10 000（万元）

推断的总体错报金额 = 15 000 – 10 000 = 5 000（万元）

第七章 风险评估

一、本章学习目标

（1）了解风险评估的概念、意义、流程及其信息来源。

（2）熟练掌握如何了解被审计单位及其环境。

（3）熟练掌握内部控制的内涵及内部控制体系的要素。

（4）熟练掌握内部控制的人工和自动化成分。

（5）熟练掌握识别和评估重大错报风险的相关内容及其过程。

二、本章重点与难点

1. 风险识别和评估的概念

所谓风险识别和评估，就是指注册会计师通过实施风险评估程序，识别和评估财务报表层次和认定层次的重大错报风险。其中，风险识别是指找出财务报表层次和认定层次的重大错报风险；风险评估是指对重大错报发生的可能性和后果的严重程度进行评估。

2. 风险评估的意义

了解被审计单位及其环境，评估其重大错报风险，对于注册会计师进行职业判断，制订审计计划，合理设计程序，最终促使审计目标的实现具有重大意义。具体来说，风险评估可以为注册会计师在下列环节的职业判断提供重要依据：

（1）确定重要性水平，并随着审计工作的推进评估对重要性水平的判断是否仍然适当或需要调整。

（2）考虑会计政策的选择和运用是否适当，以及财务报表的披露是否充分。

(3) 识别需要特别考虑的领域，包括关联方交易、管理层运用持续经营假设的合理性、交易是否具有合理的商业目的等。

(4) 确定在实施分析程序时使用的预期值。

(5) 设计和实施进一步审计程序，以将审计风险降至可接受的低水平。

(6) 评价所获取的审计证据是否充分且适当。

3. **风险评估程序**

注册会计师应通过了解被审计单位及其环境来识别和评估财务报表层次和认定层次的重大错报风险。注册会计师可以通过以下风险评估程序来获取有关的信息，从而评估被审计单位的重大错报风险：① 询问管理层和被审计单位内部其他适当人员；② 分析程序；③ 观察和检查。

4. **被审计单位及其环境**

为了评估重大错报风险，注册会计师需要了解被审计单位并对其环境进行评估。注册会计师应根据实际业务的具体情况来确定相关评估程序的性质、时间安排和范围；注册会计师还应特别关注被审计单位及其环境与以前期间相比发生的重大变化，这对于充分了解被审计单位及其环境、识别和评估重大错报风险十分重要。

了解被审计单位及其环境，既包括了解被审计单位的外部环境，又包括了解其内部因素。具体来说，可分为以下六个方面：

(1) 相关行业状况、法律环境和监管环境及其他外部因素。

(2) 被审计单位的性质。

(3) 被审计单位对会计政策的选择和运用。

(4) 被审计单位的目标、战略及可能导致重大错报风险的相关经营风险。

(5) 对被审计单位财务业绩的衡量和评价。

(6) 被审计单位的内部控制。

5. **内部控制的定义**

所谓内部控制，就是指被审计单位为了合理保证财务报告的可靠性、经营的效率和效果及对法律法规的遵守，由治理层、管理层和其他人员设计与执行的政策及程序。

为了更好地理解上述定义，我们应当指出以下几点：

(1) 内部控制的目标是为财务报告的可靠性、经营的效率和效果，以及遵守适用的法律法规的要求提供合理保证。

(2) 设计和实施内部控制的责任主体是治理层、管理层和其他人员，也就是说，组织中的每一个人都对内部控制负有责任。

(3) 实现内部控制目标的手段是设计和执行控制政策及程序。

6. 内部控制体系的要素

内部控制体系包含内部环境（控制环境）、风险评估、内部监督、信息与沟通（信息系统与沟通）、控制活动五个相互关联的要素。

（1）内部环境。内部环境是指对建立、加强或削弱特定政策、程序及其效率产生影响的各种因素，它具有治理职能和管理职能。内部环境设定了被审计单位的内部控制基调，影响员工的内部控制意识，并反映了治理层和管理层对内部控制体系及其重要性的态度、认识和行动。注册会计师应当从业务承接阶段就开始了解和评估管理层在治理层的监督下，是否营造并保持了诚实守信和合乎道德的文化，以及是否建立了防止或发现并纠正舞弊和错误的恰当控制。

（2）风险评估。风险评估是指识别、评估和管理影响被审计单位实现经营目标能力的各种风险的过程。而针对财务报告目标的风险评估包括识别与财务报告相关的经营风险，评估风险的重要性和发生的可能性，并采取措施管理这些风险及其导致的结果。风险影响着企业的生存与竞争能力，且许多风险并不受企业的控制。因此，管理层应密切关注各个层次的风险，确定自身的风险应对能力，并建立适当的风险管理和应对机制。

（3）内部监督。内部监督是由适当的人员，在适当、及时的基础上，评估控制的设计和运行情况的过程，目的是建立和维护控制并保证其持续而有效地运行。企业可以采用管理控制方法或内部审计等方式来对控制进行监督。

（4）信息与沟通。与财务报告相关的信息系统包括用于生成、记录、处理和报告交易事项与情况，对相关资产、负债和所有者权益履行经营管理责任的程序与记录。

（5）控制活动。控制活动是指有助于确保管理层的指令得以执行的政策和程序。管理层控制目标的实现，离不开控制政策的制定与执行。具体来说，控制活动包括授权、业绩评价、信息处理、实物控制、职责分离等相关的活动。

7. 内部控制的人工和自动化成分

随着信息技术的日益先进，被审计单位内部控制系统的自动化程度也在不断提高。但是即便如此，人工因素仍然广泛存在于这些系统之中。注册会计师在了解被审计单位的内部控制时，应注意区分内部控制的人工成分和自动化成分，并考虑它们不同的特征及影响。

（1）自动化成分的优势及相关内部控制风险。

一方面，信息技术的应用可以提高被审计单位内部控制的自动化程度，并在以下几个方面提高其效率和效果：

① 在处理大量的交易或数据时，一贯运用事先确定的业务规则，并进行复杂运算。

② 提高信息的及时性、可获得性及准确性。

③ 有助于对信息的深入分析。

④ 提高对被审计单位的经营业绩及其政策和程序执行情况进行监督的能力。

⑤ 降低控制被规避的风险。

⑥ 通过对应用程序系统、数据库系统和操作系统实施安全控制，提高不相容职务分离的有效性。

另一方面，信息技术的应用也可能给内部控制带来特定的风险，具体来说，包括以下几个方面：

① 所依赖的系统或程序未能正确处理数据，或处理了不正确的数据，或两种情况并存。

② 未经授权访问数据，可能导致数据的毁损或对数据不恰当的修改，包括记录未经授权或不存在的交易，或不正确地记录了交易。另外，多个用户同时访问同一数据库也可能会造成特定风险。

③ 信息技术人员可能获得超越其职责范围的数据访问权限，从而破坏了系统应有的职责分工。

④ 未经授权改变主文档的数据。

⑤ 未经授权改变系统或程序，或未能对系统或程序做出必要的修改。

⑥ 不恰当的人为干预。

⑦ 可能丢失数据或不能访问所需要的数据。

（2）人工成分的优势及相关内部控制风险。

在处理一些依赖主观判断或需要酌情处理的情形时，相比于自动化控制，人工控制可能更具优势。这些情形包括：

① 存在大额、异常或偶发的交易。

② 存在难以界定、预计或预测的错误。

③ 针对变化的情况，需要对现有的自动化控制进行人为干预。

④ 监督自动化控制的有效性。

然而，也正由于人工控制由人执行，所以它容易受人为因素影响，从而产生一些特定的风险。注册会计师应当从以下角度考虑由此产生的风险：

① 人工控制可能更容易被规避、忽视或凌驾。

② 人工控制可能不具有一贯性。

③ 人工控制可能更容易产生简单错误或失误。

从以上几点可以看出，相比于自动化控制，人工控制的可靠性较低。因此，在下列事项中运用人工控制可能是不恰当的。具体来说，可能包括以下几个方面：

① 存在大量或重复发生的交易。

② 事先可预计或预测的错误能够通过自动化控制得以防止或发现并纠正。

③ 用特定方法实施控制的控制活动可得到适当设计和自动化处理。

内部控制风险的程度和性质还取决于被审计单位信息系统的性质和特征。因此，基于对信息系统特征的了解，被审计单位可以建立有效的控制，以恰当应对由于采用自动化成分或人工成分而产生的风险。

8. 重大错报风险

注册会计师可以通过以下几个步骤来识别和评估被审计单位在财务报表层次及各类交易、账户余额和披露的认定层次的重大错报风险：

（1）在了解被审计单位及其环境（包括与风险相关的控制）的整个过程中识别风险，并将风险与财务报表中各类交易、账户余额和披露（包括定量披露和定性披露）联系起来考虑。

（2）评估识别出的风险，并评价其是否更广泛地与财务报表整体相关，进而潜在地影响多项认定。

（3）结合对拟测试的相关控制的考虑，将识别出的风险与认定层次可能发生错报的领域相联系。

（4）考虑发生一项或多项错报的可能性，以及潜在错报的重大程度是否足以导致重大错报。

▶▶▶ 三、本章强化练习题

（一）单项选择题

1. 下列有关实施风险评估程序的说法，不恰当的是(　　)。
  A. 无论重大错报风险的评估结果如何，均应当针对所有重大类别的交易、账户余额和披露实施实质性程序
  B. 评价注册会计师对被审计单位及其环境了解的程度是否恰当，关键看其是否能识别和评估重大错报风险
  C. 在某些情况下，不实施风险评估程序也能评估重大错报风险
  D. 了解被审计单位及其环境贯穿整个审计过程

2. 下列有关审计项目组内部讨论的说法，错误的是(　　)。
  A. 项目组在讨论时应当强调在整个审计过程中保持职业怀疑，警惕可能发生重大错报的迹象，并对这些迹象进行严格追踪
  B. 项目组的全体成员必须参加项目组的讨论
  C. 项目组就由舞弊导致财务报表重大错报的可能性进行讨论所得出的重要结论，

应当形成审计工作底稿

D. 项目组应当讨论被审计单位面临的经营风险、财务报表容易发生错报的领域及发生错报的方式,特别是由舞弊导致重大错报的可能性

3. 分析程序的主要作用是( )。

A. 测试财务报表余额的正确性　　B. 测试内部控制的有效性
C. 为发表审计意见提供基本证据　　D. 指出重大错报风险所在

4. 在进行风险评估时,注册会计师通常采用的审计程序是( )。

A. 将财务报表与其所依据的会计记录相核对

B. 实施分析程序以识别异常的交易或事项,以及对财务报表和审计产生影响的金额、比率和趋势

C. 对应收账款进行函证

D. 以人工方式或使用计算机辅助审计技术,对记录或文件中的数据计算的准确性进行核对

5. 下列有关风险评估的说法,错误的是( )。

A. 管理层缺乏诚信可能引发的舞弊风险与财务报表整体相关

B. 如果认为仅通过实质性程序获取的审计证据无法将认定层次的重大错报风险降至可接受的低水平,注册会计师应当评价被审计单位针对这些风险设计的控制,并确定执行情况

C. 注册会计师采用重新执行程序的目的是了解被审计单位的内部控制

D. 注册会计师了解被审计单位及其环境,目的就是识别和评估财务报表重大错报风险

6. 了解被审计单位财务业绩的衡量和评价,最重要的目的是( )。

A. 了解被审计单位的业绩趋势

B. 确定被审计单位的业绩是否达到预算

C. 将被审计单位的业绩与同行业做比较

D. 考虑是否存在舞弊风险

7. 注册会计师采用风险评估程序了解被审计单位及其环境的时间是( )。

A. 贯穿整个审计过程　　B. 在制订审计计划时
C. 在进行期中审计时　　D. 在承接客户和续约时

8. (2017年注会)下列有关了解被审计单位及其环境的说法,正确的是( )。

A. 注册会计师无须在审计完成阶段了解被审计单位及其环境

B. 注册会计师对被审计单位及其环境了解的程度,低于管理层为经营管理企业而对被审计单位及其环境需要了解的程度

C. 对于小型被审计单位，注册会计师可以不了解被审计单位及其环境

D. 注册会计师对被审计单位及其环境了解的程度，取决于会计师事务所的质量管理政策

9. 下列不属于了解被审计单位及其环境的工作是(　　)。

A. 被审计单位所在行业状况、法律环境与监管环境及其他外部因素

B. 被审计单位的目标、战略及相关经营风险

C. 被审计单位财务业绩的衡量与评价

D. 以往年度的审计策略

10. 注册会计师了解被审计单位及其环境的直接目的是(　　)。

A. 实施进一步审计程序　　　　　　B. 控制检查风险

C. 收集充分、适当的审计证据　　　D. 识别和评估财务报表重大错报风险

11. (2019年注会)下列有关注册会计师了解被审计单位对会计政策的选择和运用的说法，错误的是(　　)。

A. 如果被审计单位变更了重要的会计政策，注册会计师应当考虑会计政策的变更是否能够提供更可靠、更相关的会计信息

B. 当新的会计准则颁布施行时，注册会计师应当考虑被审计单位是否应采用新的会计准则

C. 在缺乏权威性标准或共识的领域，注册会计师应当协助被审计单位选用适当的会计政策

D. 注册会计师应当关注被审计单位是否采用了激进的会计政策

12. 下列选项，不正确的是(　　)。

A. 内部控制只能对财务报告的可靠性提供合理的保证，而非绝对的保证

B. 在了解被审计单位的内部控制时，只需关注控制的设计

C. 特别风险通常与重大的非常规交易和判断事项有关

D. 在某些情况下，仅通过实施实质性程序不能获取充分、适当的审计证据

13. (2012年注会)下列有关了解内部控制的说法，错误的是(　　)。

A. 如果认为仅通过实质性程序无法将认定层次的检查风险降至可接受的低水平，注册会计师应当了解相关的内部控制

B. 针对特别风险，注册会计师应当了解与该风险相关的控制

C. 如果与经营和合规目标相关的控制与注册会计师实施审计程序时评价或使用的数据相关，则这些控制也可能与审计相关

D. 注册会计师应当了解所有与财务报告相关的控制

14. (2012年注会)下列有关内部控制的说法，错误的是(　　)。

A. 注册会计师应当在所有审计项目中了解内部控制

B. 内部控制无论多么有效，都只能为被审计单位实现财务报告目标提供合理保证

C. 与经营目标和合规目标相关的控制均与审计无关

D. 在某些情况下，控制得到执行，就能为控制运行的有效性提供证据

15. 企业内部控制的目标不包括(　　)。

A. 审计风险处在低水平

B. 经营的效率和效果

C. 财务报告的可靠性

D. 在所有经营活动中遵守法律法规的要求

16. (2014年注会)下列有关控制环境的说法，错误的是(　　)。

A. 控制环境对重大错报风险的评估具有广泛影响

B. 有效的控制环境本身可以防止或发现并纠正各类交易、账户余额和披露的认定层次的重大错报风险

C. 有效的控制环境可以降低舞弊发生的风险

D. 财务报表层次的重大错报风险很可能源于控制环境存在的缺陷

17. (2017年注会)下列各项，属于对控制的监督的是(　　)。

A. 授权与批准　　　　　　　　B. 职权与责任的分配

C. 业绩评价　　　　　　　　　D. 内审部门定期评估控制的有效性

18. (2019年注会)下列有关注册会计师了解内部控制的说法，错误的是(　　)。

A. 注册会计师应当了解与特别风险相关的控制

B. 注册会计师应当了解与会计估计相关的控制

C. 注册会计师应当了解与超出被审计单位正常经营过程的重大关联方交易相关的控制

D. 注册会计师应当了解与会计差错更正相关的控制

19. 下列各项，不属于内部控制体系要素的是(　　)。

A. 对控制的监督　　　　　　　B. 风险评估

C. 控制活动　　　　　　　　　D. 被审计单位的经营风险

20. 注册会计师对管理层的诚信存在疑虑，最有可能影响的是(　　)。

A. 控制环境　　　　　　　　　B. 信息系统与沟通

C. 控制活动　　　　　　　　　D. 对控制的监督

21. (2015年注会)下列有关特别风险的说法，正确的是(　　)。

A. 注册会计师在判断重大错报风险是否为特别风险时，应当考虑识别出的控制对相关风险的抵消效果

B. 注册会计师应当将管理层凌驾于控制之上的风险评估为特别风险

C. 注册会计师应当了解并测试与特别风险相关的控制

D. 注册会计师应当对特别风险实施细节测试

22. 下列各项，与被审计单位财务报表层次的重大错报风险评估最相关的是(　　)。

A. 被审计单位的生产成本计算过程相当复杂

B. 被审计单位持有大量高价值且易被盗窃的存货

C. 被审计单位应收账款周转率呈明显下降趋势

D. 被审计单位控制环境薄弱

23. 下列重大错报风险，属于仅通过实质性程序无法应对的是(　　)。

A. 被审计单位对日常交易接受高度自动化处理

B. 被审计单位对日常交易接受人工处理

C. 注册会计师认为仅通过实质性程序获得的审计证据无法将财务报表层次的重大错报风险降至可接受的低水平

D. 注册会计师认为仅通过限制测试程序获得的审计证据无法将认定层次的重大错报风险降至可接受的低水平

24. （2015年注会）下列程序，通常不用于评估舞弊风险的是(　　)。

A. 询问治理层、管理层和内部审计人员

B. 考虑在客户接受或保持过程中获取的信息

C. 组织审计项目组内部讨论

D. 实施实质性分析程序

25. 下列有关重大错报风险的说法，不正确的是(　　)。

A. 财务报表层次重大错报风险与财务报表整体存在广泛联系，可能影响多项认定

B. 财务报表层次重大错报风险通常与控制环境有关

C. 重大错报风险与审计项目组人员的学识、技术和能力有关

D. 财务报表层次重大错报风险难以界定于某类交易、账户余额和披露的具体认定

26. （2014年注会）下列有关识别、评估和应对重大错报风险的说法，错误的是(　　)。

A. 在识别和评估重大错报风险时，注册会计师应当考虑发生错报的可能性及潜在错报的重大程度

B. 注册会计师应当将识别出的重大错报风险与特定的某类交易、账户余额和披露的认定相联系

C. 对于某些重大错报风险，注册会计师可能认为仅通过实质性程序无法获取充分、

适当的审计证据

D. 在实施进一步审计程序的过程中，注册会计师可能需要修正对认定层次重大错报风险的评估结果

27. （2020 年注会）下列有关控制对评估重大错报风险的影响的说法，错误的是(　　)。

A. 上年度审计中是否发现控制缺陷会影响注册会计师对重大错报风险的评估结果

B. 控制是否得到执行不会影响注册会计师对重大错报风险的评估结果

C. 控制运行有效性的测试结果会影响注册会计师对重大错报风险的评估结果

D. 控制在所审计期间内是否发生变化会影响注册会计师对重大错报风险的评估结果

（二）多项选择题

1. 下列有关风险评估程序的说法，恰当的有(　　)。

A. 风险评估程序的目的是识别和评估财务报表重大错报风险

B. 风险评估程序是必要程序

C. 风险评估程序在计划审计工作阶段实施

D. 风险评估程序贯穿整个审计过程

2. 下列人员，应当参与审计项目组内部讨论的有(　　)。

A. 审计项目负责人　　　　　　B. 聘请的特定领域专家

C. 关键审计人员　　　　　　　D. 项目质量复核人员

3. （2015 年注会）下列程序，通常用作风险评估程序的有(　　)。

A. 检查　　　　　　　　　　　B. 分析程序

C. 重新执行　　　　　　　　　D. 观察

4. （2019 年注会）下列审计程序，注册会计师在所有审计业务中均应当实施的有(　　)。

A. 了解被审计单位的内部控制

B. 在临近审计结束时，运用分析程序对财务报表进行总体复核

C. 实施用作风险评估的分析程序

D. 将财务报表与会计记录进行核对

5. 注册会计师运用各项风险评估程序，在了解被审计单位及其环境的整个过程中识别风险。下列识别的风险，与各类交易、账户余额和披露相联系的有(　　)。

A. 被审计单位因相关环境法规的实施需要更新设备，可能面临原有设备闲置或贬值的风险

B. 被审计单位对存货跌价准备的计提没有实施比较有效的内部控制，管理层未根

据存货的可变现净值计提相应的跌价准备

C. 管理层缺乏诚信或承受异常的压力可能引发舞弊风险

D. 竞争者开发的新产品上市，可能导致被审计单位的主要产品在短期内过时，预示将出现存货跌价和长期资产的减值

6. 观察和检查是注册会计师了解被审计单位及其环境而必须执行的程序，它不仅可以提供有关被审计单位及其环境的信息，而且可以印证对管理层和其他相关人员的询问结果。注册会计师应当实施的观察和检查程序包括(　　)。

A. 将预期的结果与被审计单位记录的金额、依据金额计算的比率、趋势进行比较

B. 追踪交易在财务报告信息系统中的处理过程，实施穿行测试

C. 检查文件、记录和内部控制手册，阅读由管理层和治理层编制的报告

D. 实地察看被审计单位的生产经营场所和设备

E. 利用被审计单位的银行存款日记账和银行对账单，重新编制银行存款余额调节表

7. 注册会计师应当了解被审计单位及其环境，以充分识别和评估财务报表重大错报风险，设计和实施进一步审计程序。其中，注册会计师应当了解的被审计单位所处的法律环境及监管环境的内容主要包括(　　)。

A. 适用的会计准则、会计制度和行业特定惯例

B. 对经营活动产生重大影响的法律法规及监管活动

C. 对开展业务产生重大影响的政府政策，包括货币、财政、税收、贸易等政策

D. 与被审计单位所处行业和所从事经营活动相关的环保要求

8. 注册会计师了解被审计单位的性质，包括对被审计单位经营活动的了解。这些经营活动的内容包括(　　)。

A. 劳动用工情况及与生产产品或提供劳务相关的市场信息

B. 主营业务的性质，生产设施、仓库的地理位置及办公地点

C. 从事电子商务的情况，技术研究与产品开发活动及其支出

D. 拟实施的并购活动与资产处置情况

9. 了解被审计单位及其环境的程序有(　　)。

A. 询问管理层和被审计单位内部其他人员

B. 监督盘点有关资产

C. 分析程序

D. 观察和检查

10. 了解被审计单位及其环境，为注册会计师在(　　)关键环节做出职业判断提供重要基础。

A. 确定并调整重要性水平

B. 考虑会计政策的选择和运用是否恰当

C. 确定在实施分析程序时使用的预期值

D. 了解管理层是否缺乏诚信

11. 在了解被审计单位财务业绩的衡量和评价时，注册会计师可以考虑的信息有(　　)。

A. 经营统计数据　　　　　　　　B. 信用评级机构报告

C. 证券研究机构的分析报告　　　D. 员工业绩考核与激励性报酬政策

12. 下列控制活动，属于经营业绩评价方面的有(　　)。

A. 由内部审计部门定期对内部控制的设计和执行效果进行评价

B. 定期与客户对账并对发现的差异进行调查

C. 对照预算、预测和前期实际结果，对公司的业绩进行复核和评价

D. 综合分析财务数据和经营数据之间的内在关系

13. 注册会计师应当了解被审计单位是否存在与(　　)有关的目标和战略，并考虑相应的经营风险。

A. 行业发展及其可能导致的被审计单位不具备足以应对行业变化的人力资源业务专长等风险

B. 开发新产品或提供新服务及其可能导致的被审计单位产品责任增加等风险

C. 新颁布的会计法规及其可能导致的被审计单位执行法规不当或不完整或会计处理成本增加等风险

D. 本期及未来的融资条件及其可能导致的被审计单位由于无法满足融资条件而失去融资机会等风险

14. 下列各项，属于注册会计师通过实施穿行测试可以达到的目的的有(　　)。

A. 确认对业务流程的了解　　　　B. 确认对重要交易的了解是否完整

C. 评价控制设计的有效性　　　　D. 确认控制是否得到执行

15. (2017年注会)下列有关注册会计师了解内部控制的说法，正确的有(　　)。

A. 注册会计师在了解被审计单位内部控制时，应当确定其是否得到一贯执行

B. 注册会计师不需要了解被审计单位所有的内部控制

C. 注册会计师对被审计单位内部控制的了解通常不足以测试控制运行的有效性

D. 注册会计师询问被审计单位人员不足以评价内部控制设计的有效性

16. 下列情况，通常表明内部控制存在重大缺陷的有(　　)。

A. 注册会计师在审计工作中发现了重大错报，而被审计单位的内部控制没有发现这些重大错报

B. 控制环境薄弱

C. 存在高层管理人员舞弊迹象

D. 现金出纳与银行出纳为同一人

E. 编制应收账款、应付账款转账凭证的为同一人

17. 在了解控制环境时，注册会计师应当关注的内容有（   ）。

A. 公司对控制的监督 B. 公司管理层的理念和经营风格

C. 公司员工整体的道德价值观 D. 公司治理层相对于管理层的独立性

E. 公司的业绩评价体系

18. 对内部控制了解的深度包括（   ）。

A. 评价控制的设计 B. 确定控制是否得到执行

C. 测试控制是否得到一贯执行 D. 了解内部控制的局限性

E. 帮助被审计单位完善内部控制

19. 在了解被审计单位的内部控制时，注册会计师通常采用的程序有（   ）。

A. 查阅内部控制手册

B. 追踪交易在财务报告信息系统中的处理过程

C. 重新执行某项控制

D. 现场观察某项控制的运行

20. 就了解被审计单位及其环境并评估重大错报风险来说，应形成审计工作记录的内容包括（   ）。

A. 项目组对由舞弊或错误导致财务报表发生重大错报的可能性进行的讨论，以及得出的重要结论

B. 注册会计师对被审计单位及其环境各个方面的了解要点、信息来源及实施的风险评估程序

C. 注册会计师在财务报表层次和认定层次识别、评估出的重大错报风险

D. 注册会计师识别出的特别风险和仅通过实质性程序无法应对的重大错报风险，以及对相关控制的评估

21. 下列有关重大错报风险的说法，正确的有（   ）。

A. 重大错报风险包括固有风险和检查风险

B. 注册会计师应当将重大错报风险与特定的交易、账户余额和披露的认定相联系

C. 在评估一项重大错报风险是否为特别风险时，注册会计师不应考虑控制对风险的抵消作用

D. 注册会计师对重大错报风险的评估，可能随着审计过程中不断获取审计证据而发生相应的变化

22. 下列风险，注册会计师应当将其评估为特别风险的有(　　)。

　　A. 舞弊导致的重大错报风险

　　B. 管理层凌驾于内部控制之上的风险

　　C. 超出正常经营过程的重大关联方交易导致的风险

　　D. 具有高度估计不确定性的会计估计导致的风险

23. （2019年注会）下列各项，注册会计师在判断重大错报风险是否为特别风险时应当考虑的有(　　)。

　　A. 风险是否涉及重大的关联方交易

　　B. 风险是否与近期经济环境的重大变化相关

　　C. 财务信息计量的主观程度

　　D. 风险是否属于舞弊风险

24. （2017年注会）下列各项，通常可能导致财务报表层次重大错报风险的有(　　)。

　　A. 被审计单位新聘任的财务总监缺乏必要的胜任能力

　　B. 被审计单位的长期资产减值准备存在高度的估计不确定性

　　C. 被审计单位管理层缺乏诚信

　　D. 被审计单位的某项销售交易涉及复杂的安排

（三）论述题

1. 简述风险评估的概念与意义。

2. 注册会计师可以从哪几个方面了解被审计单位及其环境？

3. 简述内部控制体系的要素，并指出内部控制的固有局限性。

4. 论述在识别和评估重大错报风险时，注册会计师应当实施的审计程序。

（四）综合业务题

（2021年注会）上市公司甲公司是 ABC 会计师事务所的常年审计客户，主要从事医疗器械的生产和销售。A 注册会计师负责审计甲公司 2020 年度财务报表，确定财务报表整体的重要性为 1 000 万元。

资料一：

A 注册会计师在审计工作底稿中记录了所了解的甲公司情况及其环境，部分内容摘录如下：

（1）为占领市场，甲公司 2020 年对 a 设备采用新的销售模式：将设备售价减半为每台 50 万元，设备销售合同约定客户必须向甲公司购买 a 设备使用的试剂，试剂采购合同根据需求另行签订。甲公司预期试剂销售的利润可以弥补设备降价的损失。2020 年 a 设备销量增长 20%。

（2）2020 年 6 月，甲公司受乙公司委托为其生产 1 000 台专用设备 b，每台售价 6 万元。乙公司指定了 b 设备主要部件的供应商，并与该供应商确定了主要部件的规格和价格。

（3）甲公司采用经销模式销售 2020 年 10 月推出的新产品 c 设备，每台售价 50 万元。合同约定：经销商在实现终端销售后向甲公司支付设备款，在采购设备半年内未实现终端销售的可以退货。截至 2020 年年末，甲公司累计销售 c 设备 100 台，与经销商对账显示这些设备均未实现终端销售。

（4）2020 年 5 月，甲公司与丁大学合作研发一项新技术，预付研发经费 3 000 万元。2020 年年末，该研发项目进入开发阶段。

（5）2020 年 7 月，甲公司收到当地政府支付的新冠病毒感染疫情停工损失补助 2 000 万元。

资料二：

A 注册会计师在审计工作底稿中记录了甲公司的财务数据。部分内容摘录如下：

单位：万元

项目	2020 年 未审数	2019 年 已审数
营业收入——a 设备	30 000	50 000
营业成本——a 设备	36 500	30 000
营业收入——b 设备	6 000	0
营业成本——b 设备	5 500	0
营业收入——c 设备	5 000	0
营业成本——c 设备	2 800	0
其他收益——停工损失补助	2 000	0
预付款项——丁大学	3 000	0
存货——a 设备	10 000	8 000
存货——a 设备存货跌价准备	100	100
合同资产——c 设备经销商	5 000	0

要求：针对资料一（1）至（5）项，结合资料二，假定不考虑其他条件，逐项指出资料一所列事项是否可能表明存在重大错报风险。如果认为可能表明存在重大错报风险，请简要说明理由，并说明该风险主要与哪些财务报表项目的哪些认定相关（不考虑税务影响）。

四、强化练习题参考答案

（一）单项选择题

1. C　2. B　3. D　4. B　5. C　6. D　7. A　8. B　9. D
10. D　11. C　12. B　13. D　14. C　15. A　16. B　17. D　18. D
19. D　20. A　21. B　22. D　23. A　24. D　25. C　26. B　27. B

（二）多项选择题

1. ABD　2. ABC　3. ABD　4. ABCD　5. ABD　6. BCD
7. ABCD　8. ABC　9. ACD　10. ABC　11. ABCD　12. CD
13. ABCD　14. ABCD　15. BCD　16. ABC　17. BCD　18. AB
19. ABD　20. ABCD　21. CD　22. ABC　23. ABCD　24. AC

（三）论述题

1.【答案】 风险评估是指对重大错报发生的可能性和后果的严重程度进行评估。了解被审计单位及其环境，评估其重大错报风险，对于注册会计师进行职业判断，制订审计计划，合理设计程序，最终促使审计目标的实现具有重大意义。具体来说，风险评估可以为注册会计师在下列环节的职业判断提供重要依据：

（1）确定重要性水平，并随着审计工作的推进评估对重要性水平的判断是否仍然适当或需要调整。

（2）考虑会计政策的选择和运用是否适当，以及财务报表的披露是否充分。

（3）识别需要特别考虑的领域，包括关联方交易、管理层运用持续经营假设的合理性、交易是否具有合理的商业目的等。

（4）确定在实施分析程序时使用的预期值。

（5）设计和实施进一步审计程序，以将审计风险降至可接受的低水平。

（6）评价所获取的审计证据是否充分且适当。

总之，风险评估应贯穿审计工作的整个过程，需要连续且动态地收集、更新和分析信息，并且在必要时应该对风险评估的结果进行及时调整。在确定需要了解被审计单位及其环境的程度时，注册会计师应当运用恰当的职业判断。

2.【答案】 了解被审计单位及其环境，既包括了解被审计单位的外部环境，又包括了解其内部因素。具体来说，可分为以下六个方面：

（1）相关行业状况、法律环境和监管环境及其他外部因素。

（2）被审计单位的性质。

（3）被审计单位对会计政策的选择和运用。

(4) 被审计单位的目标、战略及可能导致重大错报风险的相关经营风险。

(5) 对被审计单位财务业绩的衡量和评价。

(6) 被审计单位的内部控制。

3.【答案】 内部控制体系包含内部环境（控制环境）、风险评估、内部监督、信息与沟通（信息系统与沟通）、控制活动五个相互关联的要素。

无论如何设计内部控制，其都只能为被审计单位财务报告目标的实现提供合理保证，原因之一是内部控制存在固有局限性。这些局限性包括：

(1) 在决策时人为判断可能出现错误，以及可能因人为失误而导致被审计单位的内部控制体系失效。这种错误和失误既可能存在于内部控制的设计与修改过程中，也可能存在于内部控制的运行过程中。

(2) 控制可能因两个或更多的人员串通或管理层不当地凌驾于内部控制之上而被规避。

(3) 被审计单位内部行使控制职能的人员素质不适应岗位要求，会影响内部控制功能的正常发挥。

(4) 成本效益问题也会影响被审计单位内部控制的实施。当实施某项内部控制的成本大于其效果而发生损失时，则不应设置该控制环节或控制措施。

4.【答案】 (1) 在了解被审计单位及其环境的整个过程中识别风险，并考虑各类交易、账户余额和披露。注册会计师应当运用各项风险评估程序，在了解被审计单位及其环境的整个过程中识别风险，并将识别的风险与各类交易、账户余额和披露相联系。

(2) 将识别的风险与认定层次可能发生错报的领域相联系。

(3) 考虑识别的风险是否重大。风险是否重大是指风险造成后果的严重程度。例如，被审计单位面临销售困难，产品的市场价格下降，注册会计师除了考虑产品市场价格下降的原因外，还应当考虑产品市场价格下降的幅度，该产品在被审计单位产品中所占的比重等，以确定识别的风险对财务报表的影响是否重大。

(4) 考虑识别的风险导致财务报表发生重大错报的可能性。注册会计师还需要考虑识别的风险是否会导致财务报表发生重大错报。

（四）综合业务题

【答案】

事项序号	是否可能表明存在重大错报风险（是/否）	理由	财务报表项目名称（认定）
（1）	是	新销售模式导致 a 设备销售毛利出现负数，未来试剂销售情况存在不确定性，可能存在少计存货跌价准备的风险	资产减值损失（完整性、准确性） 存货（准确性、计价和分摊）
（2）	是	b 设备的毛利率较低，主要部件的供应商及其价格由乙公司指定，可能是受托加工业务，此时，可能需要按净额确认收入，可能存在多计收入和成本的风险	营业收入（准确性、发生） 营业成本（准确性、发生）
（3）	是	经销商在实现终端销售前没有付款义务，且可以退货，该业务可能是委托代销，此时，c 设备的控制权可能没有转移给经销商，可能存在多计收入和少计存货的风险	营业收入（发生） 合同资产（存在） 营业成本（发生） 存货（完整性）
（4）	是	未确认研究阶段发生的费用，应根据研发进展情况确认已发生的研发费用，可能存在少计研发费用的风险	研发费用（完整性） 预付款项（准确性、计价和分摊、存在）
（5）	是	疫情导致的停工损失为非常损失，收到的补助与日常活动无关，可能存在多计其他收益的风险	其他收益（分类、发生） 营业外收入（分类、完整性）

第八章 风险应对

▶▶ 一、本章学习目标

（1）熟练掌握针对评估的财务报表层次重大错报风险的总体应对措施及其对总体审计方案的影响。

（2）熟练掌握针对认定层次重大错报风险的进一步审计程序的含义和要求。

（3）熟练掌握针对认定层次重大错报风险的进一步审计程序的性质、时间安排和范围的含义及选择。

（4）熟练掌握控制测试的性质、时间安排和范围。

（5）熟练掌握实质性程序的性质、时间安排和范围。

▶▶ 二、本章重点与难点

1. 财务报表层次重大错报风险的概念

所谓财务报表层次重大错报风险，是指识别的与财务报表整体相关、涉及多项认定从而具有广泛影响的重大错报风险。在评估重大错报风险时，注册会计师应当确定识别的重大错报风险是与特定的某类交易、账户余额和披露的认定相关，还是与财务报表整体广泛相关，进而影响多项认定。重大错报风险如果是与财务报表整体相关，则属于财务报表层次重大错报风险。

2. 针对评估的财务报表层次重大错报风险的总体应对措施

（1）向项目组强调在收集和评价审计证据过程中保持职业怀疑的必要性。

（2）指派更有经验或具有特殊技能的审计人员，或利用专家的工作。

（3）提供更多的督导。对于评估的财务报表层次重大错报风险较高的被审计单位，项目组的高级注册会计师应强化对一般注册会计师的督导，严格复核一般注册会计师的工作。

（4）在选择拟实施的进一步审计程序时，应当注意使某些程序不被管理层预见或事先了解。

（5）对拟实施审计程序的性质、时间安排或范围做出总体修改。根据风险评估结果对拟实施审计程序的性质、时间安排或范围做出适当的调整。

3. 针对评估的认定层次重大错报风险的进一步审计程序的总体审计方案及其与评估的财务报表层次重大错报风险的关系

注册会计师对评估的认定层次重大错报风险拟实施进一步审计程序的总体审计方案包括实质性方案和综合性方案。实质性方案是指注册会计师实施的进一步审计程序以实质性程序为主；综合性方案是指注册会计师在实施进一步审计程序时，将控制测试与实质性程序结合使用。

注册会计师评估的财务报表层次重大错报风险及采取的总体应对措施，对拟实施进一步审计程序的总体审计方案具有重大影响。当评估的财务报表层次重大错报风险属于高风险水平（并相应采取更强调审计程序不可预见性、重视调整审计程序的性质、时间安排和范围等总体应对措施）时，拟实施进一步审计程序的总体审计方案往往更倾向于实质性方案。反之，则采用综合性方案。但在某些情况下，如果仅通过实质性程序无法应对重大错报风险，则注册会计师必须通过实施控制测试，才可能有效应对评估出的某一认定的重大错报风险。

4. 针对评估的认定层次重大错报风险的进一步审计程序的性质

进一步审计程序的性质是指进一步审计程序的目的和类型。其中，进一步审计程序的目的包括通过实施控制测试以确定内部控制运行的有效性，通过实施实质性程序以发现认定层次重大错报；进一步审计程序的类型包括检查、观察、询问、函证、重新计算、重新执行和分析程序。注册会计师应当根据认定层次重大错报风险的评估结果选择审计程序。评估的认定层次重大错报风险越高，对通过实质性程序获取的审计证据的相关性和可靠性的要求就越高，从而可能影响进一步审计程序的类型及其综合运用。

5. 针对评估的认定层次重大错报风险的进一步审计程序的时间安排

进一步审计程序的时间安排是指注册会计师何时实施进一步审计程序，或审计证据适用的期间或时点。因此，当提及进一步审计程序的时间安排时，在某些情况下指的是审计程序的实施时间，在另一些情况下指的是需要获取的审计证据适用的期间或时点。在确定实施进一步审计程序的时间时，注册会计师应当考虑：① 内部环境；② 何时能得到相关信息；③ 错报风险的性质；④ 审计证据适用的期间或时点；⑤ 编制财务报表的时间，尤其是编制某些披露的时间。

6. 针对评估的认定层次重大错报风险的进一步审计程序的范围

进一步审计程序的范围是指实施进一步审计程序的数量，包括抽取的样本量、对某项控制的观察次数等。在确定进一步审计程序的范围时，注册会计师应当考虑：① 确定的重要性水平；② 评估的重大错报风险；③ 计划获取的保证程度。

7. 控制测试的性质

控制测试的性质是指控制测试所采用的审计程序的类型及其组合。虽然控制测试与了解内部控制的目的不同，但两者采用的审计程序的类型通常相同，包括询问、观察、检查和重新执行。询问本身并不足以测试控制运行的有效性，因此，注册会计师需要将询问与其他审计程序结合使用，以获取有关控制运行有效性的审计证据。观察提供的证据仅限于观察发生的时点，其本身也不足以测试控制运行的有效性。将询问与检查或重新执行结合使用，通常能够比仅实施询问和观察获取更高水平的保证。注册会计师在确定控制测试的性质时通常会考虑：① 特定控制的性质；② 与认定直接相关和间接相关的控制；③ 应用控制的自动化；④ 控制测试的目的；⑤ 实施实质性程序的结果对控制测试结果的影响。

8. 控制测试的时间安排

控制测试的时间安排直接关系到通过控制测试获取的审计证据的时间问题。通过控制测试获取的审计证据的时间涉及两个问题：一是证据什么时候获得和适用于审计期间的哪一部分；二是在本审计期间对以前期间控制设计和运行有效证据的依赖程度。一般来说，注册会计师应当根据控制测试的目的确定控制测试的时间，并确定拟信赖的相关控制的时点或期间。如果仅需要测试控制在特定时点运行的有效性，注册会计师只需要获取该时点的审计证据。如果需要获取控制在某一期间有效运行的审计证据，仅获取与时点相关的审计证据是不充分的，注册会计师应当辅以其他控制测试，包括测试被审计单位对控制的监督。在选择控制测试的时间时，注册会计师需要考虑两个方面的问题：一是期中测试所获取的审计证据；二是以前审计中获取的审计证据。如果已获取有关控制在期中运行有效性的审计证据，并拟利用该证据，注册会计师应当实施下列审计程序：① 获取这些控制在剩余期间发生重大变化的审计证据；② 确定针对剩余期间还需要获取的补充审计证据。

9. 控制测试的范围

控制测试的范围主要是指某项控制活动的测试次数。注册会计师应当设计控制测试，以获取控制在整个拟信赖期间有效运行的充分、适当的审计证据。在确定某项控制的测试范围时，注册会计师通常会考虑：① 执行控制的频率，是指在整个拟信赖期间，被审计单位执行控制的频率。执行控制的频率越高，控制测试的范围越大。② 在所审计期间，注册会计师拟信赖控制运行有效性的时间长度。③ 证据的相关性和可靠性，是指为证实控制能够防止或发现并纠正认定层次重大错报所需获取审计证据的相关性和可靠性。④ 通过测试与认定相关的其他控制获取的审计证据的范围。⑤ 在风险评估时拟信赖控制运行有效性的程度。⑥ 控制的预期偏差率。

10. 实质性程序的性质

实质性程序的性质是指实质性程序的类型及其组合。实质性程序的两种基本类型为细节测试和实质性分析程序。细节测试是对各类交易、账户余额和披露的具体细节进行测试，目的在于直接识别财务报表认定是否存在错报。注册会计师应当根据各类交易、账户余额和披露的性质选择实质性程序的类型。细节测试和实质性分析程序的目的与技术手段存在一定差异，细节测试适用于对各类交易、账户余额和披露认定的测试，尤其是对存在或发生、计价和分摊认定的测试；对于在一段时间内存在可预期关系的大量交易，注册会计师可以考虑实施实质性分析程序。

11. 实质性程序的时间安排

毫无疑问，大量的实质性程序需要在期末实施，但也可以在期中实施部分实质性程序，以获取一定的审计证据。此外，在连续审计的情况下，以前审计获取的审计证据也可能有利用价值。对于在期中实施的审计程序及获取的审计证据和以前审计获取的审计证据，注册会计师要给予专门的考虑。具体来说，如果在期中实施了实质性程序，注册会计师应当针对剩余期间实施进一步的实质性程序，或将实质性程序和控制测试结合使用，以将期中测试得出的结论合理延伸至期末。因此，是否在期中实施实质性程序，首先取决于注册会计师对审计资源利用效率的考虑，只有在注册会计师权衡期中消耗的审计资源和针对剩余期间实施实质性程序消耗的审计资源的总和显著小于完全在期末实施实质性程序消耗的审计资源时，才有必要在期中实施实质性程序。此外，在决定是否在期中实施实质性程序时，注册会计师应当考虑：① 控制环境和其他相关的控制；② 实施审计程序所需信息在期中之后的可获得性；③ 实质性程序的目的；④ 评估的重大错报风险；⑤ 特定类别的交易或账户余额及相关认定的性质；⑥ 针对剩余期间，能否通过实施适当的实质性程序或将实质性程序与控制测试相结合，降低期末可能存在错报而未被发现的风险。

12. 实质性程序的范围

在确定实质性程序的范围时，注册会计师应当考虑评估的认定层次重大错报风险和实施控制测试的结果。注册会计师评估的认定层次重大错报风险越高，需要实施实质性程序的范围越广。如果对控制测试结果不满意，注册会计师应当考虑扩大实质性程序的范围。对于细节测试，注册会计师除了从样本量的角度考虑测试范围外，还要考虑选样方法的有效性等因素。对于实质性分析程序，注册会计师应当确定已记录金额与预期值之间可接受的差异额。在确定该差异额时，注册会计师应当主要考虑各类交易、账户余额和披露及相关认定的重要性和计划的保证水平。实施实质性分析程序可能发现偏差，但并非所有的偏差都值得展开进一步调查。可容忍或可接受的偏差（预期偏差）越大，作为实质性分析程序一部分的进一步调查的范围就越小。

三、本章强化练习题

（一）单项选择题

1. 为了应对财务报表层次较高的重大错报风险，注册会计师可以提高审计程序的不可预见性。下列程序，不能提高审计程序不可预见性的是（　　）。

   A. 采用不同的审计抽样方法，使当期抽取的测试样本与以前有所不同

   B. 对应收账款进行函证时，将函证账户的截止日期推迟

   C. 对以前由于低于设定的重要性水平而未曾测试过的固定资产进行测试

   D. 进行存货监盘时，事先通知被审计单位盘点地点，以便其做好准备

2. 下列各项，不属于注册会计师针对评估的舞弊导致的财务报表层次重大错报风险确定的总体应对措施的是（　　）。

   A. 考虑承担重要业务职责的项目组成员所具备的知识、技能和能力，并考虑由舞弊导致的重大错报风险的评估结果

   B. 评价被审计单位对涉及主观计量和复杂交易的会计政策的选择和运用，是否可能表明管理层通过操纵利润对财务信息做出虚假报告

   C. 在选择审计程序的性质、时间安排和范围时，提高审计程序的不可预见性

   D. 在期末或接近期末实施实质性程序，或针对本期较早时间发生的交易事项或贯穿会计期间的交易事项实施测试

3. （2015 年注会）下列措施，不能应对财务报表层次重大错报风险的是（　　）。

   A. 在期末而非期中实施更多的审计程序

   B. 扩大控制测试的范围

   C. 增加拟纳入审计范围的经营地点的数量

   D. 提高审计程序的不可预见性

4. （2019 年注会）下列有关审计程序不可预见性的说法，错误的是（　　）。

   A. 提高审计程序的不可预见性是为了避免管理层对审计效果的人为干预

   B. 提高审计程序的不可预见性会导致注册会计师实施更多的审计程序

   C. 注册会计师无须量化审计程序的不可预见性程度

   D. 注册会计师在设计拟实施审计程序的性质、时间安排和范围时，都可以提高不可预见性

5. 下列有关进一步审计程序的目的和类型的说法，不正确的是（　　）。

A. 通过实施控制测试以确定内部控制运行的有效性

B. 通过实施实质性程序以发现认定层次的重大错报

C. 它的类型包括检查、观察、询问、函证、重新计算、重新执行和分析程序

D. 通过实施实质性程序以确定内部控制运行的有效性

6. 拟实施进一步审计程序时，最重要的是确定（　　）。

A. 进一步审计程序的性质

B. 进一步审计程序的范围

C. 进一步审计程序的时间安排

D. 为实施进一步审计程序而确定的总体应对措施

7. （2018年注会）如果注册会计师已获取有关控制在期中运行有效性的审计证据，下列有关剩余期间补充证据的说法，错误的是（　　）。

A. 注册会计师可以通过测试被审计单位对控制的监督，将控制在期中运行有效性的审计证据合理延伸至期末

B. 被审计单位的控制环境越有效，注册会计师需要获取的剩余期间的补充证据就越少

C. 如果控制在剩余期间发生了变化，注册会计师可以通过实施穿行测试，将期中获取的审计证据合理延伸至期末

D. 注册会计师在信赖控制的基础上拟减少的实质性程序的范围越大，需要获取的剩余期间的补充证据就越多

8. （2015年注会）下列有关注册会计师实施进一步审计程序时间的说法，错误的是（　　）。

A. 如果被审计单位的控制环境良好，注册会计师可以更多地在期中实施进一步审计程序

B. 注册会计师在确定何时实施进一步审计程序时需要考虑能够获取相关信息的时间

C. 如果评估的重大错报风险为低水平，注册会计师可以选择资产负债表日前适当日期为截止日实施函证

D. 对于被审计单位发生的重大交易，注册会计师应当在期末或期末以后实施实质性程序

9. 下列有关控制测试程序的说法，不正确的是（　　）。

A. 控制测试的程序包括询问、观察、检查、重新执行等

B. 询问可以测试控制运行的有效性

C. 观察提供的证据仅限于观察发生的时点，其本身不足以测试控制运行的有效性

D. 注册会计师在询问、观察之后，应当执行检查或重新执行等程序，以获取充分、适当的审计证据

10. 下列有关控制测试性质的描述，不正确的是（　　）。

A. 将询问与检查或重新执行结合使用，通常能够比仅实施询问和观察获取更高水平的保证

B. 观察提供的证据限于观察发生的时点，但其也可以测试控制运行的有效性

C. 被审计单位针对处理收到的邮政汇款单设计和执行了相关的内部控制，注册会计师通过询问和观察往往不足以测试此类控制运行的有效性，还需要检查能够证明此类控制在所审计期间的其他时段有效运行的文件和凭证，以获取充分、适当的审计证据

D. 询问本身无法获取控制有效运行的审计证据，需要与其他测试手段结合使用才能发挥作用

11. 注册会计师在了解及评价被审计单位内部控制后，实施控制测试的范围是（　　）。

A. 对财务报表有重大影响的内部控制　　B. 并未有效运行的内部控制

C. 有重大缺陷的内部控制　　D. 拟信赖的内部控制

12. 在控制测试中，如果采用询问、观察、检查等程序审计效果不佳，应该考虑采用（　　）。

A. 分析程序　　B. 重新执行程序

C. 重新计算程序　　D. 监盘程序

13. （2012年注会）下列有关控制测试目的的说法，正确的是（　　）。

A. 控制测试旨在评价内部控制在防止或发现并纠正认定层次重大错报方面的运行有效性

B. 控制测试旨在发现认定层次发生错报的金额

C. 控制测试旨在验证实质性程序结果的可靠性

D. 控制测试旨在确定内部控制是否得到执行

14. （2017年注会）下列审计程序，注册会计师在实施控制测试和实质性程序时均可以采用的是（　　）。

A. 分析程序　　B. 函证程序

C. 重新执行程序　　D. 检查程序

15. （2016年注会）下列有关实质性程序的说法，正确的是（　　）。

A. 注册会计师应当针对所有类别的交易、账户余额和披露实施实质性程序

B. 注册会计师针对认定层次的特别风险实施的实质性程序应当包括实质性分析程序

C. 如果在期中实施了实质性程序，注册会计师应当对剩余期间实施控制测试和实质性程序

D. 注册会计师实施的实质性程序应当包括将财务报表中的信息与其所依据的会计记录进行核对或调节

16. 下列有关实质性程序时间安排的说法，正确的是( )。

A. 实质性程序应当在控制测试完成后实施

B. 应对舞弊风险的实质性程序应当在资产负债表日后实施

C. 针对账户余额的实质性程序应当在接近资产负债表日实施

D. 实质性程序的时间安排受被审计单位控制环境的影响

17. 在仅实施实质性程序不足以提供认定层次充分、适当的审计证据时，注册会计师应当( )。

A. 实施分析程序

B. 实施控制测试

C. 重新评估认定层次的重大错报风险

D. 扩大样本规模

18. 在考虑实施实质性程序的时间时，如果识别出由舞弊导致的重大错报风险，注册会计师应当( )。

A. 在期末或接近期末实施实质性程序

B. 在期中实施实质性程序

C. 在期中和期末都实施实质性程序

D. 实施将期中结论延伸至期末的审计程序

19. （2013年注会）下列有关针对重大账户余额实施审计程序的说法，正确的是( )。

A. 注册会计师应当实施实质性程序

B. 注册会计师应当实施控制测试

C. 注册会计师应当实施细节测试

D. 注册会计师应当实施控制测试和实质性程序

20. （2016年注会）下列有关实质性程序时间安排的说法，错误的是( )。

A. 控制环境和其他相关控制越薄弱，注册会计师越不宜在期中实施实质性程序

B. 注册会计师评估的某项认定的重大错报风险越高，其越应当考虑将实质性程序集中在期末或接近期末实施

C. 如果实施实质性程序所需信息在期中之后难以获取，注册会计师应当考虑在期中实施实质性程序

D. 如果在期中实施了实质性程序，注册会计师应当针对剩余期间实施控制测试，以将期中测试得出的结论合理延伸至期末

21. 下列有关实质性程序的阐述，错误的是(　　)。

A. 针对重大的交易、账户余额和披露，必须实施实质性程序

B. 实质性程序应当包括财务报表编制完成阶段相关的审计程序

C. 针对特别风险仅实施实质性程序，应当使用细节测试

D. 针对特别风险，仅使用实质性分析程序

22. 下列有关实质性程序时间安排的说法，错误的是(　　)。

A. 控制环境和其他相关控制越薄弱，注册会计师越不宜在期中实施实质性程序

B. 针对应收账款实施实质性程序，注册会计师偏重在期末实施实质性程序

C. 当评估的重大错报风险较高时，注册会计师应当在期末实施实质性程序

D. 当评估的重大错报风险较低时，在本期测试中可以信赖以前审计过程中通过实质性程序获取的审计证据

(二) 多项选择题

1. 下列各项，属于财务报表层次重大错报风险的总体应对措施的有(　　)。

A. 向项目组强调保持职业怀疑的必要性

B. 指派更有经验或具有特殊技能的审计人员，或利用专家的工作

C. 提供更多的督导

D. 选择的进一步审计程序不被管理层预见或事先了解

2. 在控制环境存在缺陷的情况下，注册会计师应做出的选择包括(　　)。

A. 在期末实施更多的审计程序

B. 主要依赖实质性程序获取审计证据

C. 修改审计程序的性质以获取更有说服力的审计证据

D. 扩大审计程序的范围

3. 拟实施进一步审计程序的总体审计方案包括(　　)。

A. 综合性方案　　　　　　　　B. 风险审计方案

C. 实质性方案　　　　　　　　D. 控制测试方案

4. (2012年注会) 下列做法，可以提高审计程序不可预见性的有(　　)。

A. 针对销售收入和销售退回延长截止测试期间

B. 向以前没有询问过的被审计单位员工询问

C. 对以前通常不测试的金额较小的项目实施实质性程序

D. 对被审计单位银行存款年末余额实施函证

5. (2013年注会) 下列有关采用总体审计方案的说法，错误的有（   ）。

   A. 注册会计师可以针对不同认定采用不同的审计方案

   B. 注册会计师可以采用综合性方案或实质性方案应对重大错报风险

   C. 注册会计师应当采用实质性方案应对特别风险

   D. 注册会计师应当采用与前期审计一致的审计方案，除非评估的重大错报风险发生重大变化

6. 下列各项，属于进一步审计程序的有（   ）。

   A. 控制测试   B. 抽样测试
   C. 细节测试   D. 实质性分析程序

7. 进一步审计程序的类型包括（   ）。

   A. 检查   B. 观察
   C. 询问   D. 函证

8. (2020年注会) 下列因素，注册会计师在确定实施审计程序的时间时需要考虑的有（   ）。

   A. 审计证据适用的期间   B. 错报风险的性质
   C. 被审计单位的控制环境 D. 何时能得到相关信息

9. (2017年注会) 下列各项，注册会计师在确定进一步审计程序的范围时应当考虑的有（   ）。

   A. 评估的重大错报风险   B. 审计证据适用的期间或时点
   C. 计划获取的保证程度   D. 确定的重要性水平

10. 在下列情况下，注册会计师应当进行控制测试的有（   ）。

    A. 在评估认定层次重大错报风险时，预期控制的运行是有效的

    B. 仅实施实质性程序不足以提供有关认定层次的充分、适当的审计证据

    C. 在评估认定层次重大错报风险时，预期控制的运行是无效的

    D. 实质性程序足以提供有关认定层次的充分、适当的审计证据

    E. 在以往的财务报表审计中，管理层出现了舞弊迹象

11. 下列有关控制测试范围的表述，正确的有（   ）。

    A. 执行控制的频率越高，控制测试的范围越大

    B. 拟信赖期间越长，控制测试的范围越大

    C. 对审计证据质量的要求越高，控制测试的范围越大

    D. 针对其他控制获取的审计证据的质量越高，控制测试的范围越大

    E. 控制的预期偏差率越高，控制测试的范围越大

12.（2019年注会）下列有关与特别风险相关的控制的说法，正确的有（   ）。

A. 注册会计师应当了解和评价与特别风险相关的控制的设计情况，并确定其是否得到执行

B. 如果被审计单位未能实施控制以恰当应对特别风险，注册会计师应当针对特别风险实施细节测试

C. 如果注册会计师实施控制测试后认为与特别风险相关的控制运行有效，对特别风险实施的实质性程序可以仅为实质性分析程序

D. 对于与特别风险相关的控制，注册会计师不能利用以前审计获取的有关控制运行有效性的审计证据

13.（2017年注会）下列情形，注册会计师不应利用以前年度获取的有关控制运行有效性的审计证据的有（   ）。

A. 注册会计师拟信赖旨在减轻特别风险的控制

B. 控制在过去两年审计中未经测试

C. 控制在本年发生重大变化

D. 被审计单位的控制环境薄弱

14.（2016年注会）下列有关利用以前审计获取的有关控制运行有效性的审计证据的说法，错误的有（   ）。

A. 如果拟信赖以前审计获取的有关控制运行有效性的审计证据，注册会计师应当通过询问程序获取这些控制是否已经发生变化的审计证据

B. 如果拟信赖的控制在本期发生变化，注册会计师应当考虑以前审计获取的有关控制运行有效性的审计证据是否与本期审计相关

C. 如果拟信赖的控制在本期未发生变化，注册会计师可以运用职业判断决定不在本期审计中测试其运行的有效性

D. 如果拟信赖的控制在本期未发生变化，控制应对的重大错报风险越高，本次控制测试与上次控制测试的时间间隔越短

15. 在确定控制测试的范围时，注册会计师通常会考虑的因素有（   ）。

A. 总体变异性　　　　　　　　B. 内部控制执行者的政治面貌

C. 执行控制的频率　　　　　　D. 控制的预期偏差率

E. 在风险评估时拟信赖控制运行有效性的程度

16. 下列有关实质性程序的结果对控制测试结果的影响的表述，正确的是（   ）。

A. 如果通过实施实质性程序发现某项认定存在错报，注册会计师可以得出控制运行有效的结论

B. 如果通过实施实质性程序未发现某项认定存在错报，这本身并不能说明与该认

定有关的控制是有效运行的

C. 如果通过实施实质性程序发现某项认定存在错报，注册会计师应当在评价相关控制运行的有效性时予以考虑

D. 如果实施实质性程序发现被审计单位没有识别的重大错报，通常表明内部控制存在重大缺陷，注册会计师应当就这些缺陷与管理层和治理层进行沟通

E. 如果通过实施实质性程序未发现某项认定存在错报，这说明与该认定有关的控制是有效运行的

17. 实质性程序的两种基本类型为(　　)。

A. 细节测试　　　　　　　　B. 实质性分析程序

C. 控制测试　　　　　　　　D. 专门分析程序

E. 特定分析程序

18. 在设计细节测试时，注册会计师在确定测试范围时应考虑的因素有(　　)。

A. 样本量　　　　　　　　　B. 选样方法的有效性

C. 测试人员的专业素质　　　D. 测试原因

E. 预期要达到的测试结果

19. 下列分析程序的用法，正确的有(　　)。

A. 将分析程序用作风险评估程序

B. 将分析程序用作实质性程序

C. 将分析程序用作控制测试程序

D. 将分析程序用作获取审计证据的审计程序

E. 将分析程序用作细节测试程序

(三) 论述题

1. 针对评估的财务报表层次重大错报风险的总体应对措施主要有哪些？

2. 注册会计师提高审计程序不可预见性的方法有哪些？

3.（2018年注会）注册会计师在设计进一步审计程序时应考虑的因素有哪些？

4. 注册会计师应当从哪些方面获取有关控制运行有效性的审计证据？

5. 注册会计师在期中实施实质性程序时应当考虑哪些因素？

（四）综合业务题

1.（2015年注会）ABC会计师事务所负责审计甲公司2014年度财务报表，审计工作底稿中与内部控制相关的部分内容摘录如下：

（1）甲公司营业收入的发生认定存在特别风险。相关控制在2013年度审计中经测试运行有效。因这些控制本年未发生变化，审计项目组拟继续予以信赖，并依赖了上年度审计获取的有关这些控制运行有效的审计证据。

（2）审计项目组对银行存款实施了实质性程序，未发现错报，因此认为甲公司与银行存款相关的内部控制运行有效。

（3）甲公司内部控制制度规定，财务经理应每月复核销售返利计算表，检查销售收入金额和返利比例是否准确，如有异常，应进行调查并处理，复核完成后签字存档。审计项目组选取了3个月的销售返利计算表，检查了财务经理的签字，认为该控制运行有效。

（4）审计项目组拟信赖与固定资产折旧计提相关的自动化应用控制，因该控制在2013年度审计中测试结果满意，且在2014年未发生变化，审计项目组仅对信息技术一般控制实施测试。

要求：针对上述（1）至（4）项，逐项指出审计项目组的做法是否恰当。如不恰当，请简要说明理由。

2. (2019年注会) A注册会计师在审计工作底稿中记录了实施进一步审计程序的情况，部分内容摘录如下：

(1) A注册会计师抽样测试了与职工薪酬相关的控制，发现一个偏差。因针对职工薪酬实施实质性程序未发现错报，A注册会计师认为该偏差不构成缺陷，相关控制运行有效。

(2) A注册会计师采用实质性分析程序测试甲公司2018年度的借款利息支出，发现已记录金额与预期值之间存在600万元差异，因可接受的差异额为500万元，A注册会计师要求管理层更正了100万元的错报。

要求：针对上述事项，假定不考虑其他条件，逐项指出A注册会计师的做法是否恰当。如不恰当，请简要说明理由。

四、强化练习题参考答案

(一) 单项选择题

1. D 2. D 3. B 4. B 5. D 6. A 7. C 8. D 9. B
10. B 11. D 12. B 13. A 14. D 15. D 16. D 17. B 18. A
19. A 20. D 21. D 22. D

(二) 多项选择题

1. ABCD 2. ABCD 3. AC 4. ABC 5. CD 6. ACD
7. ABCD 8. ABCD 9. ACD 10. AB 11. ABCE 12. ABCD
13. ABC 14. AC 15. CDE 16. BCD 17. AB 18. AB
19. ABD

(三) 论述题

1.【答案】(1) 向项目组强调在收集和评价审计证据过程中保持职业怀疑的必要性。

(2) 指派更有经验或具有特殊技能的审计人员，或利用专家的工作。

(3) 提供更多的督导。

(4) 在选择拟实施的进一步审计程序时，应当注意使某些程序不被管理层预见或事先了解。

(5) 对拟实施审计程序的性质、时间安排或范围做出总体修改。

2.【答案】(1) 对某些以前未测试的低于设定的重要性水平或风险较小的账户余额和认定实施实质性程序。

(2) 调整实施审计程序的时间，使其超出被审计单位的预期。

(3) 采用不同的审计抽样方法，使当年抽取的测试样本与以前有所不同。

(4) 选取不同的地点实施审计程序，或预先不告知被审计单位所选定的测试地点。

3.【答案】(1) 风险的重要性。风险的重要性是指风险造成后果的严重程度。风险造成的后果越严重，越需要精心设计有针对性的进一步审计程序。

(2) 重大错报发生的可能性。重大错报发生的可能性越大，越需要设计进一步审计程序。

(3) 涉及的各类交易、账户余额和披露的特征。不同的交易、账户余额和披露产生的认定层次重大错报风险会存在差异，适用的审计程序也有差别。

(4) 被审计单位采用的特定控制的性质。不同性质的控制对进一步审计程序具有重要影响。

（5）注册会计师是否拟获取审计证据以确定内部控制的有效性。如果注册会计师在风险评估时预期内部控制的运行有效，拟实施的进一步审计程序就必须包括控制测试，实质性程序就会受控制测试结果的影响。

4.【答案】（1）控制在所审计期间的相关时点是如何运行的。

（2）控制是否得到一贯执行。

（3）控制由谁执行。

（4）控制以何种方式执行（如人工控制或自动化控制）。

5.【答案】（1）控制环境和其他相关的控制。

（2）实施审计程序所需信息在期中之后的可获得性。

（3）实质性程序的目的。

（4）评估的重大错报风险。

（5）特定类别的交易或账户余额及相关认定的性质。

（6）针对剩余期间，能否通过实施适当的实质性程序或将实质性程序与控制测试相结合，以降低期末可能存在错报而未被发现的风险。

（四）综合业务题

1.【答案】（1）不恰当。因相关控制是应对特别风险的，审计项目组应当在本年测试相关控制运行的有效性/不能利用以前审计获取的审计证据。

（2）不恰当。通过实质性程序未发现错报，并不能证明与所测试认定相关的内部控制是有效的/审计项目组不能以实质性测试的结果推断内部控制的有效性。

（3）不恰当。只检查财务经理的签字不足以说明该控制运行有效，审计项目组应当检查财务经理是否按规定完整实施了该控制。

（4）恰当。

2.【答案】（1）不恰当。实施实质性程序未发现错报，并不能说明相关的控制运行有效。

（2）不恰当。当实际差异额超出可接受的差异额时，注册会计师应当调查该实际差异额，而不是将超出部分直接作为错报。

第九章 销售与收款循环的审计

一、本章学习目标

（1）熟练掌握销售与收款循环的主要业务活动（凭证、会计记录）及内部控制。

（2）熟练掌握销售与收款循环的内部控制测试。

（3）理解销售与收款循环的重大错报风险评估。

（4）熟练掌握销售与收款循环的实质性程序，理解与每种实质性程序相关的财务报表认定。

（5）熟练掌握营业收入、应收账款等项目的审计目标及实质性程序的基本程序。

二、本章重点与难点

1. 销售与收款循环的主要业务活动

销售与收款循环主要是指企业接受销售订单，向顾客销售商品或提供劳务并取得货款或劳务收入的过程。这一过程是企业日常发生的重要的经济业务，它既影响资产负债表项目，又影响利润表项目，是财务报表审计中一项十分重要的内容。在销售与收款循环中，主要业务活动包括接受订单、赊销信用批准、供货与发运、开具账单、记录销售等。在这些业务活动中，销售单、装运凭证、销售发票等原始凭证发挥着重要的作用，这些原始凭证及相关的授权审批手续为审计测试留下重要的审计轨迹。

2. 销售与收款循环的内部控制

（1）适当的职责分离。

（2）恰当的授权审批。

（3）充分的凭证和记录。

(4) 凭证的预先编号。

(5) 按月寄出对账单。

(6) 内部核查程序。

3. 销售与收款循环的内部控制测试

在销售与收款循环的交易测试中，在不同的具体审计目标下，所采用的测试程序是不同的。通常情况下，真实性目标的审计程序是从账簿追查至凭证；完整性目标的审计程序是从凭证追查至账簿。两者的测试方向是截然相反的。估价正确性的测试一般是以主营业务收入明细账中的会计分录为起点，选取若干笔业务，将其合计数与应收账款明细账和销售发票副本进行比较、核对。销售发票存根上所列的单价，通常还要与经过批准的商品价目表进行核对，其金额小计和合计数也要重新计算。销售发票存根上所列商品的规格、数量和顾客名称（代号）等，则应与发运凭证进行比较、核对。测试销售业务的分类是否正确，主要通过审核原始凭证来确定具体交易业务的内容和类别是否正确，并以此与账簿的实际记录进行比较。测试销售业务的记录是否及时，一般要将选取的发运凭证的日期与相应的销售发票存根、主营业务收入明细账和应收账款明细账上的日期进行比较，看其是否属于同一会计期间。测试销售业务是否已正确地记入明细账并准确地汇总，通常采用加总主营业务收入明细账，并将加总数和一些具体内容分别追查至主营业务收入总账和应收账款明细账或库存现金日记账、银行存款日记账等测试方法。这一测试程序的样本量受内部控制质量的影响。从主营业务收入明细账追查至应收账款明细账，一般可与为实现其他审计目标所做的测试一并进行；而将主营业务收入明细账加总，并追查、核对加总数至其总账，则应作为一项单独的测试程序来执行。

4. 营业收入实质性程序测试

(1) 获取或编制主营业务收入明细表。

(2) 审查主营业务收入的确认原则和计量是否正确。

(3) 实施实质性分析程序。

(4) 核对收入交易的原始凭证和会计分录。

(5) 从发运凭证中选取样本，追查至主营业务收入明细账，以确定是否存在遗漏事项（完整性认定）。

(6) 结合对应收账款实施的函证程序，选择主要客户函证本期销售额。

(7) 实施销售截止测试、销售折扣和销售退回与折让业务测试。

(8) 确认主营业务收入在利润表上的披露是否恰当。

5. 应收账款实质性程序测试

(1) 获取或编制应收账款明细表。

(2) 分析与应收账款相关的财务指标。

(3) 检查应收账款账龄分析是否正确。

(4) 对应收账款实施函证程序。

(5) 对应收账款余额实施函证程序以外的细节测试。

(6) 检查坏账的冲销和转回。

(7) 确定应收账款的列报是否恰当。

三、本章强化练习题

（一）单项选择题

1. 注册会计师在运用销售与收款循环中的各种凭证时应注意，商品价目表对于主营业务收入来说一般只能证明的认定是（   ）。

   A. 发生　　　　　　　　　　　B. 准确性

   C. 完整性　　　　　　　　　　D. 权利和义务

2. 与设计信用批准控制有关的应收账款账面余额认定是（   ）。

   A. 存在　　　　　　　　　　　B. 权利和义务

   C. 完整性　　　　　　　　　　D. 计价和分摊

3. 为了确保销售收入截止的正确性，审计人员应当要求被审计单位（   ）。

   A. 建立严格的赊销审批制度　　B. 年初及年末停止销售业务

   C. 经常与顾客对账　　　　　　D. 发运单连续编号并在发货当日签发

4. 甲公司将 2023 年度的主营业务收入列入 2022 年度的会计报表，则其 2022 年度会计报表存在错误的认定是（   ）。

   A. 总体合理性　　　　　　　　B. 计价和分摊

   C. 存在或发生　　　　　　　　D. 完整性

5. （2014 年注会）下列认定，与销售信用批准控制相关的是（   ）。

   A. 发生　　　　　　　　　　　B. 准确性、计价和分摊

   C. 权利和义务　　　　　　　　D. 完整性

6. 适当的职责分离有助于防止有意或无意的错误，下列符合适当的职责分离要求的是（   ）。

   A. 负责应收账款记账的职员负责编制银行存款余额调节表

   B. 编制销售发票通知单的人员不能同时开具销售发票

   C. 在销售合同订立前，由专人就销售价格、信用政策、发货、收款方式等具体事项与客户进行谈判

   D. 应收票据的取得、贴现和保管由某一会计专门负责

7. 对于注销的应收账款，会计部门应在( )中予以登记，同时进行追踪控制，以防随后收回时被内部人员贪污。

   A. 备查账簿　　　　　　　　　B. 销售发票

   C. 明细账　　　　　　　　　　D. 销售合同

8. 为了检查被审计单位是否及时向客户发送账单，注册会计师可以执行的审计程序是( )。

   A. 核对应收账款的明细账余额和总账余额

   B. 函证应收账款余额

   C. 核对已发送账单的销售汇总表和应收账款明细账

   D. 核对已发送账单的销售汇总表和销售收入记录

9. 为了证实所有销售业务均已记录，注册会计师应选择的最有效的具体审计程序是( )。

   A. 抽查出库单　　　　　　　　B. 抽查销售明细账

   C. 抽查应收账款明细账　　　　D. 抽查银行对账单

10. 下列职务，不属于不相容职务的是( )。

    A. 执行某项业务与记录该项业务　　B. 记录总账与记录明细账、日记账

    C. 授权某项业务与审核该项业务　　D. 执行某项业务与审核该项业务

11. 企业设置严格的赊销审批制度，目的是直接降低应收账款( )认定的错报风险。

    A. 存在　　　　　　　　　　　B. 计价和分摊

    C. 完整性　　　　　　　　　　D. 准确性

12. 对于保证登记入账销售业务的真实性来讲，下列控制最无效的是( )。

    A. 发货前，顾客的赊销已经被授权

    B. 销售发票均经事先编号，并已登记入账

    C. 销售价格、付款条件、运费等已经适当的授权批准

    D. 每月向顾客寄送对账单

13. 下列内部控制测试程序，有助于证实销售业务分类正确这一控制目标的是( )。

    A. 检查发运凭证、销售发票是否连续编号

    B. 观察是否寄发对账单，并检查顾客回函档案

    C. 核对发运凭证与存货永续记录中的发运分录

    D. 检查有关凭证上内部复核和核查的标记

14. 注册会计师对被审计单位实施销售截止测试，主要目的是检查( )。

A. 年底应收账款的真实性 B. 是否存在过多的销售折扣
C. 销售业务的入账时间是否正确 D. 销售退回是否已经核准

15. 主营业务收入截止测试的关键是检查开具发票日期、记账日期、发货日期( )。

A. 是否在同一适当会计期间 B. 是否临近
C. 是否在同一天 D. 相距是否不超过 30 天

16. 对于没有函证的应收账款,可以考虑的首选替代审计程序为( )。

A. 检查与销售有关的书面文件 B. 抽查有无不属于结算业务的债权
C. 对应收账款进行账龄分析 D. 检查贴现、质押或出售

17. 下列对询证函的处理方法,正确的是( )。

A. 在粘封询证函时进行统一编号
B. 寄发询证函,并将重要的询证函复制给被审计单位进行催收
C. 将 10 封询证函直接交给被审计单位的业务员,由其到被询证单位盖章后取回
D. 要求被询证单位将 10 封询证函传真至被审计单位,并将原件盖章后寄至会计师事务所

18. 对于无法实施函证程序的应收账款,注册会计师可以实施的最有效的替代审计程序是( )。

A. 进行销售截止测试 B. 扩大控制测试的范围
C. 审查与销售有关的凭证及文件 D. 执行分析程序

19. 下列各项,属于核算错误的是( )。

A. 将应收账款登入预收账款
B. 将预付账款登入应付账款
C. 编制报表时将其他应收款借方余额列入其他应付款贷方
D. 没有计提坏账准备

20. 为了证实 XYZ 公司主营业务收入是否完整,注册会计师执行的下列审计程序中最有效的是( )。

A. 将本年各月收入与上年各月收入进行比较
B. 检查收入的计量是否符合会计准则
C. 以主营业务收入明细账为起点追查至销售发票和发运凭证
D. 以发运凭证为起点追查至销售发票和主营业务收入明细账

21. 为了证实被审计单位某月份关于销售收入的"存在或发生"认定或"完整性"认定,下列程序最有效的是( )。

A. 汇总当月销售收入明细账的金额,与当月开出销售发票的金额相比较

B. 汇总当月销售收入明细账的笔数，与当月开出销售发票的张数相比较

C. 汇总当月销售发票的金额，与当月所开出的发运凭证及商品价目表相核对

D. 汇总当月销售收入明细账的销售数量，与当月开出发运单的销售数量相比较

22．注册会计师向债务人函证应收账款的主要目的是(　　)。

A．证实应收账款的存在　　　　　B．确定应收账款能否收回

C．符合专业标准的要求　　　　　D．确定坏账损失的处理是否恰当

（二）多项选择题

1．下列业务活动，属于销售与收款循环的有(　　)。

A．办理和记录现金、银行存款收入　　B．核算产品成本

C．接受客户订单　　　　　　　　　　D．批准赊销信用

E．开具账单

2．处理货币资金收入时，最重要的是(　　)。

A．保证全部货币资金都如数记入库存现金账户

B．及时地记入库存现金、银行存款日记账

C．如数、及时地将现金存入银行

D．保证货币资金充足

E．以上均正确

3．在下列销售与收款授权审批关键点控制中，做到恰当控制的有(　　)。

A．在销售发生之前，赊销已经正确审批

B．对于赊销业务，未经赊销批准的销货一律不准发货

C．销售价格、销售条件、运费、折扣必须经过审批

D．对于超出既定销售政策和信用政策规定范围的特殊销售业务，被审计单位采用集体决策方式

4．下列有关认定和具体审计目标的表述，正确的有(　　)。

A．如果发生了销售交易，却没有在销售明细账和总账中记录，则违反了完整性认定

B．在销售日记账中记录了一笔未曾发生的销售业务，则违反了发生认定

C．在销售中，开账单时使用了错误的销售价格，则违反了准确性认定

D．抵押的固定资产没有以附注的形式披露，则违反了完整性认定

E．如果将他人寄销的商品列入被审计单位的存货，则违反了准确性认定

5．对销售交易中的内部控制进行测试时发现的下列情形，体现了适当的职责分离原则的有(　　)。

A．一个职员负责主营业务收入和应收账款记账，但由另一个不负责账簿记录的职

员定期调节总账和明细账

B. 负责主营业务收入和应收账款记账的职员不经手货币资金

C. 将办理销售、发货、收款三项业务的部门（岗位）分别设立

D. 应收票据的取得和贴现必须经由保管票据以外的主管人员书面批准

6. 对销售与收款内部控制进行监督检查的主要内容有(   )。

A. 销售与收款业务相关岗位及人员的设置情况，重点检查是否存在销售与收款业务不相容职务混岗的现象

B. 销售与收款业务授权批准制度的执行情况，重点检查授权批准手续是否健全，是否存在越权审批行为

C. 销售退回的管理情况，重点检查销售退回手续是否齐全、退回货物是否及时入库

D. 收款的管理情况，重点检查销售收入是否及时入账，应收账款的催收是否有效，坏账核销和应收票据的管理是否符合规定

7. 下列被审计单位对职责分离的内部控制设计，正确的有(   )。

A. 主营业务收入明细账和应收账款明细账的记账人员与主营业务收入总账和应收账款总账的记账人员应相互分离

B. 办理销售、发货和收款业务的人员应相互分离

C. 销售人员应避免接触销货现款

D. 销售谈判人员与签订合同的人员应相互分离

8. 对与虚假销售有关的舞弊风险进行评估后，注册会计师决定提高审计程序的不可预见性。下列审计程序，通常能够达到这一目的的有(   )。

A. 对账面金额较小的存货实施监盘程序

B. 不预先通知存货监盘地点

C. 对销售交易的具体条款进行函证

D. 对大额应收账款进行函证

9. 在销售与收款循环中，常见的舞弊手法有(   )。

A. 虚构收入　　　　　　　　B. 推迟或提前确认收入

C. 变更收入确认方式　　　　D. 应收账款的入账金额不实

10. 出现下列情况时，审计人员可不进行符合性测试，而直接进入实质性测试程序的有(   )。

A. 相关内部控制不存在　　　B. 相关内部控制未有效运行

C. 执行符合性测试不经济　　D. 拟信赖被审计单位的内部控制

E. 被审计单位的控制风险为低水平

11. 销售交易的内部控制目标主要有(   )。

   A. 销售交易的分类恰当（分类）

   B. 销售交易的记录及时（截止）

   C. 所有销售交易均已登记入账（完整性）

   D. 登记入账的销售交易确系已经发货给真实的顾客（发生）

   E. 登记入账的销售数量确系已发货的数量，已正确开具账单并登记入账（计价和分摊）

12. 在销售总账、明细账中登记并未发生的销售，或者已实现的销售不入账，这些违反了被审计单位管理层的(   )。

   A. 存在或发生认定   B. 完整性认定

   C. 权利和义务认定   D. 表达和披露认定

   E. 分类认定

13. 下列各项，属于常用的内部控制测试的有(   )。

   A. 检查顾客的赊购是否经授权批准   B. 检查发运凭证连续编号的完整性

   C. 检查有关凭证上的内部核查标记   D. 检查会计科目表是否适当

   E. 观察对账单是否已经寄出

14. 应收账款内部控制的基本内容包括(   )。

   A. 只设置应收账款总账

   B. 只设置应收账款明细账

   C. 既要设置应收账款总账，又要设置应收账款明细账

   D. 应收账款总账与明细账不得由同一人记录

   E. 定期检查核对应收账款总账与明细账

15. 注册会计师对被审计单位已发生的销售业务是否均已登记入账进行审计时，常用的控制测试程序有(   )。

   A. 检查发运凭证连续编号的完整性

   B. 检查赊销业务是否经过适当的授权批准

   C. 检查销售发票连续编号的完整性

   D. 观察已经寄出的对账单的完整性

16. 营业收入的审计目标包括(   )。

   A. 确定利润表中记录的营业收入是否已经发生，且与被审计单位有关

   B. 确定所有应当记录的营业收入是否均已记录

   C. 确定营业收入是否已记录于正确的会计期间

   D. 确定营业收入具体是由哪些经济业务产生的

E. 确定营业收入的增长率

17. 注册会计师应当采取（　　）措施对函证实施过程进行控制。

   A. 将被询证者的名称、地址与被审计单位有关记录核对

   B. 将询证函中列示的账户余额或其他信息与被审计单位有关资料核对

   C. 询证函经被审计单位盖章后，由注册会计师直接发出

   D. 在询证函中指明直接向接受审计业务委托的会计师事务所回函

   E. 询证函经会计师事务所盖章后，由注册会计师直接发出

18. 审计人员可能对应收账款采用消极式函证的情况有（　　）。

   A. 重大错报风险评估为低水平　　　B. 预期不存在大量错误

   C. 涉及大量余额较小的账户　　　　D. 重大关联方交易

   E. 余额巨大的账户

19. 下列有关应收账款实质性程序的表述，正确的有（　　）。

   A. 应收账款明细账出现贷方余额，应该编制重分类分录，借记应收账款，贷记预收账款

   B. 对应收账款账龄进行分析，可以实现计价和分摊的认定

   C. 对应收账款进行函证，可以实现存在的认定

   D. 交易频繁的应收账款的余额为零，不必对其进行函证

   E. 对未函证的应收账款可以实施替代审计程序

20. 为了证实销售交易是真实的，注册会计师执行的下列审计程序中恰当的有（　　）。

   A. 从主营业务收入明细账中抽取若干笔分录，追查有无发运凭证及其他佐证

   B. 检查销售交易记录清单，确定是否存在重号情况

   C. 检查销售赊销审批手续及发货审批手续

   D. 将销售发票与商品价目表核对

   E. 检查相关的销项税额

21. 注册会计师在审计营业收入与应收账款时，可以使用的比率有（　　）。

   A. 存货余额与流动资产的比率

   B. 应收账款周转率

   C. 销售退回和折让与销售收入的比率

   D. 坏账准备与应收账款余额的比率

   E. 应收账款增加与销售收入增加的比率

22. 在确定应收账款函证数量的大小、范围时，注册会计师应考虑的主要因素有（　　）。

A. 回函的可能性 B. 被审计单位内部控制的强弱
C. 以前年度的函证结果 D. 函证方式的选择
E. 应收账款在全部资产中的重要性

23. 注册会计师可将应收账款账龄分析表作为（   ）。
A. 确定坏账计提是否充分的依据 B. 核对应收账款总账金额的依据
C. 控制应收账款函证的依据 D. 审查销售收入变动原因的依据
E. 测试应收账款内部控制的抽样总体

（三）论述题

1. 销售与收款循环的主要业务活动及内部控制要点有哪些？

2. 应收账款的实质性程序有哪些？

3. 应收账款函证有哪几种类型？它们适合在什么情况下使用？

（四）综合业务题

1.（2016年注会）甲公司是ABC会计师事务所的常年审计客户，主要从事肉制品的加工和销售。A注册会计师负责审计甲公司2015年度财务报表，确定财务报表整体的重要性为100万元。审计报告日为2016年4月30日。

资料一：

2015 年 3 月 15 日，媒体曝光甲公司的某批次产品存在严重的食品安全问题。在计划审计阶段，A 注册会计师就此事项及相关影响与管理层进行了沟通，部分内容摘录如下：

受食品安全事件影响，甲公司产品出现滞销。为了恢复市场占有率，甲公司未因本年度成本大幅上涨而提高售价，销量逐步回升。

资料二：

A 注册会计师在审计工作底稿中记录了甲公司的财务数据，部分内容摘录如下：

单位：万元

项目	未审数 2015 年度	已审数 2014 年度
营业收入	7 200	7 500
营业成本	4 900	5 000

要求：针对资料一，结合资料二，假定不考虑其他条件，指出资料一所列事项是否可能表明存在重大错报风险。如果认为可能表明存在重大错报风险，请简要说明理由，并说明该风险主要与哪些财务报表项目的哪些认定相关（不考虑税务影响）。

2.（2017 年注会）ABC 会计师事务所首次接受委托，审计上市公司甲公司 2016 年度财务报表，委派 A 注册会计师担任项目合伙人。A 注册会计师确定财务报表整体的重要性为 1 200 万元。甲公司主要提供快递物流服务。

资料一：

A 注册会计师在审计工作底稿中记录了所了解的甲公司情况及其环境，部分内容摘录如下：

2015 年 6 月，甲公司开始经营航空快递业务，以经营租赁方式租入 2 架飞机，租期为 5 年。管理层按实际飞行小时和预计每飞行小时维修费率计提租赁期满退租时的大修费用。2016 年 1 月起，甲公司航空运输服务降价 40%，业务出现爆发式增长。

资料二：

A 注册会计师在审计工作底稿中记录了甲公司的财务数据，部分内容摘录如下：

单位：万元

项目	未审数 2016 年度	已审数 2015 年度
营业收入——航空运输收入	32 000	8 000
营业收入——加盟费收入	3 000	0
投资收益——丙公司	30	0
净利润	29 500	16 000
预付款项——丁公司	1 000	0
应付职工薪酬——管理层利润分享	350	0
长期应付款——退租大修费用	2 400	600

要求：针对资料一，结合资料二，假定不考虑其他条件，指出资料一所列事项是否可能表明存在重大错报风险。如果认为可能表明存在重大错报风险，请简要说明理由。如果认为该风险为认定层次重大错报风险，请说明该风险主要与哪些财务报表项目（仅限于应收账款、预付款项、预收款项、应付职工薪酬、长期应付款、营业收入、营业成本、销售费用、投资收益）的哪些认定相关（不考虑税务影响）。

3. （2013 年注会）甲公司是 ABC 会计师事务所的常年审计客户。A 注册会计师负责审计甲公司 2012 年度财务报表。

A 注册会计师在审计工作底稿中记录了甲公司销售与收款循环的内部控制，部分内容摘录如下：

事项序号	风险	控制
（1）	向客户提供过长信用期而增加坏账损失风险	客户的信用期由信用管理部审核批准，如长期客户临时申请延长信用期，由销售部经理批准
（2）	已记账的收入未发生或不准确	财务人员将经批准的销售订单、客户签字确认的发运凭单及发票所载信息相互核对无误后，编制记账凭证（附上述单据），经财务部经理审核后入账
（3）	应收账款记录不准确	每季度末，财务部向客户寄送对账单，如客户未及时回复，销售人员需要跟进，如客户回复表明差异超过该客户欠款余额的5%，则进行调查

要求：针对（1）至（3）项，假定不考虑其他条件，逐项指出资料所列控制的设计是否存在缺陷。如认为存在缺陷，请简要说明理由。

4. （2012 年注会）A 注册会计师负责审计甲公司 2011 年度财务报表。甲公司 2011 年 12 月 31 日应收账款余额为 3 000 万元。A 注册会计师认为应收账款存在重大错报风险，决定选取金额较大及风险较高的应收账款明细账户实施函证程序，选取的应收账款明细账户余额合计为 1 800 万元。相关事项如下：

（1）审计项目组成员要求被询证的甲公司客户将回函直接寄至会计师事务所，但甲公司客户 X 公司将回函寄至甲公司财务部，审计项目组成员取得了该回函，将其归入审计工作底稿。

（2）对于审计项目组以传真件方式收到的回函，审计项目组成员与被询证方取得了电话联系，确认回函信息，并在审计工作底稿中记录了电话内容与时间、对方姓名与职位，以及实施该程序的审计项目组成员姓名。

（3）审计项目组成员根据甲公司财务人员提供的电子邮箱地址，向甲公司境外客户 Y 公司发送了电子邮件，函证应收账款余额，并收到了电子邮件回复。Y 公司确认余额准确无误。审计项目组成员将电子邮件打印后归入审计工作底稿。

（4）甲公司客户 Z 公司的回函确认金额比甲公司账面余额少 150 万元。甲公司销售部人员解释，甲公司于 2011 年 12 月末销售给 Z 公司的一批产品，在 2011 年年末尚未开具销售发票，Z 公司因此未入账。A 注册会计师认为该解释合理，未实施其他审计程序。

（5）实施函证的 1 800 万元应收账款余额中，审计项目组未收到回函的余额合计 950 万元。审计项目组对此实施了替代程序：对其中的 500 万元查看了期后收款凭证；对没有期后收款记录的 450 万元，检查了与这些余额相关的销售合同和发票，未发现例外事项。

（6）鉴于对 60% 的应收账款余额实施函证程序未发现错报，A 注册会计师推断其余 40% 的应收账款余额也不存在错报，无须实施进一步审计程序。

要求：针对上述（1）至（6）项，逐项指出审计项目组的做法是否恰当。如不恰当，请简要说明理由。

5.（2014年注会）上市公司甲集团公司是ABC会计师事务所的常年审计客户，主要从事化工产品的生产和销售。A注册会计师负责审计甲集团公司2013年度财务报表，集团财务报表整体的重要性为200万元。

A注册会计师在审计工作底稿中记录了具体审计计划，部分内容摘录如下：

甲集团公司在发货时开具出库单，在客户验收后确认销售收入，出库单按出库顺序连续编号。A注册会计师拟选取2013年12月最后若干张和2014年1月最前若干张出库单，检查其对应的销售收入是否分别记录在2013年度和2014年度。

要求：针对上述事项，指出A注册会计师的做法是否存在不恰当之处。如存在，请简要说明理由。

6.（2018年注会）上市公司甲公司是ABC会计师事务所的常年审计客户，主要从事汽车的生产和销售。A注册会计师负责审计甲公司2017年度财务报表，确定财务报表整体的重要性为1 000万元，明显微小错报的临界值为30万元。

资料一：

A注册会计师在审计工作底稿中记录了所了解的甲公司情况及其环境，部分内容摘录如下：

2017年，在钢材价格及劳动力成本大幅上涨的情况下，甲公司通过调低主打车型的价格，保持了良好的竞争力和市场占有率。

资料二：

A注册会计师在审计工作底稿中记录了甲公司的财务数据，部分内容摘录如下：

单位：万元

项目	未审数 2017年度	已审数 2016年度
营业收入	100 000	95 000
营业成本	89 000	84 500

要求：针对资料一，结合资料二，假定不考虑其他条件，指出资料一所列事项是否可能表明存在重大错报风险。如果认为可能表明存在重大错报风险，请简要说明理由，并说明该风险主要与哪些财务报表项目的哪些认定相关（不考虑税务影响）。

7.（2017 年注会）甲公司是 ABC 会计师事务所的常年审计客户，主要从事电气设备的生产和销售。A 注册会计师负责审计甲公司 2016 年度财务报表，确定财务报表整体的重要性为 300 万元，实际执行的重要性为 210 万元。

资料一：

A 注册会计师在审计工作底稿中记录了所了解的甲公司情况及其环境，部分内容摘录如下：

甲公司 2016 年中标成为某体育馆的设备供应商，合同约定设备在安装调试后验收。2016 年年末，相关设备已运抵建设现场，并经客户签收。

资料二：

A 注册会计师在审计工作底稿中记录了甲公司的财务数据，部分内容摘录如下：

单位：万元

项目	未审数	已审数
	2016 年度	2015 年度
营业收入——体育馆设备	6 000	0

要求：针对资料一，结合资料二，假定不考虑其他条件，指出资料一所列事项是否可能表明存在重大错报风险。如果认为可能表明存在重大错报风险，请简要说明理由，并说明该风险主要与哪些财务报表项目的哪些认定相关（不考虑税务影响）。

8.（2017 年注会）ABC 会计师事务所首次接受委托，审计上市公司甲公司 2016 年度财务报表，委派 A 注册会计师担任项目合伙人。A 注册会计师确定财务报表整体的重要性为 1 200 万元。甲公司主要提供快递物流服务。

A 注册会计师在审计工作底稿中记录了审计计划，部分内容摘录如下：

甲公司应收账款会计每月末向排名前 10 位的企业客户寄送对账单，并调查回函差异。因该控制仅涉及一小部分应收账款余额，A 注册会计师拟不测试该控制，直接实施实质性程序。

要求：针对上述事项，假定不考虑其他条件，指出审计计划的内容是否恰当。如不恰当，请简要说明理由。

四、强化练习题参考答案

（一）单项选择题

1. B 2. D 3. D 4. C 5. B 6. B 7. A 8. C 9. A
10. C 11. B 12. C 13. D 14. C 15. A 16. A 17. A 18. C
19. D 20. D 21. D 22. A

（二）多项选择题

1. ACDE 2. ABC 3. ABCD 4. ABC 5. BCD 6. ABCD
7. BCD 8. ABC 9. ABCD 10. ABC 11. ABCDE 12. AB
13. ABCDE 14. CDE 15. AC 16. ABC 17. ABCD 18. ABC
19. ABCE 20. ABC 21. BCDE 22. BCDE 23. ABCE

（三）论述题

1.【答案】 销售与收款循环主要是指企业接受销售订单，向顾客销售商品或提供劳务并取得货款或劳务收入的过程。这一过程是企业日常发生的重要的经济业务，它既影响资产负债表项目，又影响利润表项目，是财务报表审计中一项十分重要的内容。在销售与收款循环中，主要业务活动包括接受订单、赊销信用批准、供货与发运、开具账单、记录销售等。在这些业务活动中，销售单、装运凭证、销售发票等原始凭证发挥着重要的作用，这些原始凭证及相关的授权审批手续为审计测试留下重要的审计轨迹。

销售与收款循环的内部控制要点包括：

（1）适当的职责分离。

（2）恰当的授权审批。

（3）充分的凭证和记录。

（4）凭证的预先编号。

（5）按月寄出对账单。

（6）内部核查程序。

2.【答案】（1）取得或编制应收账款明细表。

（2）检查涉及应收账款的相关财务指标。

（3）检查应收账款账龄分析是否正确。

（4）向债务人函证应收账款。

（5）确定已收回的应收账款金额。

（6）对未函证应收账款实施替代审计程序。

（7）检查坏账的确认和处理。

(8) 抽查有无不属于结算业务的债权。

(9) 检查贴现、质押或出售。

(10) 对应收账款实施关联方及其交易审计程序。

(11) 确定应收账款的列报是否恰当。

3.【答案】 应收账款函证有积极式函证和消极式函证两种。

当符合以下情况时，采用积极式函证较好：① 被审计单位个别账户的欠款金额较大；② 注册会计师有理由相信欠款可能会存在争议、过失等问题。

当符合以下情况时，可以采用消极式函证：① 被审计单位相关的内部控制是有效的，固有风险和控制风险评估为低水平；② 注册会计师预计应收账款过失率较低；③ 欠款余额小的债务人数量很多；④ 注册会计师有理由相信大多数被询证者能认真对待询证函，并对不正确的情况予以反应。

一般而言，对大额账项采用积极式函证，对小额账项则采用消极式函证。

（四）综合业务题

1.【答案】

是否可能表明存在重大错报风险（是/否）	理由	财务报表项目名称（认定）
是	资料一显示，甲公司2015年度未因成本大幅上涨而提高售价，预期2015年的毛利率应当大大低于2014年的毛利率，但资料二的财务数据显示，2015年的毛利率32%与2014年的毛利率33%相比，未有明显降低，可能存在多计营业收入、少计营业成本的风险	营业收入（发生、准确性） 应收账款（存在） 营业成本（完整性） 存货（存在）

2.【答案】

是否可能表明存在重大错报风险（是/否）	理由	财务报表项目名称（认定）
是	甲公司业务出现爆发式增长，根据资料二，"营业收入——航空运输收入"增长了3倍，"长期应付款——退租大修费用"也增长了3倍，但这发生在航空运输服务降价40%的情况下，因此可能存在低估"长期应付款——退租大修费用"或高估"营业收入——航空运输收入"的重大错报风险	应收账款（存在） 营业收入（发生） 营业成本（完整性、准确性） 长期应付款（完整性、准确性、计价和分摊）

3. 【答案】

事项序号	控制的设计是否存在缺陷（是/否）	理由
(1)	是	未实现职责分离目标：长期客户临时申请延长信用期，应经信用管理部审核批准，不能由销售部经理批准，销售部经理可能为了追求更大销售量而不恰当延长信用期，导致信用损失风险
(2)	否	—
(3)	是	应调查所有差异，即使差异未超过甲公司对该客户应收账款余额的5%，也应当进行调查，因为该差异的性质可能是重大的

4. 【答案】（1）不恰当。注册会计师应当对函证的全过程保持控制，不应接受甲公司转交过来的回函。

（2）恰当。

（3）不恰当。注册会计师应核实被询证者的信息。电子回函的可靠性存在风险，注册会计师和回函者要采用一定的程序为电子形式的回函创造安全环境。

（4）不恰当。函证的差异不能仅以口头解释为证据，注册会计师应通过实施其他审计程序核实不符事项。

（5）不恰当。获取的销售合同和发票为内部证据，而注册会计师应检查能够证明交易实际发生的证据。

（6）不恰当。选取特定项目的方法不能以样本的测试结果推断至总体。

5. 【答案】 存在不恰当之处。甲集团公司确认销售收入的依据是客户已经验收，而不是货物已经出库，注册会计师应检查客户验收日期，以确认销售收入的入账期间是否恰当。

6. 【答案】

是否可能表明存在重大错报风险（是/否）	理由	财务报表项目名称（认定）
是	在原材料和人工成本上涨，而主要产品价格下降的情况下，毛利率仍与上年相当，可能存在多计收入、少计成本的风险	营业收入（发生）营业成本（完整性、准确性）

7.【答案】

是否可能表明存在重大错报风险（是/否）	理由	财务报表项目名称（认定）
是	2016年年末设备运抵建设现场并经客户签收，但未安装调试与验收，不满足确认收入的条件，但资料二显示甲公司已确认收入，可能存在高估营业收入的重大错报风险	应收账款（存在） 营业收入（发生）

8.【答案】 恰当。由于由应收账款会计执行与客户对账，不相容职务没有分离，内部控制不能依赖，且实质性程序能够获取充分、适当的审计证据，因此无须测试该项内部控制。

第十章 采购与付款循环的审计

▶▶ 一、本章学习目标

（1）熟练掌握采购与付款循环的主要业务活动（凭证、会计记录）及内部控制。

（2）熟练掌握采购与付款循环的内部控制测试。

（3）理解采购与付款循环的重大错报风险评估。

（4）熟练掌握采购与付款循环的实质性程序，理解与每种实质性程序相关的财务报表认定。

（5）熟练掌握应付账款项目的审计目标及实质性程序的基本程序。

▶▶ 二、本章重点与难点

1. 采购与付款循环的主要业务活动

采购与付款循环的主要业务活动包括制订采购计划、供应商认证及信息维护、请购商品或劳务、编制订购单、验收商品、储存已验收的商品、编制付款凭单、确认与记录负债、办理付款等。在这些业务活动中，请购单、订购单、验收单、供应商发票、付款凭单等为审计测试留下重要的审计轨迹。

2. 采购与付款循环的内部控制

（1）适当的职责分离。

适当的职责分离有利于防止各种有意或无意的错误。采购与付款交易不相容岗位至少包括：

① 请购与审批。

② 询价与确定供应商。

③ 采购合同的订立与审批。

④ 采购与验收。

⑤ 采购、验收与会计记录。

⑥ 付款审批与付款执行。

（2）正确、适当的授权审批。

付款需要由经授权的人员审批，审批人员在审批前需要检查相关支持性文件，并对其发现的例外事项进行跟进处理。

（3）凭证的预先编号及对例外报告的跟进处理。

（4）企业内部检查程序。

3. 采购与付款循环中审计目标和审计程序的对应关系（表10-1）

表10-1　采购与付款循环中审计目标和审计程序的对应关系

审计目标	财务报表认定	可供选择的审计程序
确定资产负债表中记录的应付账款是否存在	存在	获取或编制应付账款明细表，并执行以下工作： （1）复核加计是否正确，并与报表数、总账数和明细账合计数核对是否相符。 （2）检查非记账本位币应付账款的折算汇率及折算是否正确。 （3）分析出现借方余额的项目，查明原因，必要时，建议做重分类调整。 （4）结合预付款项、其他应付账款等往来项目的明细余额，检查有无针对同一交易在应付账款和预付款项同时记账的情况、异常余额或与购货无关的其他款项（如关联方账户或雇员账户）
确定所有应当记录的应付账款是否均已记录，所有应当包括在财务报表中的相关披露是否均已包括	完整性	对应付账款实施函证程序
确定资产负债表中记录的应付账款是否为被审计单位应当履行的现时义务	权利和义务	检查应付账款是否计入了正确的会计期间，是否存在未入账的应付账款
确定应付账款是否以恰当的金额包括在财务报表中，与之相关的计价调整是否恰当记录	准确性、计价和分摊	寻找未入账负债的测试
确定应付账款是否已被记录于恰当的账户	分类	检查应付账款长期挂账的原因并做出记录，对确实无须支付的应付账款的会计处理是否正确
确定应付账款是否已被恰当地汇总或分解且表述清楚，按照企业会计准则的规定在财务报表中做出的相关披露是不是相关的、可理解的	列报	检查应付账款是否已按照企业会计准则的规定，在财务报表中做出恰当列报和披露

4. 应付账款的实质性程序

（1）获取或编制应付账款明细表。

（2）函证应付账款。

（3）检查应付账款是否计入了正确的会计期间，是否存在未入账的应付账款。

（4）寻找未入账负债的测试。

（5）检查应付账款长期挂账的原因并做出记录，对确实无须支付的应付账款的会计处理是否正确。

（6）如存在应付关联方款项，应进行处理。

（7）检查应付账款是否已按照企业会计准则的规定，在财务报表中做出恰当列报和披露。

三、本章强化练习题

（一）单项选择题

1. 在企业内部控制制度比较健全的情况下，下列既是证明有关采购交易的"发生"认定的凭据之一，又是采购交易轨迹的起点的是（　　）。

　　A. 订购单　　　　　　　　　　B. 请购单

　　C. 验收单　　　　　　　　　　D. 付款凭单

2. 下列不属于采购与付款业务不相容岗位的是（　　）。

　　A. 请购与审批　　　　　　　　B. 询价与确定供应商

　　C. 赊销批准与销售　　　　　　D. 付款审批与付款执行

3. 下列与付款业务相关的内部控制，可能存在缺陷的是（　　）。

　　A. 建立了退货管理制度，对退货条件、退货手续、货物出库、退货货款收回等做出明确规定

　　B. 定期与供应商核对应付账款、应付票据、预付账款等往来款项

　　C. 已到期的应付款项直接由主管会计办理结算与支付

　　D. 财会部门在办理付款业务时，对采购发票、结算凭证、验收证明等相关凭证的真实性、完整性、合法性及合规性进行了严格的审核

4. 在固定资产的内部控制中，最重要的控制环节是（　　）。

　　A. 授权批准制度　　　　　　　B. 资本性支出和收益性支出的区分制度

　　C. 固定资产的维护保养制度　　D. 固定资产的预算制度

5. 注册会计师在对应付账款进行函证时，一般采用（　　）方式。

　　A. 积极式　　　　　　　　　　B. 消极式

C. 积极式和消极式相结合　　　D. 积极式和消极式均可

6. 对于被审计单位的应付账款，注册会计师应侧重审查其(　　)。
   A. 完整性　　　　　　　　　B. 存在
   C. 分类　　　　　　　　　　D. 权利和义务

7. 注册会计师基于风险评估结果，确认发生的采购未能以正确的金额记录，涉及项目/认定为：应付账款/准确性、计价和分摊，销售费用/准确性，风险程度为一般，拟信赖控制，确定的进一步审计程序的总体审计方案为综合性方案，拟从控制测试中获取的保证程度为高，则从实质性程序中获取的保证程度应为(　　)最合适。
   A. 低　　　　　　　　　　　B. 高
   C. 无　　　　　　　　　　　D. 中

8. 下列审计程序，与采购交易应付账款的存在认定最相关的是(　　)。
   A. 向供应商函证零余额的应付账款
   B. 检查采购单据以确定是否使用预先编号的订购单、验收单
   C. 抽取采购合同、供应商发票、验收单等凭证，追查至应付账款明细账
   D. 从应付账款明细账追查至验收单、供应商发票、采购合同等凭证

9. 下列实质性程序，与采购交易应付账款的完整性认定最相关的是(　　)。
   A. 向供应商函证应付账款
   B. 从采购订单、供应商发票、入库单等原始凭证，追查至应付账款明细账
   C. 获取应付账款明细表，复核加计是否正确，并与报表数、总账数和明细账合计数核对是否相符
   D. 以应付账款明细账为起点，追查至采购相关的原始凭证，如采购订单、供应商发票、入库单等

10. 如果在审阅应付账款明细账时，发现应付账款明细账余额中出现借方余额的现象，且借方余额较大，注册会计师应要求被审计单位(　　)。
    A. 冲账　　　　　　　　　　B. 调整账务
    C. 进行重分类调整　　　　　D. 不进行处理

11. 注册会计师在查找已提前报废但尚未做出会计处理的固定资产时，最有可能实施的审计程序是(　　)。
    A. 以检查固定资产实物为起点，检查固定资产明细账和投保情况
    B. 以检查固定资产明细账为起点，检查固定资产实物和投保情况
    C. 以分析折旧费用为起点，检查固定资产实物
    D. 以检查固定资产实物为起点，分析固定资产维修和保养费用

12. 下列审计程序中，注册会计师最有可能获取固定资产存在的审计证据的

是( )。

 A. 观察经营活动,并将固定资产本期余额与上期余额进行比较

 B. 询问被审计单位的管理层和生产部门

 C. 以检查固定资产实物为起点,检查固定资产明细账和相关凭证

 D. 以检查固定资产明细账为起点,检查固定资产实物和相关凭证

13. 在验证应付账款不存在漏报时,注册会计师获取的下列审计证据,证明力最强的是( )。

 A. 供应商开具的销售发票

 B. 供应商提供的月对账单

 C. 被审计单位编制的连续编号的验收报告

 D. 被审计单位编制的连续编号的订货单

14. 下列审计程序,与查找未入账应付账款无关的是( )。

 A. 审核期后现金支出的主要凭证

 B. 审核期后未付账单的主要凭证

 C. 追查年终前签发的验收单至相关的卖方发票

 D. 审核应付账款账簿记录

15. 注册会计师为审查被审计单位未入账负债而实施的下列审计程序,最有效的是( )。

 A. 审查资产负债表日后货币资金支出情况

 B. 审查资产负债表日前后几天的发票

 C. 审查应付账款、应付票据函证的回函

 D. 审查购货发票与债权人名单

(二)多项选择题

1. 根据内部控制不相容职务分离的要求,下列职责应相互独立的有( )。

 A. 提出采购申请与批准采购申请 B. 批准采购申请与采购

 C. 采购与验收 D. 验收与付款

 E. 询价与确定供应商

2. 验收单是支持资产或费用及与采购有关的负债的( )认定的重要凭证。

 A. 存在 B. 准确性

 C. 权利和义务 D. 完整性

3. 一般来说,需要经过适当的授权批准的有( )。

 A. 现销业务 B. 请购单的编写

 C. 工资结算表 D. 生产通知

4. 注册会计师对某公司采购与付款循环进行审计，下列该公司明细账往来账户年末余额及本年度进货总额中，注册会计师应选择进行函证的公司有( )。

   A. 497 000元，668 200元
   B. 0元，47 015 300元
   C. 98 000元，92 000元
   D. 3 032 000元，2 897 000元

5. 下列有关采购与付款循环中注册会计师选取的关键控制的说法，正确的有( )。

   A. 注册会计师无须对所有控制均进行测试
   B. 注册会计师应当针对识别的可能发生错报的环节，选择足以应对评估的重大错报风险的关键控制进行测试
   C. 对于人工控制的测试，可以选择例外报告作为样本
   D. 为应对应付账款的存在认定，注册会计师测试企业制订的为提高经营效率设置的采购计划及审批控制

6. 下列控制活动，能够控制应付账款完整性认定错报风险的有( )。

   A. 应付凭单均经事先连续编号并确保已付款的采购交易登记入账
   B. 订购单均经事先连续编号并确保已完成的采购交易登记入账
   C. 验收单、卖方发票上的日期与采购明细账中的日期已经核对一致
   D. 验收单均经事先连续编号并确保已验收的采购交易登记入账

7. 下列各项，可能影响采购与付款交易和余额的重大错报风险的有( )。

   A. 低估负债或相关准备
   B. 费用支出的复杂性
   C. 舞弊和盗窃的固有风险
   D. 迫于业绩考核需要，管理层存在错报负债费用支出的动因

8. 在采购与付款循环中，下列控制程序，存在缺陷的有( )。

   A. 由甲、乙两个职员负责采购合同的谈判，甲负责签订合同
   B. 验收人员根据批准的请购单验收已经运来的货物
   C. 请购单未进行连续编号
   D. 验收单未进行连续编号

9. 下列审计程序，与采购交易记录的完整性认定相关的有( )。

   A. 从有效的订购单追查至验收单
   B. 从验收单追查至采购明细账
   C. 从付款凭证追查至购货发票
   D. 从供应商发票追查至采购明细账

10. 针对除折旧/摊销、人工费用以外的一般费用，注册会计师拟实施实质性分析程序，下列说法正确的有( )。

    A. 调查差异，询问管理层，针对管理层的答复获取适当的审计证据

B. 考虑可获取信息的来源、可比性、性质和相关性及与信息编制相关的控制，评价在对记录的金额或比率做出预期时使用数据的可靠性

C. 确定已记录金额与预期值之间可接受的、无须做进一步调查的差异额

D. 将费用细化到适当层次，根据关键因素和相互关系设定预期值，评价预期值是否足够精确以识别重大错报

11. 注册会计师验证被审计单位应付账款是否真实存在的审计程序有(　　)。

A. 将应付账款清单加总

B. 从应付账款清单追查至卖方发票和卖方对账单

C. 函证应付账款，重点是大额、异常项目

D. 对未列入本期的负债进行测试

12. 下列实质性程序，与查找未入账应付账款相关的有(　　)。

A. 检查资产负债表日后现金支出的主要凭证

B. 检查资产负债表日后应付账款明细账贷方发生额的相应凭证

C. 以应付账款明细账为起点，选取异常项目追查至相关验收单、供应商发票、订购单等原始凭证

D. 针对资产负债表日后偿付的应付账款，追查至银行对账单、银行付款单据和其他原始凭证，检查在资产负债表日前是否应计入应付账款

13. 固定资产减少的审计要点主要有(　　)。

A. 检查固定资产减少的具体价值

B. 检查固定资产减少的具体发生时间

C. 检查减少固定资产的授权批准文件

D. 检查因不同原因减少固定资产的会计处理是否符合有关规定

E. 检查固定资产减少的账簿记录是否准确

14. 在对公司与固定资产相关的内部控制进行了解、测试后，注册会计师根据掌握的情况形成下列专业判断，其中正确的有(　　)。

A. 公司建立了比较完善的固定资产处置制度，且本年度发生的处置业务没有对当期损益产生重大影响，注册会计师决定不再对固定资产处置进行实质性测试

B. 公司的固定资产没有按类别、使用部门、使用状况等进行明细核算，注册会计师决定减少与之相关的控制测试，并增加实质性测试的样本量

C. 公司建立了比较完善的固定资产定期盘点制度，于年底对固定资产进行全面盘点，并根据盘点结果进行了相关会计处理，注册会计师决定适当减少抽查公司固定资产的样本量

D. 公司本年度固定资产的实际增减变化与固定资产年度预算基本一致，注册会计

师决定减少对固定资产增减变化进行实质性测试的样本量

15. 注册会计师确定固定资产减值准备的披露是否恰当时，应当关注企业在财务报表附注中披露的(   )。

   A. 当期确认的固定资产减值损失金额

   B. 提取的固定资产减值准备累计金额

   C. 导致重大固定资产减值损失的原因、固定资产可收回金额的确定方法，以及当期确认的重大固定资产减值损失金额

   D. 固定资产减值准备转回情况

（三）论述题

1. 采购与付款循环的主要业务活动及内部控制要点有哪些？

2. 如何实施应付账款的实质性程序？

3. 注册会计师应如何查找未入账的应付账款？

（四）综合业务题

ABC会计师事务所的A注册会计师负责审计甲公司2021年度财务报表，审计工作底稿中与负债审计相关的部分内容摘录如下：

（1）甲公司各部门使用的请购单未连续编号，请购单由部门经理批准，超过一定金额还需要总经理批准。A注册会计师认为该内部控制设计有效，实施了控制测试，结果满意。

（2）甲公司将经批准的合格供应商信息录入信息系统形成供应商主文档，生产部员工在信息系统中填制连续编号的请购单时只能选择该主文档中的供应商。供应商的变动须由采购部经理批准，并由其在信息系统中更新供应商主文档。A注册会计师认为该

内部控制设计合理，拟予以信赖。

（3）甲公司应付账款年末余额为 550 万元，A 注册会计师认为应付账款存在低估风险，选取了年末余额合计为 480 万元的两家主要供应商实施函证程序，未发现差异。

（4）因甲公司其他应付款年末余额较 2020 年年末大幅减少，A 注册会计师对其他应付款实施了函证程序，对未回函的项目，逐笔检查了本年借方和贷方发生额及相关原始凭证，结果满意。

（5）为查找未入账的应付账款，A 注册会计师检查了资产负债表日后应付账款明细账贷方发生额的相关凭证，并结合存货监盘程序，检查了甲公司资产负债表日前后的存货入库资料，结果满意。

要求：针对上述事项，逐项指出 A 注册会计师的做法是否恰当。如不恰当，请简要说明理由。

四、强化练习题参考答案

(一) 单项选择题

1. B 2. C 3. C 4. D 5. A 6. A 7. A 8. D 9. B
10. C 11. B 12. D 13. B 14. D 15. A

(二) 多项选择题

1. ABCDE 2. AC 3. BCD 4. BD 5. AB 6. ABD
7. ABCD 8. AD 9. BD 10. ABCD 11. BC 12. ABD
13. CD 14. BCD 15. ABC

(三) 论述题

1.【答案】 采购与付款循环的主要业务活动包括制订采购计划、供应商认证及信息维护、请购商品或劳务、编制订购单、验收商品、储存已验收的商品、编制付款凭单、确认与记录负债、办理付款等。在这些业务活动中，请购单、订购单、验收单、供应商发票、付款凭单等为审计测试留下重要的审计轨迹。采购与付款循环的内部控制要点包括：

(1) 适当的职责分离。

适当的职责分离有利于防止各种有意或无意的错误。采购与付款交易不相容岗位至少包括：

① 请购与审批。

② 询价与确定供应商。

③ 采购合同的订立与审批。

④ 采购与验收。

⑤ 采购、验收与会计记录。

⑥ 付款审批与付款执行。

(2) 正确、适当的授权审批。

付款需要由经授权的人员审批，审批人员在审批前需要检查相关支持文件，并对其发现的例外事项进行跟进处理。

(3) 凭证的预先编号及对例外报告的跟进处理。

(4) 企业内部检查程序。

2.【答案】 (1) 获取或编制应付账款明细表。

(2) 函证应付账款。

(3) 检查应付账款是否计入了正确的会计期间，是否存在未入账的应付账款。

(4) 寻找未入账负债的测试。

(5) 检查应付账款长期挂账的原因并做出记录，对确实无须支付的应付账款的会计处理是否正确。

(6) 如存在应付关联方款项，应进行处理。

(7) 检查应付账款是否已按照企业会计准则的规定，在财务报表中做出恰当列报和披露。

3. 【答案】（1）对本期发生的应付账款增减变动，检查至相关支持性文件，确认会计处理是否正确。

(2) 检查资产负债表日后应付账款明细账贷方发生额的相应凭证，关注其验收单、供应商发票的日期，确认其入账时间是否合理。

(3) 获取并检查被审计单位与供应商之间的对账单及被审计单位编制的差异调节表，确定应付账款金额的准确性。

(4) 针对资产负债表日后付款项目，检查银行对账单及有关付款凭证（如银行汇款通知、供应商收据等），询问被审计单位内部或外部的知情人员，查找有无未及时入账的应付账款。

(5) 结合存货监盘程序，检查被审计单位在资产负债表日前后的存货入库资料（验收报告或入库单），检查相关负债是否计入了正确的会计期间。

（四）综合业务题

【答案】（1）恰当。

(2) 不恰当。对供应商信息修改的批准和录入是两项不相容职责，不能均由采购部经理执行，未设置适当的职责分离，所以该内部控制设计不合理，不应当信赖。

(3) 不恰当。仅选取大金额的主要供应商账户实施函证程序不能应对低估风险，还应选取小额或零余额账户。

(4) 不恰当。甲公司其他应付款存在低估风险，而函证难以有效应对其他应付款的低估错报。

(5) 不恰当。还应检查资产负债表日后货币资金的付款项目，获取甲公司与供应商之间的对账单并与财务记录进行核对或调节，以及检查采购业务形成的相关原始凭证。

第十一章 生产与存货循环的审计

▶▶ 一、本章学习目标

（1）熟练掌握生产与存货循环的主要业务活动（凭证、会计记录）及内部控制。

（2）熟练掌握生产与存货循环的内部控制测试。

（3）理解生产与存货循环的重大错报风险评估。

（4）熟练掌握生产与存货循环的实质性程序，理解与每种实质性程序相关的财务报表认定。

（5）重点掌握如何执行存货监盘程序、存货监盘结果对审计报告的影响、存货正确截止的关键和存货截止测试的方法。

（6）理解存货跌价准备测试的审计程序。

▶▶ 二、本章重点与难点

1. 生产与存货循环的主要业务活动

生产与存货循环的主要业务活动包括计划和安排生产、发出原材料、生产产品、核算产品成本、储存产成品、发出产成品、存货盘点、计提存货跌价准备等。在这些业务活动中，生产通知单、领料单、产成品入库单、验收单等为审计测试留下重要的审计轨迹。

2. 生产与存货循环的内部控制测试

对生产与存货循环的内部控制测试主要从业务授权、真实性、完整性等目标出发。其中，对成本执行分析程序是一项很重要的程序；真实性目标的测试仍然按照从账簿到凭证的方向进行追查；完整性目标的测试仍然按照从凭证到账簿的方向进行追查，审查有关原始凭证是否连续编号也有助于完整性目标的审计。另外，对重大在产品项目进行计价测试，通过抽查成本计算单检查各项费用的归集和分配及成本的计算，也是交易类别测试的重要程序。

3. **存货成本相关项目的分析程序**

在存货成本相关项目的分析程序中，简单比较法主要是对直接材料成本、薪酬费用、制造费用、生产成本、主营业务成本、存货余额、存货成本差异率、待处理财产损溢等项目的前后期数据进行比较，通过趋势分析确定有无异常，以评价各项目的总体合理性。

4. **生产与存货循环的实质性程序**

（1）存货的一般审计程序。

① 获取年末存货余额明细表。

② 实施实质性分析程序。

（2）存货监盘。

（3）存货计价测试。

5. **存货监盘**

审计人员在评价被审计单位存货盘点计划的基础上，根据存货特点、盘点制度、存货的内部控制有效性情况等，制订周密细致的存货监盘计划。存货监盘计划的内容应该包括存货监盘的目标、存货监盘的时间安排、存货监盘的要点及注意事项、参加存货监盘的人员和分工、检查存货的范围、存货监盘的程序等。

其中，存货监盘程序包括以下几个必要的环节：注册会计师应首先进行盘点问卷调查，向被审计单位询问盘点的准备工作是否到位，然后实地观察盘点的过程，在被审计单位盘点人员盘点之后进行复盘抽点，并在存货盘点结束前再次观察盘点现场。盘点时间尽量接近年度报表日。必要时可以聘请专家协助工作。

6. **存货截止测试**

存货正确截止的关键在于，存货实物纳入盘点范围的时间与存货引起的借贷双方会计科目的入账时间都处于同一会计期间。常用的方法是检查存货盘点日前后入账的购货发票与相应的验收报告和入库单是否在同一会计期间，或销售发票与出库单是否在同一会计期间；或者从验收部门的业务记录入手，检查接近年底的验收业务，其相应的购货或销售发票是否在同期入账。

三、本章强化练习题

(一) 单项选择题

1. 仓库部门向生产部门发货的依据是从生产部门收到的( )。
   A. 验收单　　　　　　　　B. 发料单
   C. 领料单　　　　　　　　D. 保管单

2. 下列有关存货内部控制的叙述，错误的是( )。
   A. 购货应由独立的采购部门负责
   B. 验收可由购货部门负责
   C. 企业应建立储存管理责任制
   D. 各个生产部门必须制订严格的规划，由管理人员负责监督，控制整个生产过程

3. 如果测试结果表明生产与存货循环的内部控制较弱，则控制风险较大，注册会计师为了将审计风险降至可接受的低水平，其做法通常是( )。
   A. 继续实施控制测试　　　　B. 重新对存货项目进行风险评估
   C. 对存货实施详细审计　　　D. 执行扩大的实质性程序

4. A注册会计师在设计与存货项目相关的审计程序时，确定了下列审计策略，其中不正确的是( )。
   A. 对于由少数项目构成的存货，以实施实质性程序为主
   B. 如果采用以控制测试为主的审计方式，并准备依赖被审计单位存货盘点的控制措施与程序，则绝大部分的审计程序将限于询问、观察及抽查
   C. 对于单位价值较高的存货，以实施控制测试为主
   D. 对于单位价值较高的存货，以实施实质性程序为主

5. 乙公司的会计记录显示，12月份某类存货销售量激增，导致该类存货库存数量下降为零。注册会计师对该类存货采取下列措施，难以发现可能存在虚假销售的是( )。
   A. 计算该类存货12月份的毛利率，并与以前月份的毛利率进行比较
   B. 进行销货截止测试
   C. 仍将该类存货纳入监盘范围
   D. 选择12月份大额销售客户寄发询证函

6. 下列有关存货监盘中实施抽盘程序的说法，正确的是( )。
   A. 与存货盘点相关的内部控制运行有效，注册会计师在实施存货监盘程序时，可不进行抽盘

B. 从存货盘点记录中选取项目追查至存货实物,以证实存货盘点记录的完整性

C. 如果存货盘点记录与存货实物存在差异,只需要求被审计单位更正存货盘点记录

D. 尽量将难以盘点或隐蔽性较强的存货纳入抽盘范围

7. 下列有关对存货实施抽盘程序的说法,错误的是(　　)。

A. 抽盘的目的主要是获取有关存货盘点记录准确性和完整性的审计证据

B. 获取管理层完成的存货盘点记录的复印件有助于注册会计师日后实施审计程序,以确定被审计单位的期末存货记录是否准确地反映了存货的实际盘点结果

C. 注册会计师应尽可能让被审计单位了解自己将抽取测试的存货项目,以便提高效率

D. 抽盘时如果发现差异,注册会计师应当查明原因,并及时提请被审计单位更正,以及考虑错误的潜在范围和重大程度,在可能的情况下,扩大检查范围以减少错误的发生

8. 下列有关存货监盘计划的说法,正确的是(　　)。

A. 注册会计师应当根据自己的专业判断和往年的审计经验,编制存货监盘计划

B. 存货监盘程序是实质性程序,不包括控制测试

C. 注册会计师应当根据对被审计单位存货盘点和内部控制的评价结果确定检查存货的范围

D. 注册会计师实施存货监盘程序通常可以确定存货的所有权

9. 如果将与存货相关的内部控制评估为高风险,注册会计师可能(　　)。

A. 扩大与存货相关的内部控制的测试范围

B. 要求被审计单位在期末进行盘点

C. 在期末前后实施存货监盘程序,并测试盘点日至期末发生的存货交易

D. 检查购货、生产、销售的记录和凭证,以确定期末存货余额

10. 如果注册会计师认为存货数量存在舞弊导致重大错报风险,下列做法,通常不能应对该风险的是(　　)。

A. 要求被审计单位在报告期末或邻近期末的时点进行存货盘点

B. 在不预先通知的情况下对特定存放地点的存货实施监盘程序

C. 利用专家的工作对特殊类型的存货实施更严格的检查

D. 扩大与存货相关的内部控制测试的样本规模

11. 下列有关存货监盘目的的说法,错误的是(　　)。

A. 存货监盘可以获取存货完整性认定及准确性、计价和分摊认定的部分证据

B. 存货监盘本身并不足以供注册会计师确定存货的所有权,注册会计师可能需要

执行其他实质性程序以应对权利和义务认定的相关风险

C. 存货监盘针对的主要是存货的存在认定和完整性认定

D. 存货监盘针对的主要是存货的存在认定

12. 下列各项，注册会计师在制订存货监盘计划时不需要考虑的是（   ）。

   A. 存货盘点的时间安排　　　　　　B. 被审计单位是否一贯采用永续盘存制

   C. 是否利用内部审计的工作　　　　D. 存货的存放地点

13. 下列有关存货审计的说法，正确的是（   ）。

   A. 存货监盘是证实存货完整性认定、权利和义务认定的重要程序

   B. 针对难以盘点的存货，注册会计师应当根据被审计单位存货收发制度确认期末存货数量

   C. 存货计价审计的样本应着重选择余额较小且价格变动不大的存货项目

   D. 存货截止测试的主要方法是抽查存货盘点日前后的购货发票与验收报告，确定每张发票均附有验收报告

14. 下列有关存货监盘事项的处理，错误的是（   ）。

   A. 如果某类存货已作质押，注册会计师可以向债权人函证与被质押存货相关的内容

   B. 如果存在受托代加工原材料存货，注册会计师应当检查该部分存货是否单独存放

   C. 如果某类存放在第三方的存货因性质特殊无法实施监盘程序，注册会计师可以向保管存货的第三方函证

   D. 如果被审计单位相关人员完成了某类存货盘点，注册会计师应当前往存货存放地点对已盘点存货实施检查程序

15. 下列针对天气原因导致注册会计师无法在存货盘点现场实施监盘程序的应对措施，正确的是（   ）。

   A. 评价被审计单位有关存货盘点的内部控制，判断是否信赖被审计单位的存货盘点结果

   B. 实施替代程序，如果替代程序无法获取有关存货存在和状况的充分、适当的审计证据，则考虑是否发表非无保留意见

   C. 另择日期进行监盘，并对间隔期内的交易实施审计程序

   D. 在审计报告中说明审计范围因不可预见的情况受到限制

16. 下列有关存货监盘的说法，错误的是（   ）。

   A. 对所有权不属于被审计单位的存货，注册会计师在监盘过程中无须开展工作

   B. 注册会计师需要在监盘时获取盘点日前最后的出、入库单据编号，用于执行截

止测试

C. 如果存货在盘点过程中未停止移动，注册会计师需要观察被审计单位有关存货移动的控制程序是否得到执行

D. 在监盘过程中，注册会计师需要将所有过时、毁损或陈旧存货的详细情况记录下来，为测试存货跌价准备提供证据

17. 注册会计师在检查乙公司的存货时，注意到某些存货项目实际盘点的数量大于永续盘存记录中的数量。假定不考虑其他因素，下列各项，最可能导致这种情况的是(　　)。

A. 供应商向乙公司提供购货折扣

B. 乙公司向客户提供销售折扣

C. 乙公司已将购买的存货退给供应商

D. 客户已将购买的存货退给乙公司

18. 某注册会计师审计一畜牧业企业，对于存货中移动的牲畜，该注册会计师应实施的最适当的审计程序是(　　)。

A. 用精确的磅秤进行测量，留意测量过程中磅秤的移动情况

B. 采用浸泡、敲击、烘烤等方法辨别真伪、鉴定质量

C. 选择样品进行化验与分析，或利用专家的工作结果

D. 通过高空摄影进行测量，运用几何计算进行估计

19. 下列有关期末存货的监盘程序，与测试存货盘点记录的完整性不相关的是(　　)。

A. 从存货盘点记录中选取项目追查至存货实物

B. 从存货实物中选取项目追查至存货盘点记录

C. 在存货盘点过程中关注存货的移动情况

D. 在存货盘点结束前再次观察盘点现场

20. （2015 年注会）下列有关存货监盘的说法，正确的是(　　)。

A. 注册会计师在进行存货监盘过程中不应协助被审计单位的盘点工作

B. 注册会计师进行存货监盘通常可以确定存货的所有权

C. 因出现不可预见的情况而无法在预定日期进行存货监盘，注册会计师可以实施替代程序

D. 注册会计师主要采用观察程序进行存货监盘

21. 假定 M 公司 2019 年度生产销售甲、乙两种产品，年初、年末除产成品库存外，无其他存货，发出存货采用先进先出法核算。M 公司存货跌价准备年初、年末账户余额均为 1 300 万元，2019 年年末做存货跌价准备的转销和转回。甲、乙两种产品的详细资

料如下：

（1）甲产品年初库存 1 000 件，单位成本为 2 万元，单位产品可变现净值为 1.5 万元；本年生产甲产品 2 000 件，单位成本为 1.8 万元，本年销售 1 500 件，甲产品年末单位可变现净值为 1.7 万元。

（2）乙产品年初库存 800 件，单位成本为 5 万元，单位产品可变现净值为 4 万元；本年生产乙产品 2 000 件，单位成本为 4.5 万元，本年销售 300 件，乙产品年末单位可变现净值为 5.5 万元。

在对存货跌价准备进行测试后，注册会计师应提出的审计调整建议是（　　）。

A．存货跌价准备转销 800 万元，转回 500 万元

B．存货跌价准备转销 500 万元，转回 800 万元

C．存货跌价准备转销 800 万元，转回 500 万元，提取 150 万元

D．存货跌价准备转销 500 万元，转回 800 万元，提取 150 万元

（二）多项选择题

1．生产与存货循环涉及的主要业务活动包括（　　）。

A．计划和安排生产　　　　　B．发出原材料

C．生产产品　　　　　　　　D．储存产成品

E．发出产成品

2．下列有关存货的具体审计目标，是基于被审计单位管理层"计价和分摊"认定推论得出的有（　　）。

A．当期计提的存货跌价准备正确　　B．存货的入账成本正确

C．期末所有存货均存在　　　　　　D．期末所有存货均已登记入账

E．被质押的存货均以附注形式披露

3．注册会计师对某公司 2022 年度财务报表进行审计时，实施存货截止测试程序可能查明（　　）。

A．少计 2022 年度的存货和应付账款

B．多计 2022 年度的存货和应付账款

C．虚增 2022 年度的利润

D．虚减 2022 年度的利润

4．下列存货审计程序，属于实质性程序的有（　　）。

A．了解存货的内部控制制度　　　　B．审查存货的入库制度

C．存货的实地监盘　　　　　　　　D．对存货进行计价测试

E．对存货进行截止测试

5．对于舞弊导致的重大错报风险，下列审计程序，注册会计师认为通常可以提高

审计程序不可预见性的有( )。

  A. 在事先不通知被审计单位的情况下,选择以前未曾到过的存货存放地点实施监盘程序

  B. 运用不同的抽样方法选择需要检查的存货

  C. 向以前审计过程中接触不多的被审计单位员工询问存货采购和销售情况

  D. 在存货监盘时对大额存货进行抽盘

6. 下列有关存货监盘程序的叙述,正确的有( )。

  A. 存货监盘程序包括控制测试与实质性程序两种

  B. 存货监盘过程中可以运用观察与检查程序

  C. 在存货监盘过程中,注册会计师应当获取存货出、入库及内部转移截止信息

  D. 存货监盘程序可以查证存货的存在、完整性和权利与义务的认定

  E. 如果因出现不可预见的因素而无法在预定日期实施存货监盘程序,注册会计师应当考虑能否实施替代程序

7. 注册会计师对被审计单位存货监盘时,应特别关注的问题有( )。

  A. 注册会计师应当特别关注存货的移动情况,防止遗漏或重复盘点

  B. 注册会计师应当特别关注存货的状况,观察被审计单位是否已经恰当地区分了所有毁损、陈旧、过时及残次的存货

  C. 注册会计师应当获取盘点日前后存货收发及移动的凭证,检查库存记录与会计记录期末截止日期是否正确

  D. 注册会计师应当对存货的计价进行审计

  E. 在存货监盘过程中,注册会计师应当获取存货验收入库、装运出库、内部转移截止等信息,以便将来追查至被审计单位的会计记录

8. (2021年注会)下列审计程序,注册会计师在被审计单位存货盘点现场监盘时应当实施的有( )。

  A. 评价管理层用以记录与控制存货盘点结果的指令和程序

  B. 观察管理层制定的存货盘点程序的执行情况

  C. 检查存货

  D. 执行抽盘

9. 在存货盘点现场监盘时,注册会计师应当评价管理层用以记录与控制存货盘点结果的指令和程序。下列事项,属于注册会计师应当评价的指令和程序的有( )。

  A. 收集已使用的存货盘点记录,清点未使用的存货盘点表单,实施盘点和复盘程序

  B. 准确认定在产品的完工程度

C. 在适用的情况下用于估计存货数量的方法

D. 准确认定过时或毁损的存货项目

10. 下列有关存货监盘的说法，错误的有(　　)。

A. 对存货进行监盘是一项公认的审计程序，注册会计师通常应该实施这项程序

B. 存货监盘中，注册会计师应该亲临现场实地参与盘点

C. 一般来讲，注册会计师不需要再抽查已盘点的存货

D. 为了达到比较好的效果，存货监盘应做好盘点前的计划工作、盘点过程中的监督工作及盘点结束后的记录工作

E. 如果出现无法实施存货监盘程序的特殊情况，注册会计师可以因审计证据不足而拒绝发表审计意见

11. 注册会计师在获取完整的存货存放地点清单的基础上，根据具体情况下的风险评估结果，可以考虑执行的审计程序包括(　　)。

A. 检查被审计单位存货的出、入库单，关注是否存在被审计单位尚未告知注册会计师的仓库

B. 询问被审计单位除管理层和财务部门以外的其他人员，如营销人员、仓库人员等，以了解有关存货存放地点的情况

C. 检查费用支出明细账和租赁合同，关注被审计单位是否租赁仓库并支付租金，如果有，该仓库是否已包括在被审计单位提供的仓库清单中

D. 比较被审计单位不同时期的存货存放地点清单，关注仓库变动情况，以确定是否存在因仓库变动而未将存货纳入盘点范围的情况发生

12. 下列有关存货监盘地点的职业判断，不正确的有(　　)。

A. 如果存货存放在多个地点，注册会计师可以要求被审计单位提供一份完整的存货存放地点清单，第三方代被审计单位保管存货的仓库除外

B. 如果存货存放在多个地点，注册会计师可以要求被审计单位提供一份完整的存货存放地点清单，租赁的仓库除外

C. 如果存货存放在多个地点，注册会计师可以要求被审计单位提供一份完整的存货存放地点清单，并考虑其完整性

D. 如果存货存放在多个地点，注册会计师可以要求被审计单位提供一份完整的存货存放地点清单，期末存货数量为零的仓库除外

13. 注册会计师在制订存货监盘计划前应进行的相关工作包括(　　)。

A. 了解存货的内容、性质及各存货项目的重要程度、存放场所

B. 了解存货会计系统及其相关的内部控制

C. 评估与存货相关的固有风险、控制风险和检查风险及其重要性

D. 查阅以前年度的存货监盘工作底稿

14. 对于存货盘点计划，注册会计师与被审计单位管理层讨论的主要内容包括（   ）。

   A. 存货盘点的时间安排

   B. 存货收发截止的控制及盘点期间存货移动的控制

   C. 存货监盘的替代程序

   D. 存货盘点结果的汇总及盘盈或盘亏的分析、调查与处理

   E. 存货的计量工具与方法

15. 下列有关确定存货盘点范围的说法，正确的有（   ）。

   A. 对于所有权不属于被审计单位的存货，应当取得其规格、数量等有关资料，确定是否已单独存放、标明，且未被纳入盘点范围

   B. 对于被审计单位未纳入盘点范围的存货，注册会计师应当直接实施替代审计程序

   C. 在被审计单位盘点存货前，注册会计师应当观察盘点现场，确定应纳入盘点范围的存货是否已经适当整理和排列，并附有盘点标识，防止遗漏或重复盘点

   D. 即使在被审计单位声明不存在受托代存存货的情形下，注册会计师也应当关注是否存在某些存货不属于被审计单位的迹象，以避免盘点范围不当

16. 在存货盘点结束前，注册会计师应当开展的工作包括（   ）。

   A. 再次观察盘点现场，确定所有应纳入盘点范围的存货均已纳入

   B. 取得并检查已填用、作废及未使用盘点表单的号码记录，确定其是否连续编号

   C. 查明已发放的表单是否均已收回

   D. 将盘点表单的记录与存货盘点的汇总记录进行核对

17. 下列内容，注册会计师在对期末存货进行截止测试时应当关注的有（   ）。

   A. 所有在截止日以前入库的存货项目是否均未包括在盘点范围内，且未包括在截止日的存货账面余额中

   B. 所有在截止日以前装运出库的存货项目是否均未包括在盘点范围内，且未包括在截止日的存货账面余额中

   C. 在途存货和被审计单位直接向顾客发运的存货是否均未得到适当的会计处理

   D. 所有已记录为购货但尚未入库的存货是否均已包括在盘点范围内，并已反映在会计记录中

   E. 在途存货和被审计单位直接向顾客发运的存货是否均已得到适当的会计处理

18. 在考虑被审计单位委托其他单位保管的存货时，注册会计师的做法恰当的有（   ）。

A. 实施监盘程序

B. 对于存放在外单位的存货，通常需要向该单位获取受托代管存货的书面确认函

C. 视作审计范围受到限制，考虑对审计报告的影响

D. 向存货的保管人函证

19. 针对由第三方保管或控制的存货，如果存货是重要的，注册会计师可以实施的审计程序有（　　）。

A. 向持有被审计单位存货的第三方函证存货的数量和状况

B. 如果可行，安排其他注册会计师对第三方存货实施监盘程序

C. 检查与第三方持有的存货相关的文件记录

D. 当存货被作为抵押品时，要求其他机构或人员进行确认

（三）论述题

1. 生产与存货循环的主要业务活动及内部控制要点有哪些？

2. 简述存货监盘的程序。

3. 制订存货监盘计划需要考虑哪些事项？

4. 如果存货的性质或位置等导致无法实施存货监盘程序，注册会计师可实施的替代审计程序有哪些？

5. 确认存放在公共仓库或由外部代理方持有的重大数量的存货，需要实施什么审计程序？

（四）综合业务题

1. A 注册会计师负责对首次接受委托的审计客户甲公司 2022 年度财务报表进行审计，甲公司主要从事小型电子产品的制造和销售。审计项目组实施存货监盘程序的部分事项如下：

（1）审计项目组向管理层取得所有权不属于甲公司的存货的有关资料，与相关的协议核对规格、数量等情况，并向存货的所有方函证。审计项目组对函证结果表示满意，认为无须针对这部分存货实施其他审计程序。

（2）针对电子产品科技含量高、技术进步快的特点，审计项目组拟在设计和实施监盘程序时特别侧重存货的所有权认定。

（3）在存货盘点现场监盘时，审计项目组关注所有已确认为销售但尚未装运出库的商品是否均未包括在盘点范围内，且未包括在截止日的存货账面余额中。

（4）A 注册会计师针对抽盘过程中发现的 2 个样本项目存在的盘点错误，要求甲公司在盘点记录中进行了更正。A 注册会计师对抽盘结果表示满意，不再实施其他审计程序。

（5）因出现大雪天气，审计项目组成员未能按计划在 2022 年 12 月 31 日到达某重要存放地点实施监盘程序。经与管理层协商，改在 2023 年 1 月 3 日实施监盘程序，并对资产负债表日至盘点日之间的存货变动情况实施审计程序。

要求：

（1）根据审计准则的要求，指出 A 注册会计师针对存货期初余额应当实施哪些审计程序。

（2）假定事项（1）至（5）均为独立事项，指出审计项目组的做法是否恰当。若不恰当，请简述理由或改进建议。

2. （2020 年注会）制造业企业甲公司是 ABC 会计师事务所的常年审计客户。A 注册会计师负责审计甲公司 2019 年度财务报表。与存货审计相关的部分事项如下：

（1）在测试 2019 年度营业成本时，A 注册会计师检查了成本核算系统中结转营业成本的设置，并检查了财务经理对营业成本计算表的复核审批记录，结果满意，据此认可了甲公司 2019 年度的营业成本。

（2）A 注册会计师取得了甲公司 2019 年年末存货跌价准备明细表，测试了明细表中的存货数量、单位成本和可变现净值，检查了明细表的计算准确性，结果满意，据此认可了年末的存货跌价准备。

（3）甲公司对生产工人采用计件工资制。在对直接人工成本实施实质性分析程序时，A 注册会计师取得了生产部门提供的产量统计报告和人事部门提供的计件工资标准，评价了相关信息的可靠性，据此计算了直接人工成本的预期值。

（4）A 注册会计师于 2019 年 12 月 31 日对甲公司的存货盘点实施了监盘程序。因人手不足，管理层和 A 注册会计师分别执行了其中的 8 个和 2 个仓库的盘点。在管理层完成 8 个仓库的盘点后，A 注册会计师取得了管理层编制的盘点表，从中选取项目执行了抽盘，结果满意，据此认可了盘点结果。

（5）甲公司年末存放于第三方仓库的原材料金额重大。A 注册会计师向第三方仓库函证了这些原材料的名称、规格和数量，并测试了其单价，结果满意，据此认可了这些原材料的年末账面价值。

要求：针对上述（1）至（5）项，逐项指出 A 注册会计师的做法是否恰当。如不恰当，请简要说明理由。

3.（2017年注会）ABC会计师事务所的A注册会计师负责审计甲公司2016年度财务报表。与存货审计相关的部分事项如下：

（1）甲公司的存货存在特别风险。A注册会计师在了解了相关内部控制后，未测试内部控制运行的有效性，直接实施了细节测试。

（2）2016年12月25日，A注册会计师对存货实施了监盘程序，结果满意。因年末存货余额与盘点日余额差异较小，A注册会计师根据监盘结果认可了年末存货数量。

（3）在执行抽盘程序时，A注册会计师从存货盘点记录中选取项目追查至存货实物，从存货实物中选取项目追查至盘点记录，以获取有关盘点记录准确性和完整性的审计证据。

（4）A注册会计师向乙公司函证由其保管的甲公司存货的数量和状况，收到的传真件回函显示数量一致，状况良好，A 注册会计师据此认可了回函结果。

（5）A 注册会计师获取了甲公司的存货货龄分析表，考虑了生产部门和仓储部门上报的存货毁损情况及存货监盘中对存货状况的检查情况，认为甲公司财务人员编制的存货可变现净值计算表中计提跌价准备的项目不存在遗漏。

要求：针对上述（1）至（5）项，逐项指出 A 注册会计师的做法是否恰当。如不恰当，请简要说明理由。

四、强化练习题参考答案

（一）单项选择题

1. C 2. B 3. D 4. C 5. A 6. D 7. C 8. C 9. B
10. D 11. C 12. C 13. D 14. D 15. C 16. A 17. D 18. D
19. A 20. A 21. C

（二）多项选择题

1. ABCDE 2. AB 3. ABCD 4. CDE 5. ABC 6. ABCDE
7. ABCE 8. ABCD 9. ABCD 10. BCE 11. ABCD 12. ABD

13. ABCD　14. ABDE　15. ACD　16. ABCD　17. BDE　18. ABD
19. ABCD

(三) 论述题

1.【答案】（1）产品采购入库：本部分详见采购与付款流程。

（2）产品销售出库：本部分详见销售与收款流程。

（3）产品成本核算。

① 产成品成本的结转。每月末，财务会计根据业务系统中状态为"已出库"的订单数量，编制销售成本结转凭证，结转相应的销售成本，经财务经理审核批准后进行账务处理。

② 成本分析。每月末，业务系统自动生成营业成本及毛利分析报告，列示每笔订单的毛利率，财务经理分别从销售价格、单位成本等方面进行综合分析，提交销售经理和总经理审阅。对于重大亏损订单，总经理将视亏损原因，要求销售经理进行调查。

（4）存货日常管理。

① 存货盘点。仓库分别于每月末、每季末和年度终了对存货进行盘点，财务部门对盘点结果进行复盘。仓库管理员编写存货盘点明细表，对发现的差异及时进行处理，经采购经理、仓储经理、财务经理复核后调整入账。

② 存货跌价。业务系统设有存货库龄分析功能，对库龄超过一年的存货进行提示。在盘点时，盘点人员应关注是否存在计提存货跌价准备的迹象。如果出现存货毁损、陈旧、过时及残次的情况，仓库管理员应编制不良存货明细表，经仓储经理复核后，提交采购经理分析评估该等存货的可变现净值，如需要计提存货跌价准备，由财务会计编制存货价值调整建议，经财务经理复核后进行账务处理。

2.【答案】（1）评价管理层用以记录与控制存货盘点结果的指令和程序。

（2）观察管理层制定的存货盘点程序的执行情况。

（3）检查存货。

（4）执行抽盘。

3.【答案】（1）与存货相关的重大错报风险。存货通常具有较高水平的重大错报风险，影响重大错报风险的因素具体包括：存货的数量和种类、成本归集的难易程度、陈旧过时的速度或易损坏程度、失窃的难易程度。由于制造过程和成本归集制度的差异，制造企业的存货与其他企业的存货相比往往具有更高的重大错报风险，对于注册会计师的审计工作而言则更具复杂性。外部因素也会对重大错报风险产生影响。例如，技术进步可能导致某些产品过时，从而导致存货价值容易发生高估。

（2）与存货相关的内部控制的性质。在制订存货监盘计划时，注册会计师应当了解被审计单位与存货相关的内部控制，并根据内部控制的完善程度确定进一步审计程序的性质、时间安排和范围。与存货相关的内部控制涉及被审计单位供、产、销各个环节，包括采购、验收、仓储、领用、加工、装运出库等方面。

（3）对存货盘点是否制定了适当的程序，并下达了正确的指令。注册会计师一般需要复核或与管理层讨论其存货盘点程序。在复核或与管理层讨论其存货盘点程序时，注册会计师应当考虑下列主要因素，以评价其能否合理地确定存货的数量和状况：存货盘点的时间安排；存货盘点范围和场所的确定；盘点人员的分工及胜任能力；盘点前的会议及任务布置；存货的整理和排列，对毁损、陈旧、过时、残次及所有权不属于被审计单位的存货的区分；存货的计量工具和方法；在产品完工程度的确定方法；存放在外单位的存货的盘点安排；存货收发截止的控制；盘点期间存货移动的控制；盘点表单的设计、使用与控制；盘点结果的汇总，以及盘盈或盘亏的分析、调查与处理。如果认为被审计单位的存货盘点程序存在缺陷，注册会计师应当提请被审计单位调整。

（4）存货盘点的时间安排。如果存货盘点在财务报表日以外的其他日期进行，注册会计师除了实施存货监盘相关审计程序外，还应当实施其他审计程序，以获取审计证据，确定存货盘点日与财务报表日之间的存货变动是否已得到恰当的记录。

（5）存货的盘存制度。存货数量的盘存制度一般分为实地盘存制和永续盘存制。存货盘存制度不同，注册会计师需要做出的存货监盘安排也不同。如果被审计单位通过实地盘存制确定存货数量，则注册会计师必须参加此种盘点。如果被审计单位采用永续盘存制，注册会计师应在年度中一次或多次参加盘点。

（6）存货的存放地点（包括不同存放地点的存货的重要性和重大错报风险），并以此确定适当的监盘地点。如果被审计单位的存货存放在多个地点，注册会计师可以要求被审计单位提供一份完整的存货存放地点清单（包括期末库存量为零的仓库、租赁的仓库、第三方代被审计单位保管存货的仓库等），并考虑其完整性。同时，在连续审计中，注册会计师可以考虑在不同期间的审计中变更所选择实施监盘程序的地点。

（7）是否需要专家协助。注册会计师可能不具备其他专业领域的专长与技能，在确定资产数量或资产实物状况，或在收集特殊类别存货（如艺术品、稀有玉石、房地产等）的审计证据时，注册会计师可以考虑利用专家的工作。

4.【答案】 如果存货的性质或位置等导致无法实施存货监盘程序，注册会计师应当考虑能否实施替代审计程序，获取有关期末存货数量和状况的充分、适当的审计证据。注册会计师可实施的替代审计程序主要包括：

（1）检查进货交易凭证或生产记录及其他相关资料。

（2）检查资产负债表日后发生的销货交易凭证。

（3）向顾客或供应商函证。

5.【答案】 对于存放在公共仓库或由外部代理方持有的重大数量的存货，注册会计师应当实施监盘程序,将其纳入监盘范围。但监盘方式可以选择,如委托当地会计师事务所负责监盘抽点或本会计师事务所注册会计师亲自前往监盘,如存货量不大,也可以向公共仓库或外部代理方函证或采用其他替代审计程序予以确认。

(四)综合业务题

1.【答案】(1) A 注册会计师针对存货期初余额应当实施的审计程序有:① 查阅前任注册会计师的工作底稿;② 复核上期存货盘点记录及文件;③ 检查上期存货交易记录;④ 运用毛利百分比法等进行分析。

(2) 事项(1)不恰当。审计项目组还应当观察这些存货的实际存放情况,确定是否已单独存放、标明,且未被纳入盘点范围。

事项(2)不恰当。技术进步可能导致电子产品过时,从而导致存货价值更容易发生高估。审计项目组应侧重存货过时和陈旧设计和实施监盘程序。

事项(3)恰当。

事项(4)不恰当。抽盘过程中发现错误很可能意味着甲公司的盘点中还存在其他错误。审计项目组应当查明原因,并考虑潜在错误的范围和重大程度。

事项(5)恰当。

2.【答案】(1)不恰当。制造业企业的营业成本通常涉及重大类别交易,注册会计师应当实施实质性程序。

(2)不恰当。注册会计师应当测试存货跌价准备明细表的完整性但未测试。

(3)恰当。

(4)不恰当。注册会计师不能代行管理层的盘点职责。注册会计师未在现场观察管理层的盘点。

(5)不恰当。注册会计师没有就第三方保管的原材料状况获取审计证据。

3.【答案】(1)恰当。

(2)不恰当。注册会计师应当测试盘点日与资产负债表日之间存货的变动是否已得到恰当记录。

(3)恰当。

(4)不恰当。注册会计师应当验证传真件回函的可靠性。

(5)不恰当。注册会计师还需要测试存货货龄分析表的准确性。

第十二章 货币资金的审计

▶▶ 一、本章学习目标

（1）熟练掌握货币资金的主要业务活动（凭证、会计记录）及内部控制。
（2）了解货币资金可能发生错报的环节及重大错报风险。
（3）熟练掌握货币资金的内部控制测试。
（4）熟练掌握库存现金、银行存款及其他货币资金的实质性程序。

▶▶ 二、本章重点与难点

1. 货币资金的主要业务活动

货币资金业务主要包括企业的库存现金、银行存款及其他货币资金的收入与支出。货币资金业务和销售与收款业务、采购与付款业务、生产与储存业务、筹资与投资业务密切相关。企业首先在筹资业务中收到货币资金，然后在投资业务、采购业务、生产业务中支出货币资金，最后通过销售业务收回货币资金。货币资金业务与各业务循环的关系如图 12-1 所示。

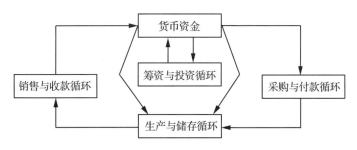

图 12-1　货币资金业务与各业务循环的关系

2. 货币资金的内部控制

（1）岗位分工及授权批准。

① 单位应当建立货币资金业务的岗位责任制，明确相关部门和岗位的职责权限，确保办理货币资金业务的不相容岗位相互分离、制约和监督。出纳人员不得兼任稽核、会计档案保管及收入、支出、费用、债权债务账目的登记工作。企业不得由一人办理货币资金业务的全过程。

② 单位应当对货币资金业务建立严格的授权批准制度，明确审批人对货币资金业务的授权批准方式、权限、程序、责任和相关控制措施，规定经办人办理货币资金业务的职责范围和工作要求。对于审批人超越授权范围审批的货币资金业务，经办人有权拒绝办理，并及时向审批人的上级授权部门报告。

③ 单位应当按照规定的程序办理货币资金支付业务。程序：支付申请—支付审批—支付复核—办理支付。

④ 单位对于重要货币资金支付业务应当实行集体决策和审批并建立责任追究制度。

⑤ 严禁未经授权的机构或人员办理货币资金业务或直接接触货币资金。

（2）库存现金和银行存款的管理。

① 超过库存限额的现金应及时存入银行。

② 不属于现金开支范围的业务应通过银行办理转账结算。

③ 单位不得坐支现金收入。

④ 货币资金收入必须及时入账。

⑤ 单位应当严格按照规定开立银行账户，办理存款、取款和结算。

⑥ 单位不准签发空头支票，不准签发、取得和转让没有真实交易和债权债务的票据。

⑦ 单位应当指定专人定期核对银行账户，每月至少核对一次，编制银行存款余额调节表，使银行存款账面余额与银行对账单调节相符。

⑧ 单位应当定期和不定期地进行现金盘点。

（3）票据及有关印章的管理。

① 单位应当专设登记簿进行记录，防止空白票据的遗失和被盗用。

② 财务专用章应由专人保管，个人名章必须由本人或其授权人员保管。严禁一人保管支付款项所需的全部印章。

3. 货币资金的内部控制测试

货币资金内部控制测试的部分程序与库存现金和银行存款审计的实质性程序相近，如日记账与总账核对、检查银行存款余额调节表、检查外币资金的折算等，但应注意二者的目的是不同的。在内部控制测试中执行上述程序，是为了检查账账核对、定期编制银行存款余额调节表等内部控制制度的执行情况，以及外币折算方法的合法性和一贯性；而在实质性程序中执行这些程序，则是为了检查相关内部控制下所产生的会计信息的合法性和公允性，如账账是否相符、银行存款余额调节表中未达账项的真实性、外币业务折算的正确性等。

4. **库存现金的实质性程序**

（1）核对库存现金日记账与总账的金额是否相符，检查非记账本位币库存现金的折算汇率及折算金额是否正确。

（2）监盘库存现金。

（3）抽查大额库存现金收支。

（4）检查库存现金是否在财务报表中做出恰当列报。

5. **银行存款的实质性程序**

（1）获取银行存款余额明细表，复核加计是否正确，并与总账数和日记账合计数核对是否相符，检查非记账本位币银行存款的折算汇率及折算金额是否正确。

（2）实施实质性分析程序。

（3）检查银行存款账户发生额。

（4）取得并检查银行对账单和银行存款余额调节表。

（5）函证银行存款余额，编制银行函证结果汇总表，检查银行回函。

（6）检查银行存款账户存款人是否为被审计单位，若存款人不是被审计单位，应获取该账户户主和被审计单位的书面声明，确认资产负债表日是否需要提请被审计单位进行调整。

（7）关注是否存在质押、冻结等对变现有限制或存在境外的款项。如果存在，是否已提请被审计单位做必要的调整和披露。

（8）对于不符合现金及现金等价物条件的银行存款，在审计工作底稿中予以列明，以考虑对现金流量表的影响。

（9）抽查大额银行存款收支的原始凭证，检查原始凭证是否齐全、记账凭证与原始凭证是否相符、账务处理是否正确、是否记录于恰当的会计期间等项内容。检查是否存在非营业目的的大额货币资金转移，并核对相关账户的进账情况；如有与被审计单位生产经营无关的收支事项，应查明原因并做相应的记录。

（10）检查银行存款收支的截止是否正确。

（11）检查银行存款是否在财务报表中做出恰当列报。

三、本章强化练习题

(一) 单项选择题

1. 货币资金的审计范围不包括(　　)。
   A. 企业有关货币资金的内部控制制度的健全性及有效性
   B. 证实货币资金收入与支出活动的合规性、合法性的凭证、账簿和报表资料
   C. 证实货币资金余额的真实性、正确性的凭证、账簿和报表资料
   D. 测试货币资金的流动性和收益性

2. 尽管库存现金在企业资产总额中所占的比重不大,但注册会计师应当重视库存现金审计,其原因是(　　)。
   A. 货币资金是企业资金运作的起点和终点
   B. 企业发生的舞弊事件大多与现金有关
   C. 现金在企业运转中的地位重要
   D. 现金是企业的一项重要资产

3. 下列有关银行存款的说法,错误的是(　　)。
   A. 银行存款是指企业存放在银行或其他金融机构的货币资金
   B. 凡是独立核算的企业都必须在当地银行开设账户
   C. 企业在银行开设账户以后,除了按核定的限额保留库存现金外,超过限额的部分也可自主决定是否存入银行
   D. 企业在经营过程中发生的货币资金收支业务,绝大部分都必须通过银行存款账户进行结算

4. 企业规定现金收入应于每日存入银行的主要目的是(　　)。
   A. 确保交易经适当批准　　　　　B. 确保交易按授权进行
   C. 保护资产安全　　　　　　　　D. 确保现金及收入记录完整

5. 在对库存现金进行盘点时,时间最好选择上午上班前或下午下班时,这样主要是为了便于证实(　　)认定。
   A. 完整性　　　　　　　　　　　B. 计价和分摊
   C. 存在　　　　　　　　　　　　D. 权利和义务

6. 下列情形,不违背货币资金不相容岗位相互分离控制原则的是(　　)。
   A. 由出纳人员兼任稽核工作
   B. 由出纳人员保管签发支票所需的全部印章
   C. 由出纳人员兼任应收账款总账和明细账的登记工作

D. 由出纳人员兼任固定资产明细账的登记工作

7. 办理货币资金支付业务的程序是(　　)。

A. 支付申请、支付审批、办理支付、支付审核

B. 支付申请、支付审批、支付复核、办理支付

C. 支付申请、支付复核、支付审批、办理支付

D. 支付申请、办理支付、支付复核、支付审批

8. 监盘库存现金时,(　　)是监盘人。

A. 注册会计师　　　　　　　　　B. 出纳

C. 被审计单位负责人　　　　　　D. 被审计单位会计主管

9. 注册会计师实施的下列程序,属于控制测试程序的是(　　)。

A. 取得银行存款余额调节表并检查未达账项的真实性

B. 检查银行存款收支的正确截止

C. 检查是否定期取得银行对账单并编制银行存款余额调节表

D. 函证银行存款余额

10. 为了证实银行对账单、银行存款日记账、银行存款总账记录的正确性,注册会计师应抽取审查一定期间的(　　)。

A. 内部控制流程图　　　　　　　B. 收款凭证

C. 付款凭证　　　　　　　　　　D. 银行存款余额调节表

11. 注册会计师测试库存现金余额的起点是(　　)。

A. 核对库存现金日记账与总账的余额是否相符

B. 检查库存现金的实地盘点

C. 抽查大额现金收支事项

D. 检查现金收支的正确截止

12. 注册会计师监盘库存现金时,被审计单位必须参加的人员是(　　)。

A. 会计主管人员和内部审计人员　　B. 现金出纳和银行出纳

C. 现金出纳和内部审计人员　　　　D. 现金出纳和会计主管人员

13. 2023年3月5日,A注册会计师对N公司全部库存现金进行监盘后,确认实有库存现金数额为1 000元。N公司3月4日库存现金账面余额为2 000元,3月5日发生的现金收支全部未登记入账,其中收入金额为3 000元、支出金额为4 000元,2023年1月1日至3月4日现金收入总额为165 200元、现金支出总额为165 500元,由此推断2022年12月31日库存现金余额应为(　　)。

A. 1 300元　　　　　　　　　　B. 2 300元

C. 700元　　　　　　　　　　　D. 2 700元

14. （2012年注会）注册会计师在检查被审计单位2011年12月31日的银行存款余额调节表时，发现下列调节事项，其中有迹象表明性质或范围不合理的是（   ）。

   A. "银行已收、企业未收"项目包含一项2011年12月31日到账的应收账款，被审计单位尚未收到银行的收款通知

   B. "企业已付、银行未付"项目包含一项被审计单位于2011年12月31日提交的转账支付申请，用于支付被审计单位2011年12月的电费

   C. "企业已收、银行未收"项目包含一项2011年12月30日收到的退货款，被审计单位已将供应商提供的支票提交银行

   D. "银行已付、企业未付"项目包含一项2011年11月支付的销售返利，该笔付款已经总经理授权，但由于经办人员未提供相关单据，会计部门尚未入账

15. 针对被审计单位银行账户的完整性认定，注册会计师实施的下列审计程序，可能无法发现被审计单位存在账外账或资金体外循环的是（   ）。

   A. 了解报告期内被审计单位开户银行的数量及分布，与被审计单位实际经营的需要进行比较，判断其合理性，关注是否存在越权开立银行账户的情形

   B. 获取被审计单位已将全部银行存款账户信息提供给注册会计师的书面声明

   C. 要求被审计单位出纳人员到中国人民银行或基本存款账户开户行查询并打印已开立银行结算账户清单，以确认被审计单位账面记录的银行人民币结算账户是否完整

   D. 关注原始单据中被审计单位的收（付）款银行账户是否包含在注册会计师已获取的开立银行账户清单内

16. 函证银行存款余额和审查银行存款余额调节表是证实资产负债表中所列银行存款（   ）的重要程序。

   A. 是否存在   B. 是否完整
   C. 计价是否正确   D. 是否归被审计单位所有

17. N公司某银行账户的银行对账单余额为585 000元，在审查N公司编制的该账户银行存款余额调节表时，A注册会计师注意到以下事项：N公司已收、银行尚未入账的某公司销货款100 000元；N公司已付、银行尚未入账的预付某公司材料款50 000元；银行已收、N公司尚未入账的某公司退回的押金35 000元；银行已代扣、N公司尚未入账的水电费25 000元。假定不考虑审计重要性水平，A注册会计师审计后确认该账户的银行存款日记账余额应是（   ）。

   A. 625 000元   B. 635 000元
   C. 575 000元   D. 595 000元

18. 如果注册会计师已从被审计单位的某开户银行获取了银行对账单和所有已付支

票清单,则该注册会计师( )。

A. 无须再向该银行函证

B. 仍需要向该银行函证

C. 可根据实际需要,确定是否向该银行函证

D. 可根据审计业务约定书的要求,确定是否向该银行函证

19.(2016年注会)下列审计程序,通常不能为定期存款的存在认定提供可靠的审计证据的是( )。

A. 函证定期存款的相关信息

B. 对于未质押的定期存款,检查开户证实书原件

C. 对于已质押的定期存款,检查定期存单复印件

D. 对于在资产负债表日后已到期的定期存款,核对兑付凭证

(二)多项选择题

1. 审计货币资金时涉及的凭证、账簿和报表资料有( )。

A. 进账单、收据、借款单

B. 收款凭证、付款凭证

C. 库存现金日记账和总账、银行存款日记账和总账

D. 库存现金盘点表、银行对账单、银行往来询证函

2. 下列货币资金,注册会计师审计后应当提请被审计单位通过"其他货币资金"科目核算的有( )。

A. 信用证保证金存款   B. 备用金
C. 外埠存款   D. 银行本票存款

3. 下列有关库存现金内部控制的说法,正确的有( )。

A. 他人未经授权不得接近现金   B. 及时将收到的支票送存银行
C. 不得以收抵支   D. 支票的签发和保管应由同一人负责

4. 针对A公司下列与货币资金相关的内部控制,注册会计师应提出的改进建议有( )。

A. 现金收入必须及时存入银行,不得直接用于公司的支出

B. 在办理费用报销的付款手续后,出纳应及时登记库存现金、银行存款日记账和相关费用明细账

C. 指定负责成本核算的会计人员每月核对一次银行存款账户

D. 期末应当核对银行存款日记账余额和银行对账单余额,对于余额核对相符的银行存款账户,无须编制银行存款余额调节表

5. 良好的银行存款内部控制制度应做到( )。

A. 按月编制银行存款余额调节表

B. 加强对银行存款收支业务的内部审计

C. 全部银行存款收支及时准确入账,支出要有核准手续

D. 银行存款收支与记账的岗位分离

6. 良好的库存现金内部控制制度应做到(　　)。

A. 控制现金坐支,当日收入现金应及时送存银行

B. 按月盘点现金,做到账实相符

C. 全部现金收支都要有合理、合法的凭据并及时准确入账,支出要有核准手续

D. 现金收支与记账的岗位分离

7. 下列有关盘点库存现金的说法,正确的有(　　)。

A. 对库存现金进行盘点,应实施突击性的检查

B. 盘点库存现金的时间最好选择中午上班时

C. 盘点库存现金应由注册会计师进行监督

D. 盘点库存现金前,应由出纳将现金集中起来存入保险柜,必要时可加以封存

8. 注册会计师刘丽在审阅助理会计师的库存现金盘点计划表时,发现下列几种处理方法,其中不恰当的有(　　)。

A. 盘点前就盘点时间与被审计单位会计主管沟通,要求其配合好相关的盘点工作

B. 盘点时应有被审计单位出纳和会计主管在场

C. 库存现金监盘表只能由出纳签字,以明确责任

D. 注册会计师应亲自盘点

9. 下列审计程序,属于库存现金、银行存款实质性程序的有(　　)。

A. 监盘库存现金,编制库存现金监盘表

B. 抽取一定期间的库存现金、银行存款日记账与总账核对

C. 抽查是否每月编制银行存款余额调节表

D. 向开户银行函证银行存款余额

10. 下列通过审计程序获取的证据,与银行存款存在认定目标有关的有(　　)。

A. 分析定期存款占银行存款的比例　　B. 检查银行存款余额调节表

C. 函证银行存款余额　　　　　　　　D. 检查银行存款收支的正确截止

11. (2014年注会)被审计单位2013年12月31日的银行存款余额调节表包括一个"企业已付、银行未付"调节项,其内容为以支票支付赊购材料款。下列审计程序,能为该调节项提供审计证据的有(　　)。

A. 检查付款申请单是否经适当批准

B. 就2013年12月31日相关供应商的应付账款余额实施函证程序

C. 检查支票开具日期

D. 检查 2014 年 1 月的银行对账单

12. 下列交易，可以通过调节银行存款来揭示的有（   ）。

A. 12 月 31 日前银行已付的某项支出，被审计单位尚未入账

B. 将资产负债表日后收到的银行存款记入被审计年度

C. 12 月 31 日开出支票但未入账，并要求顾客年后办理转账手续

D. 应付票据已由银行付讫，但被审计单位并未入账

13. 下列情况，注册会计师仍需要函证被审计单位银行存款的有（   ）。

A. 银行存款账户余额为零

B. 信用证保证金存款

C. 注册会计师直接从某一银行取得对账单和所有已付支票清单

D. 外埠存款

14. A 公司编制的 2022 年 12 月末银行存款余额调节表显示存在 12 万元的未达账项，其中包括 A 公司已付而银行未付的材料采购款 10 万元。下列审计程序，能为该材料采购款未达账项的真实性提供审计证据的有（   ）。

A. 检查 2023 年 1 月份的银行对账单

B. 检查相关的采购合同、供应商销售发票和付款审批手续

C. 就 2022 年 12 月末银行存款余额向银行寄发询证函

D. 向相关的原材料供应商寄发询证函

15. 注册会计师寄发的银行询证函（   ）。

A. 是以被审计单位的名义发往开户银行的

B. 属于积极式函证

C. 要求银行直接回函至会计师事务所

D. 包括银行存款和借款余额

16. 注册会计师在实施银行存款的实质性程序后，应编制的审计工作底稿包括（   ）。

A. 银行存款明细表   B. 银行存单检查表

C. 对银行存款余额调节表的检查   D. 货币资金审定表

（三）论述题

1. 简述货币资金的主要业务活动及内部控制要点。

2. 简要分析良好的银行存款内部控制要点。

3. 库存现金如何监盘？

4. 货币资金的审计目标是什么？

（四）综合业务题

1. A 注册会计师负责对常年审计客户甲公司 2019 年度财务报表进行审计，撰写了总体审计策略和具体审计计划，部分内容摘录如下：

（1）初步了解 2019 年度甲公司及其环境未发生重大变化，拟信赖以往审计中对管理层、治理层诚信形成的判断。

（2）因对甲公司内部审计人员的客观性和专业胜任能力存有疑虑，拟不利用内部审计的工作。

（3）如对计划的重要性水平做出修正，拟通过修改计划实施的实质性程序的性质、时间安排和范围来降低重大错报风险。

（4）假定甲公司在收入确认方面存在舞弊风险，拟将销售交易及其认定的重大错报风险评估为高水平，不再了解和评估相关控制的合理性并确定其是否已得到执行，而是直接实施细节测试。

（5）因甲公司于2019年9月关闭某地办事处并注销其银行账户，拟不再函证该银行账户。

（6）因审计工作时间安排紧张，拟不函证应收账款，直接实施替代审计程序。

（7）2019年度甲公司购入股票作为可供出售金融资产核算。除了实施询问程序外，预期无法获取有关管理层持有股票意图的其他充分、适当的审计证据，拟就询问结果获取管理层书面声明。

要求：针对上述事项（1）至（7），逐项指出A注册会计师撰写的计划是否存在不当之处。如有不当之处，请简要说明理由。

2. 注册会计师对某企业银行存款审计时得到下列数据：

（1）2022年12月31日银行存款日记账余额为27 080元，银行对账单余额为26 450元。

（2）经核对，还发现多笔未达账项，经审查，未达账项及金额均准确无误，列示如下：

① 12月29日委托银行收款的3 000元，银行已入账，企业未收到收款通知而未入账。

② 12月30日企业开出一张900元的现金支票，企业已入账，银行未入账。

③ 12月31日银行记录已付公用事业费共计850元，银行已入账，企业未收到付款通知而未入账。

④ 12月31日企业收到一张3 500元的转账支票，企业已入账，银行未入账。

（3）另查明，银行存款日记账将12月20日收到的3 960元的银行存款通知单错记成3 900元入账。

要求：

（1）根据上述情况，代注册会计师编制银行存款余额调节表。

（2）如果银行对账单的余额准确无误，那么编制的银行存款余额调节表中发现的错误金额是多少？

（3）2022年12月31日银行存款日记账余额是否准确？如果不准确，正确的余额是多少？

（4）调节后的银行存款真实余额是多少？

四、强化练习题参考答案

（一）单项选择题

1. D 2. B 3. C 4. C 5. C 6. D 7. B 8. A 9. C
10. D 11. A 12. D 13. B 14. D 15. C 16. A 17. B 18. B
19. C

（二）多项选择题

1. ABCD 2. ACD 3. ABC 4. BD 5. ABCD 6. ABCD
7. ACD 8. ACD 9. AD 10. BCD 11. BCD 12. ABD
13. ABCD 14. ABD 15. ABCD 16. ABCD

（三）论述题

1.【答案】 货币资金业务主要包括企业的库存现金、银行存款及其他货币资金的收入与支出。货币资金业务和销售与收款业务、采购与付款业务、生产与储存业务、筹资与投资业务密切相关。企业首先在筹资业务中收到货币资金，然后在投资业务、采购业务、生产业务中支出货币资金，最后通过销售业务收回货币资金。货币资金业务与各业务循环的关系如下图所示。

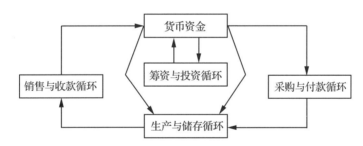

货币资金内部控制要点如下：

（1）岗位分工及授权批准。

① 单位应当建立货币资金业务的岗位责任制，明确相关部门和岗位的职责权限，确保办理货币资金业务的不相容岗位相互分离、制约和监督。出纳人员不得兼任稽核、会计档案保管及收入、支出、费用、债权债务账目的登记工作。企业不得由一人办理货币资金业务的全过程。

② 单位应当对货币资金业务建立严格的授权批准制度，明确审批人对货币资金业务的授权批准方式、权限、程序、责任和相关控制措施，规定经办人办理货币资金业务的职责范围和工作要求。对于审批人超越授权范围审批的货币资金业务，经办人有权拒绝办理，并及时向审批人的上级授权部门报告。

③ 单位应当按照规定的程序办理货币资金支付业务。程序：支付申请—支付审批—支付复核—办理支付。

④ 单位对于重要货币资金支付业务应当实行集体决策和审批并建立责任追究制度。

⑤ 严禁未经授权的机构或人员办理货币资金业务或直接接触货币资金。

(2) 库存现金和银行存款的管理。

① 超过库存限额的现金应及时存入银行。

② 不属于现金开支范围的业务应通过银行办理转账结算。

③ 单位不得坐支现金收入。

④ 货币资金收入必须及时入账。

⑤ 单位应当严格按照规定开立银行账户，办理存款、取款和结算。

⑥ 单位不准签发空头支票，不准签发、取得和转让没有真实交易和债权债务的票据。

⑦ 单位应当指定专人定期核对银行账户，每月至少核对一次，编制银行存款余额调节表，使银行存款账面余额与银行对账单调节相符。

⑧ 单位应当定期和不定期地进行现金盘点。

(3) 票据及有关印章的管理。

① 单位应当专设登记簿进行记录，防止空白票据的遗失和被盗用。

② 财务专用章应由专人保管，个人名章必须由本人或其授权人员保管。严禁一人保管支付款项所需的全部印章。

2.【答案】 一般而言，良好的银行存款内部控制同良好的库存现金内部控制类似，应做到以下几点：

(1) 银行存款收支与记账的岗位分离。

(2) 银行存款收支要有合理、合法的凭据。

(3) 全部银行存款收支及时准确入账，全部银行存款支出要有核准手续。

(4) 按月编制银行存款余额调节表，以做到账实相符。

(5) 加强对银行存款收支业务的内部审计。按照我国现金管理的有关规定，超过规定限额的现金支出一律使用支票。因此，企业应建立相应的支票申领制度，明确申领范围、申领批准程序及支票签发程序、支票报销程序等。对于支票报销和现金报销，企业应建立报销制度。报销人员报销时应当有正常的报销手续、恰当的付款凭据，有关采购支出还应有验收手续。会计部门应对报销单据加以审核，出纳见到加盖核准戳记的支出凭证后方可付款。付款应及时登记入账，相关凭证应按顺序或内容编制并作为会计记录的附件。

注册会计师应当注意的内容包括：

（1）银行存款的收支是否按规定的程序和权限办理。

（2）银行账户的开立是否符合《人民币银行结算账户管理办法》等相关法律法规的要求。

（3）银行账户是否存在与本单位经营无关的款项收支情况。

（4）是否存在出租、出借银行账户的情况。

（5）出纳与会计的职责是否严格分离。

（6）是否定期取得银行对账单并编制银行存款余额调节表等。

3.【答案】 企业盘点库存现金，通常包括对已收到但未存入银行的现金、零用金、找换金等的盘点。盘点库存现金的时间和人员应视被审计单位的具体情况而定，但现金出纳和被审计单位会计主管人员必须参加，并由注册会计师进行监盘。监盘库存现金的步骤与方法主要有：

（1）制订库存现金监盘计划，实施突击性检查。盘点时间最好选择上午上班前或下午下班时，盘点范围一般包括被审计单位各部门经管的所有现金。

（2）查阅库存现金日记账并同时与现金收付款凭证相核对。一方面检查库存现金日记账的记录与凭证的内容和金额是否相符；另一方面了解凭证日期与库存现金日记账日期是否相符或接近。

（3）检查被审计单位库存现金实存数，并将该监盘金额与库存现金日记账余额进行核对。如有差异，应要求被审计单位查明原因，必要时应提请被审计单位做出调整；如无法查明原因，应要求被审计单位按管理权限批准后做出调整；若有冲抵库存现金的借条、未提现支票、未作报销的原始凭证，应在"库存现金监盘表"中注明，必要时应提请被审计单位做出调整。

（4）在非资产负债表日进行监盘时，应将监盘金额调整至资产负债表日的金额，并对变动情况实施审计程序。

4.【答案】 （1）证实货币资金的存在及权利和义务。

注册会计师应确定，被审计单位资产负债表及有关账户中的货币资金余额是否实际存在，是否为被审计单位所拥有。

（2）证实货币资金的完整性。

注册会计师应确定，被审计单位全部货币资金收付业务是否均已记入有关账户并反映在资产负债表的货币资金项目中，有无漏记造成货币资金余额不完整的问题。

（3）证实货币资金账务处理及余额的正确性。

注册会计师应确定，被审计单位的各项货币资金收付业务是否按会计制度规定进行了分类，并及时、正确地记入了相应的账户，资产负债表日的货币资金余额是否正确。

（4）证实货币资金收付业务的合法性。

注册会计师应确定，被审计单位的各项货币资金收付业务是否符合国家有关制度规定，有无舞弊或违法行为。

（5）证实货币资金披露的恰当性。

注册会计师应确定，被审计单位各项货币资金在财务报表上的披露是否恰当。

（四）综合业务题

1.【答案】（1）不恰当。对管理层、治理层的诚信判断不能依赖以往的判断。

（2）恰当。

（3）不恰当。重大错报风险是客观存在的，控制测试只能降低评估的重大错报风险。修改计划实施的实质性程序的性质、时间安排和范围，只能降低检查风险。

（4）不恰当。对内部控制的了解程序是必须的，控制测试程序具有选择性。

（5）不恰当。应当选择向财务报表期间所有发生过业务的银行函证，包括余额为零的账户和已注销的账户。

（6）不恰当。正常情况下，对应收账款进行函证是必要程序。注册会计师不能由于时间安排、成本等，减少必要的审计程序。

（7）不恰当。管理层声明书是证明力较弱的证据，询问不足以测试控制运行的有效性，必须结合其他审计程序。

2.【答案】（1）

单位：元

企业调节项目	金额	银行调节项目	金额
银行存款日记账余额	27 080	银行对账单余额	26 450
加：企业未入账收入		加：银行未入账收入	
委托收款	3 000	转账支票	3 500
错账	60		
减：企业未入账支出		减：银行未入账支出	
付费	850	开出支票	900
调整后余额	29 290	调整后余额	29 050

（2）错误金额 = 29 290 − 29 050 = 240（元）。

（3）2022 年 12 月 31 日银行存款日记账余额不准确。正确的余额 = 27 080 − 240 = 26 840（元）。

（4）调节后的银行存款真实余额是 29 050 元。

第十三章 其他特殊项目的审计

▶▶ 一、本章学习目标

（1）掌握对会计估计的关注。

（2）掌握对关联方交易的关注。

（3）掌握对持续经营的关注。

（4）掌握对期初余额的关注。

▶▶ 二、本章重点与难点

1. 会计估计及其披露审计

（1）了解会计估计的含义。会计估计是指在缺乏精确计量手段的情况下，采用的某项金额的近似值。会计估计一般包括公允价值会计估计和其他会计估计。

（2）实施风险评估程序和相关活动。

（3）识别和评估重大错报风险。

（4）应对评估的重大错报风险。

（5）与会计估计相关的披露。

（6）可能存在管理层偏向的迹象。

（7）评价审计结果。

2. 关联方审计中注册会计师的责任

为使财务报表使用者了解关联方关系及其交易的性质，以及关联方关系及其交易对财务报表实际或潜在的影响，注册会计师应保持对关联方关系及其交易的职业怀疑，并有责任实施审计程序，以识别、评估和应对与关联方关系及其交易有关的重大错报风险。

注册会计师审计关联方的目标在于:

(1) 无论适用的财务报告编制基础是否对关联方做出规定,都要充分了解关联方关系及其交易,以便能够确定由此产生的、与识别和评估由舞弊导致的重大错报风险相关的舞弊风险因素(如有);并且要根据获取的审计证据,就财务报表受到关联方关系及其交易的影响确定财务报表是否实现公允反映。

(2) 如果适用的财务报告编制基础对关联方做出规定,则获取充分、适当的审计证据,以确定关联方关系及其交易是否已按照适用的财务报告编制基础得到恰当识别、会计处理和披露。

3. 持续经营能力对审计的影响

(1) 运用持续经营假设是不适当的。

如果财务报表已按照持续经营假设编制,但根据判断认为管理层在财务报表中运用持续经营假设是不适当的,注册会计师应当发表否定意见。如果在具体情况下运用持续经营假设是不适当的,管理层可能被要求或自愿选择按照其他会计基础编制财务报表。在确定其他会计基础在具体情况下是可接受的编制基础的前提下,如果财务报表对此已做出充分披露,注册会计师可以发表无保留意见。

(2) 运用持续经营假设是适当的但存在重大不确定性。

如果运用持续经营假设是适当的,但存在重大不确定性,且财务报表对重大不确定性已经做出充分披露,注册会计师应当发表无保留意见,并在审计报告中增加以"与持续经营相关的重大不确定性"为标题的单独部分,以提醒财务报表使用者关注财务报表附注中对所述事项的披露,以及说明这些事项或情况表明存在可能导致对被审计单位持续经营能力产生重大疑虑的重大不确定性,并说明该事项并不影响发表的审计意见。

如果运用持续经营假设是适当的,但存在重大不确定性,且财务报表对重大不确定性未做出充分披露,注册会计师应当恰当发表保留意见或否定意见。注册会计师应当在审计报告"形成保留(否定)意见的基础"部分说明,存在可能导致对被审计单位持续经营能力产生重大疑虑的重大不确定性,但财务报表未充分披露该事项。

在极少数情况下,当存在多项对财务报表整体具有重要影响的重大不确定性时,尽管注册会计师对每个单独的不确定事项获取了充分、适当的审计证据,但由于不确定事项之间可能存在相互影响,以及可能对财务报表产生累积影响,注册会计师应当发表无法表示意见。

4. 注册会计师首次接受被审计单位委托对期初余额的审计

注册会计师首次接受被审计单位委托时重点判断期初余额对本期财务报表的影响程序。主要程序包括:

(1) 确定期初余额是否含有错报。

(2) 确定会计政策的一致性。

(3) 实施一项或多项审计程序。

(4) 审计结论和审计报告。

三、本章强化练习题

(一) 单项选择题

1. (2021 年注会) 下列有关注册会计师复核上期财务报表中会计估计的结果的说法,错误的是(   )。

   A. 复核的目的不是质疑上期依据当时可获得的信息所做出的判断

   B. 会计估计的结果与上期财务报表中已确认金额的差异不必然表明上期财务报表存在错报

   C. 复核上期财务报表中会计估计的结果通常不能提供有关会计估计流程有效性的信息

   D. 在确定复核的性质和范围时,注册会计师应当考虑会计估计的性质

2. (2015 年注会) 下列与会计估计审计相关的程序,注册会计师应当在风险评估阶段实施的是(   )。

   A. 复核上期财务报表中会计估计的结果

   B. 确定管理层做出会计估计的方法是否恰当

   C. 评价会计估计的合理性

   D. 确定管理层是否恰当运用与会计估计相关的财务报告编制基础

3. (2018 年注会) 下列有关会计估计不确定性的说法,错误的是(   )。

   A. 会计估计涉及的预测期越长,估计不确定性越高

   B. 会计估计与实际结果之间的差异越大,估计不确定性越高

   C. 会计估计所使用的不可观察输入值越多,估计不确定性越高

   D. 历史数据与会计估计预测未来事项的相关性越小,估计不确定性越高

4. (2019 年注会) 下列有关注册会计师评估特别风险的说法,正确的是(   )。

   A. 注册会计师应当将具有高度估计不确定性的会计估计评估为存在特别风险

   B. 注册会计师应当将涉及重大管理层判断和重大审计判断的事项评估为存在特别风险

   C. 注册会计师应当将管理层凌驾于控制之上的风险作为特别风险

   D. 注册会计师应当将重大非常规交易评估为存在特别风险

5. （2019年注会）下列各项，通常不能应对与会计估计相关的重大错报风险的是（   ）。

　　A. 复核上期财务报表中会计估计的结果

　　B. 测试管理层在做出会计估计时采用的关键假设

　　C. 确定截至审计报告日发生的事项是否提供有关会计估计的审计证据

　　D. 测试与管理层如何做出会计估计相关的控制的运行有效性

6. （2019年注会）下列有关注册会计师做出区间估计以评价管理层的点估计的说法，错误的是（   ）。

　　A. 注册会计师做出区间估计时可以使用与管理层不同的假设

　　B. 注册会计师做出的区间估计需要包括所有可能的结果

　　C. 如果注册会计师难以将区间估计的区间缩小至低于实际执行的重要性，可能意味着与会计估计相关的估计不确定性可能导致特别风险

　　D. 在极其特殊的情况下，注册会计师可能缩小区间估计直至审计证据指向点估计

7. （2016年注会）下列情形，注册会计师应当将其评估为存在特别风险的是（   ）。

　　A. 被审计单位将重要子公司转让给实际控制人控制的企业并取得大额转让收益

　　B. 被审计单位对母公司的销量占总销量的50%

　　C. 被审计单位与收购交易的对方签订了对赌协议

　　D. 被审计单位销售产品给子公司的价格低于销售给第三方的价格

8. 下列各项，不属于关联方及其交易的审计目标的是（   ）。

　　A. 关联方及其交易是否真实存在

　　B. 关联方交易是否合法

　　C. 关联方交易的记录是否适当

　　D. 关联方及其交易的披露是否恰当

9. （2021年注会）下列重大错报风险，注册会计师应当评估为特别风险的是（   ）。

　　A. 与重大资产余额相关的重大错报风险

　　B. 与管理层挪用货币资金相关的重大错报风险

　　C. 与关联方交易相关的重大错报风险

　　D. 与具有高度估计不确定性的会计估计相关的重大错报风险

10. （2017年注会）下列有关超出被审计单位正常经营过程的重大关联方交易的说法，错误的是（   ）。

　　A. 此类交易导致的风险可能不是特别风险

　　B. 注册会计师应当评价此类交易是否已按照适用的财务报告编制基础得到恰当会

计处理和披露

C. 注册会计师应当检查与此类交易相关的合同或协议，以评价交易的商业理由

D. 此类交易经过恰当授权和批准，不足以就其不存在由舞弊或错误导致的重大错报风险得出结论

11. 注册会计师发现 2022 年度甲公司向乙公司支付大额咨询费，乙公司是甲公司总经理的弟弟开设的一家管理咨询公司，并未包括在管理层提供的关联方清单内。下列应对措施，注册会计师通常首先采取的是（　　）。

A. 向甲公司董事会通报

B. 向项目质量复核人员通报

C. 要求甲公司管理层在财务报表中披露该交易是否为公平交易

D. 要求甲公司管理层识别与乙公司之间发生的所有交易，并询问与关联方相关的控制为何未能识别出该关联方

12. （2014 年注会）下列有关注册会计师对持续经营假设的审计责任的说法，错误的是（　　）。

A. 注册会计师有责任就管理层在编制和列报财务报表时运用持续经营假设的适当性获取充分、适当的审计证据

B. 如果适用的财务报告编制基础不要求管理层对持续经营能力做出专门评估，注册会计师没有责任对被审计单位的持续经营能力是否存在重大不确定性做出评估

C. 除了询问管理层外，注册会计师没有责任实施其他审计程序，以识别超出管理层评估期间并可能导致对被审计单位持续经营能力产生重大疑虑的事项或情况

D. 注册会计师未在审计报告中提及持续经营能力的不确定性，不能被视为对被审计单位持续经营能力的保证

13. 下列事项，最可能引起注册会计师对持续经营能力产生疑虑的是（　　）。

A. 难以获得开发必要新产品所需的资金

B. 投资活动产生的现金流量为负

C. 以股票股利替代现金股利

D. 存在重大关联方交易

14. （2015 年注会）下列有关注册会计师评价管理层对持续经营能力做出的评估的说法，错误的是（　　）。

A. 注册会计师应当纠正管理层对持续经营能力做出评估时缺乏分析的错误

B. 注册会计师应当询问管理层是否知悉超出评估期间的、可能导致对持续经营产生重大疑虑的事项或情况

C. 在评价管理层做出的评估时，注册会计师应当考虑该评估是否已包括注册会计师在审计过程中注意到的所有相关信息

D. 注册会计师评价的期间应当与管理层对持续经营能力做出评估的期间相同，通常为自财务报表日起的 12 个月

15. （2019 年注会）如果注册会计师识别出可能导致对被审计单位持续经营能力产生重大疑虑的事项或情况，下列说法，错误的是(　　)。

A. 注册会计师应当通过实施追加的审计程序，确定这些事项或情况是否存在重大不确定性

B. 注册会计师应当考虑自管理层对持续经营能力做出评估后是否存在其他可获得的事实或信息

C. 注册会计师应当评价管理层与持续经营能力评估相关的未来应对计划对于具体情况是否可行

D. 注册会计师应当根据对这些事项或情况是否存在重大不确定性的评估结果，确定是否与治理层沟通

16. 根据对被审计单位持续经营能力的审计结论，注册会计师在判断应出具何种类型的审计报告时，下列说法，不正确的是(　　)。

A. 如果被审计单位运用持续经营假设适当但存在重大不确定性，且财务报表附注已做充分披露，应当发表无保留意见，并在审计报告中增加持续经营不确定性段

B. 如果存在多项对财务报表整体具有重要影响的重大不确定性，且财务报表附注已做充分披露，可能认为发表无法表示意见是适当的

C. 如果存在可能导致对被审计单位持续经营能力产生重大疑虑的事项和情况，且财务报表附注未做充分披露，应当发表保留意见

D. 如果管理层编制财务报表时运用持续经营假设不适当，应当发表否定意见

17. 被审计单位连续出现巨额营业亏损，但注册会计师认为其持续经营假设是合理的，则下列说法，错误的是(　　)。

A. 应提请被审计单位在财务报表附注中进行适当披露

B. 若被审计单位拒绝披露，应发表保留意见或否定意见

C. 若被审计单位充分披露，则不需要在审计报告中提及

D. 无论被审计单位是否做了披露，都应在审计报告中提及

18. （2014 年注会）甲公司 2012 年度财务报表已经 XYZ 会计师事务所的 X 注册会计师审计。ABC 会计师事务所的 A 注册会计师负责审计甲公司 2013 年度财务报表。下列有关期初余额审计的说法，错误的是(　　)。

A．A 注册会计师应当阅读甲公司 2012 年度财务报表和相关披露，以及 X 注册会计师出具的审计报告

B．为了确定期初余额是否含有对本期财务报表产生重大影响的错报，A 注册会计师需要确定适用于期初余额的重要性水平

C．A 注册会计师评估认为 X 注册会计师具备审计甲公司所需要的独立性和专业胜任能力，因此，可能通过查阅 2012 年度审计工作底稿，获取关于非流动资产期初余额的充分、适当的审计证据

D．A 注册会计师未能对 2012 年 12 月 31 日的存货实施监盘程序，因此，除了对存货的期末余额实施审计程序外，有必要对存货期初余额实施追加的审计程序

19．针对重大不一致事项，如果需要修改已审计财务报表而被审计单位拒绝修改，注册会计师应当采取的措施是（　　）。

A．增加强调事项段予以说明　　　　B．出具保留意见的审计报告

C．出具否定意见的审计报告　　　　D．出具保留意见或否定意见的审计报告

20．执行 2021 年度审计业务时，A 注册会计师因被审计单位不提供客户资料导致应收账款审计范围受到重大限制而发表了保留意见。执行 2022 年度审计业务时，获取的证据表明 2021 年年末所有应收账款均已收回。编制 2022 年度财务报表的审计报告时，A 注册会计师应当（　　）。

A．在审计意见基础段中指明应收账款期初余额可能存在错报

B．不在审计报告中提及之前发表的保留意见

C．因应收账款的对应数据审计范围受到限制而发表保留意见

D．在强调事项段中说明对应数据审计范围已不受限

（二）多项选择题

1．（2018 年注会）下列各项，影响会计估计的估计不确定性程度的有（　　）。

A．会计估计涉及的预测期的长度

B．会计估计依据不可观察到的输入数据的程度

C．会计估计对假设变化的敏感性

D．会计估计对判断的依赖程度

2．（2015 年注会）下列审计工作，可以应对与会计估计相关的重大错报风险的有（　　）。

A．测试与管理层如何做出会计估计相关的控制的运行有效性

B．做出注册会计师的点估计或区间估计，以评价管理层的点估计

C．确定截至审计报告日发生的事项是否提供有关会计估计的审计证据

D．测试管理层如何做出会计估计及做出会计估计所依据的数据

3. (2015年注会)下列有关注册会计师首次接受委托时就期初余额获取审计证据的说法,正确的有(   )。

A. 对于流动资产和流动负债,注册会计师可以通过本期实施的审计程序获取有关期初余额的审计证据

B. 注册会计师可以通过向第三方函证获取有关期初余额的审计证据

C. 如果上期财务报表已经审计,注册会计师可以通过查阅前任注册会计师的审计工作底稿获取有关期初余额的审计证据

D. 对于非流动资产和非流动负债,注册会计师可以通过检查形成期初余额的会计记录和其他信息获取有关期初余额的审计证据

4. 在运用区间估计评价被审计单位管理层估计的合理性时,下列说法,注册会计师认为正确的有(   )。

A. 注册会计师的区间估计应当采用与被审计单位管理层一致的假设和方法

B. 注册会计师应当缩小区间估计,直至区间估计范围内的所有结果均被视为是可能的

C. 注册会计师应当从区间估计中剔除不可能发生的极端结果

D. 当区间估计的区间缩小至等于或低于实际执行的重要性时,该区间估计对于评价被审计单位管理层的点估计通常是适当的

5. (2017年注会)下列有关注册会计师做出的区间估计的说法,正确的有(   )。

A. 注册会计师做出的区间估计需要包括所有可能的结果

B. 注册会计师有可能缩小区间估计直至审计证据指向点估计

C. 当区间估计的区间缩小至等于或低于财务报表整体的重要性时,该区间估计对于评价管理层的点估计是适当的

D. 如果使用有别于管理层的假设或方法做出区间估计,注册会计师应当充分了解管理层的假设或方法

6. (2021年注会)下列情形,注册会计师应当认为会计估计存在错报的有(   )。

A. 当审计证据支持点估计时,管理层的点估计与注册会计师的点估计存在差异

B. 当注册会计师运用区间估计评价管理层的点估计是适当的时,管理层的点估计不在区间估计的区间内

C. 会计估计的结果与上期财务报表中已确认金额之间存在重大差异

D. 会计估计存在管理层偏向的迹象

7. 注册会计师对关联方及其交易进行审计时,应当(   )。

A. 实施必要的审计程序,查明是否存在关联方关系

B. 实施必要的审计程序,查明是否存在关联方交易

C. 提请被审计单位就关联方及其交易的披露出具管理层声明书

D. 在审计报告中提及重要的关联方及其交易

8. 下列审计程序，可以帮助注册会计师识别关联方的有（　　）。

A. 查阅以前年度审计工作底稿

B. 执行交易或余额的细节测试

C. 查阅股东大会、董事会会议及其他重要会议记录

D. 查阅会计记录中数额较大的、异常的及不经常发生的交易或金额

9. 下列迹象，可能导致注册会计师对被审计单位持续经营假设产生重大疑虑的有（　　）。

A. 无法继续履行重大借款合同中的有关条款

B. 无法偿还即将到期且难以展期的债务

C. 营业期限即将到期且无意继续经营

D. 存在数额巨大的或有负债

10. 下列有关注册会计师考虑管理层在编制财务报表时运用持续经营假设的适当性的表述，正确的有（　　）。

A. 在计划审计工作和实施风险评估程序时，注册会计师应当考虑是否存在可能导致对持续经营能力产生重大疑虑的事项或情况及相关的经营风险，评价管理层对持续经营能力做出的评估，并考虑已识别的事项或情况对重大错报风险评估的影响

B. 注册会计师应当针对已识别出的可能导致对持续经营能力产生重大疑虑的事项或情况，实施进一步审计程序，以取得充分、适当的审计证据

C. 在评价审计结果时，注册会计师需要确定导致对持续经营能力产生重大疑虑的事项或情况是否存在重大不确定性，并考虑对审计报告的影响

D. 对持续经营假设适当性的考虑贯穿整个审计过程

11. （2015年注会）为了识别出可能导致对持续经营能力产生重大疑虑的事项或情况，下列审计程序，注册会计师应当实施的有（　　）。

A. 评价与持续经营能力评估相关的未来应对计划对于被审计单位的具体情况是否可行

B. 考虑自管理层做出评估后是否存在其他可获得的事实或信息

C. 要求管理层提供有关未来应对计划及其可行性的书面声明

D. 如果管理层尚未对被审计单位持续经营能力做出评估，提请其进行评估

12. （2020年注会）针对识别出的可能导致对被审计单位持续经营能力产生重大疑虑的事项或情况，假定治理层不参与管理被审计单位，下列各项，注册会计师应当与治

理层沟通的有(　　)。

   A. 这些事项或情况是否构成关键审计事项

   B. 注册会计师对这些事项或情况实施的审计程序及其结果

   C. 这些事项或情况是否构成重大不确定性

   D. 财务报表中的相关披露是否充分

13. 注册会计师在进行财务报表审计时,一般对期初余额(　　)。

   A. 无须专门发表审计意见

   B. 无须专门实施审计程序

   C. 必须专门发表审计意见

   D. 必须考虑其审计结论对所审计财务报表的审计意见的影响

14. 注册会计师在判断期初余额对本期财务报表的影响程度时,应考虑的事项有(　　)。

   A. 上期结转至本期的金额

   B. 上期所采用的会计政策

   C. 上期期末已存在的或有事项及承诺

   D. 期初余额对于本期财务报表的重要程度

15. 为了确定对期初余额实施的审计程序,注册会计师应考虑(　　)。

   A. 上一年被审计单位所采用的存货计价方法、折旧计算方法等会计政策

   B. 上一年财务报表是否为本会计师事务所审计

   C. 财务报表项目的性质及在本期财务报表中错报、漏报的风险

   D. 期初余额对各期财务报表的影响程度

16. (2020年注会)下列有关首次审计业务涉及的期初余额审计的说法,正确的有(　　)。

   A. 如果前任注册会计师对上期财务报表发表了非无保留意见,注册会计师在评估本期财务报表重大错报风险时,应当评价导致对上期财务报表发表非无保留意见的事项的影响

   B. 为了确定期初余额是否含有对本期财务报表产生重大影响的错报,注册会计师应当确定适用于期初余额的重要性水平

   C. 查阅前任注册会计师审计工作底稿获取的信息可能影响后任注册会计师对期初余额实施审计程序的范围

   D. 即使上期财务报表未经审计,注册会计师也无须专门对期初余额发表审计意见

17. (2015年注会)下列各项,表明可能存在与会计估计相关的管理层偏向的有(　　)。

A. 以前年度财务报表确认和披露的重大会计估计与后期实际结果之间存在差异

B. 变更会计估计后被审计单位的财务成果发生显著变化，与管理层增加利润的目标一致

C. 会计估计所依赖的假设存在内在的不一致，如对成本费用增长率的预期与对收入增长率的预期显著不同

D. 环境已经发生变化，但管理层并未根据变化对会计估计或估计方法做出相应的改变

18. 如果无法获取充分、适当的审计证据以确定期初余额是否对本期财务报表有重大影响，注册会计师应对本期财务报表发表（　　）。

A. 无保留意见　　　　　　　　B. 保留意见
C. 否定意见　　　　　　　　　D. 无法表示意见

（三）论述题

1. 当存在哪些情形时，注册会计师需要测试与会计估计相关的控制运行的有效性？

2. 针对评估的与关联方关系及其交易相关的重大错报风险的应对措施有哪些？

3. 针对识别出的可能导致对持续经营能力产生重大疑虑的事项或情况，注册会计师应当实施哪些追加的审计程序？

4. 期初余额对审计报告有何影响？

（四）综合业务题

（2015 年注会）A 注册会计师负责审计甲集团公司 2014 年度财务报表，确定集团财务报表整体的重要性为 600 万元。

审计工作底稿中记录了重大事项的处理情况，部分内容摘录如下：化妆品行业将于 2016 年执行更严格的化学成分限量标准。甲集团公司的主要产品可能因此被淘汰，管理层提供了其对该事项的评估及相关书面声明。A 注册会计师据此认为该事项不影响甲集团公司的持续经营能力。

要求：针对上述事项，指出 A 注册会计师的做法是否恰当。如不恰当，请简要说明理由。

四、强化练习题参考答案

（一）单项选择题

1. C　2. A　3. B　4. C　5. A　6. B　7. A　8. B　9. B
10. A　11. D　12. B　13. A　14. A　15. D　16. C　17. C　18. B
19. D　20. B

（二）多项选择题

1. ABCD　2. ABCD　3. ABCD　4. CD　5. BD　6. AB
7. ABC　8. AC　9. ABCD　10. ABCD　11. ABCD　12. CD
13. AD　14. ABCD　15. AC　16. ACD　17. BCD　18. BD

（三）论述题

1.【答案】 测试与管理层如何做出会计估计相关的控制的运行有效性，并实施恰当的实质性程序。根据审计准则的规定，当存在下列情形之一时，注册会计师需要测试控制运行的有效性：

（1）在评估认定层次重大错报风险时，预期针对会计估计流程的控制的运行是有效的。

（2）仅实施实质性程序不能提供认定层次充分、适当的审计证据。

如果管理层做出会计估计的流程设计、执行和维护良好，测试与管理层如何做出会计估计相关的控制运行的有效性可能是适当的。

2.【答案】 针对评估的与关联方关系及其交易相关的重大错报风险，注册会计师应当设计和实施进一步审计程序，以获取充分、适当的审计证据。

（1）如果识别出可能表明存在管理层以前未识别出或未向注册会计师披露的关联方关系或交易的安排或信息，注册会计师应当确定相关情况是否能够证实关联方关系或关联方交易的存在。

（2）如果识别出管理层以前未识别出或未向注册会计师披露的关联方关系或重大关联方交易，注册会计师应当：

① 立即将相关信息向项目组其他成员通报。

② 在适用的财务报告编制基础对关联方做出规定的情况下，要求管理层识别与新识别出的关联方之间发生的所有交易，以便注册会计师做出进一步评价，并询问与关联方关系及其交易相关的控制为何未能识别或披露该关联方关系或交易。

③ 对新识别出的关联方或重大关联方交易实施恰当的实质性程序。

④ 重新考虑可能存在管理层以前未识别出或未向注册会计师披露的其他关联方或重大关联方交易的风险，如有必要，实施追加的审计程序。

⑤ 如果管理层看似有意不披露关联方关系或交易，并可能存在由舞弊导致的重大错报风险，注册会计师可能还需要进一步考虑是否有必要重新评价管理层对询问的答复及管理层声明的可靠性。

（3）对于识别出的超出正常经营过程的重大关联方交易，注册会计师应当检查相关合同或协议（如有），并且获取交易已经恰当授权和批准的审计证据。

（4）如果管理层在财务报表中做出认定，声明关联方交易是按照等同于公平交易中通行的条款执行的，注册会计师应当就该项认定获取充分、适当的审计证据。

3.【答案】 如果识别出可能导致对持续经营能力产生重大疑虑的事项或情况，注册会计师应当通过实施追加的审计程序（包括考虑缓解因素），获取充分、适当的审计证据，以确定是否存在重大不确定性。这些程序应当包括：

（1）如果管理层尚未对被审计单位持续经营能力做出评估，提请其进行评估。

（2）评价管理层与持续经营能力评估相关的未来应对计划，这些计划的结果是否可能改善目前的状况，以及管理层的计划对于具体情况是否可行。

（3）如果被审计单位已编制现金流量预测，且在评价管理层未来应对计划时对预测的分析是考虑事项或情况未来结果的重要因素，评价用于编制预测的基础数据的可靠性，并确定预测所基于的假设是否具有充分的支持。

（4）考虑自管理层做出评估后是否存在其他可获得的事实或信息。

（5）要求管理层和治理层（如适用）提供有关未来应对计划及其可行性的书面

声明。

4.【答案】 如果实施相关审计程序后无法获取有关期初余额的充分、适当的审计证据，注册会计师应当对财务报表发表保留意见或无法表示意见。

如果认为期初余额存在对本期财务报表产生重大影响的错报，且错报的影响未能得到恰当的会计处理或适当的列报，注册会计师应当对财务报表发表保留意见或否定意见。

如果认为按照适用的财务报告编制基础，与期初余额相关的会计政策未能在本期得到一贯运用，或者会计政策的变更未能得到恰当的会计处理或适当的列报，注册会计师应当对财务报表发表保留意见或否定意见。

如果前任注册会计师对上期财务报表发表了非无保留意见，并且导致发表非无保留意见的事项对本期财务报表仍然相关和重大，注册会计师应当对本期财务报表发表非无保留意见。前任注册会计师对上期财务报表出具了非标准审计报告，对本期财务报表可能产生影响，也可能不再产生影响，注册会计师在审计中应当对具体问题做具体分析。在某些情况下，导致前任注册会计师发表非无保留意见的事项可能与对本期财务报表发表的意见既不相关也不重大，那么注册会计师在本期审计时就无须因此发表非无保留意见。反之，如果该事项在本期仍然存在并且对本期财务报表的影响仍然重大，而被审计单位继续坚持不在本期财务报表附注中予以披露，那么注册会计师在本期审计时仍须因此发表非无保留意见。

（四）综合业务题

【答案】 不恰当。如果识别出可能导致对持续经营能力产生重大疑虑的事项，注册会计师应当通过实施追加的审计程序，获取充分、适当的审计证据，以确定是否存在重大不确定性。本题中，注册会计师未对管理层的评估实施进一步审计程序，书面声明本身并不为所涉及的任何事项提供充分、适当的审计证据。

第十四章 完成审计工作

▶▶ 一、本章学习目标

（1）了解审计完成阶段的重大发现和事项的内容。
（2）了解复核审计工作的意义和内容。
（3）了解注册会计师与治理层沟通的内容。
（4）理解错报的评估、沟通、更正与影响。
（5）理解项目质量复核的相关内容。
（6）熟练掌握期后事项的概念、种类与审计程序。
（7）熟练掌握管理层声明的含义与责任。

▶▶ 二、本章重点与难点

1. 与管理层和治理层沟通

在审计工作中，注册会计师应当就财务报表审计相关事项与管理层进行讨论。在与治理层沟通特定事项之前，通常应先与管理层沟通，除非这些事项不适合与管理层讨论。

在终结审计之前，注册会计师应当就审计中发现的问题与治理层直接沟通。沟通的事项包括：①注册会计师对被审计单位会计实务（包括会计政策、会计估计和财务报表披露）重大方面的质量的看法；②审计工作中遇到的重大困难；③已与管理层讨论或需要书面沟通的审计中出现的重大事项，以及注册会计师要求提供的书面声明，除非治理层全部成员参与管理被审计单位；④影响审计报告形式和内容的情形（如有）；⑤审计中出现的、根据职业判断认为与监督财务报告过程相关的所有其他重大事项。

另外，在适当的时间，注册会计师还应就注册会计师与财务报表审计相关的责任、计划的审计范围和时间安排的总体情况及时地与治理层沟通。对于审计中发现的重大问题，注册会计师可以采用口头和书面形式与治理层沟通。书面沟通不必包括审计过程中的所有事项。

2. 复核审计工作

在签署审计报告前，必须由富有专业知识和经验的注册会计师认真复核所有的审计工作底稿。首先，注册会计师及其助理人员要对各自的审计工作底稿进行初步的整理；然后，由审计项目组内经验较丰富的人员复核经验较少的人员所执行的工作。项目负责人应当在审计过程的适当阶段实施复核，在出具审计报告前，项目负责人应当通过复核审计工作底稿和与审计项目组讨论，确信获取的审计证据已经充分、适当，足以支持形成的结论和拟出具的审计报告。

在临近审计结束时，审计项目组负责人或主任会计师要对审计后的财务报表进行复核。复核人员应当运用分析程序对财务报表进行总体复核，以确定财务报表整体是否与其对被审计单位的了解一致，并要特别关注是否存在不正常的金额或关联方交易，同时分析所获取的审计证据是否充分、适当。

（1）项目质量复核。

为了保证每个审计项目的质量，除了需要审计项目组实施组内复核外，会计师事务所还应当制定政策和程序，对特定业务实施项目质量复核，并在出具审计报告前完成项目质量复核。所谓项目质量复核，是指会计师事务所挑选没有参与该业务的人员，在出具审计报告前，对审计项目组做出的重大判断及据此得出的结论做出客观评价的过程。

会计师事务所制定的项目质量复核政策和程序应规定：① 如何确定复核的对象；② 项目质量复核的性质、时间安排和范围；③ 项目质量复核人员的资格标准；④ 对项目质量复核的记录要求。

（2）复核期后事项。

期后事项是指财务报表日至审计报告日之间发生的事项，以及注册会计师在审计报告日后知悉的事实。期后事项一般分为两类：① 对财务报表日已经存在的情况提供证据的事项；② 对财务报表日后发生的情况提供证据的事项。正确区分两类性质不同的期后事项的关键在于正确界定期后事项主要情况出现的时间。凡主要情况出现在财务报表日前的期后事项，应提请被审计单位予以调整；反之，建议被审计单位在财务报表附注中加以披露即可。

在讨论期后事项时，必须注意几个时间：财务报表日、审计报告日、财务报表报出日和财务报表批准日。

考虑到期后事项可能会要求审计调整和披露，注册会计师必须确认这些事项是否重大。一些审计程序可以帮助注册会计师调查期后事项,如截止测试和查找未记录的负债。注册会计师可以结合对财务报表实施的实质性程序或另行实施审计程序对期后事项进行审计。注册会计师另行实施审计程序,应当尽量在接近审计报告日进行。

在审计报告日后,注册会计师没有责任针对财务报表实施审计程序或进行专门查询。在审计报告日至财务报表报出日期间,管理层有责任告知注册会计师可能影响财务报表的事实。在财务报表报出后,注册会计师没有义务针对财务报表做出查询。

3. 形成审计意见之前对财务报表的评价

在对财务报表形成审计意见时,注册会计师应当根据已获取的审计证据,评价是否已对财务报表整体不存在重大错报获取了合理的保证,并进一步评价财务报表的合法性和公允性,形成对被审计单位财务报表合法性和公允性的审计意见。

(1)合法性。

财务报表的合法性是指财务报表是否按照适用的会计准则和相关的会计制度的规定编制。为了评价财务报表的合法性,注册会计师应当考虑被审计单位所选用的会计政策、管理层所做出的会计估计、财务报表所反映信息的质量、财务报表的披露情况。

对于被审计单位所选用的会计政策,要评价其合法性和合理性。合法性是指会计政策是否符合适用的会计准则和相关会计制度;合理性是指会计政策是否适合被审计单位的具体情况,包括合并政策、外币折算方法、收入确认、存货计价、长期投资的核算、坏账损失及坏账准备的核算、借款费用的处理、所得税的核算、固定资产的核算、无形资产的核算等。

对于管理层所做出的会计估计,主要评价其合理性。需要评价的会计估计一般包括坏账、存货的毁损或陈旧过时情况、固定资产的使用年限和净残值、无形资产的受益期限、递延资产的摊销期限、或有费用和或有损失、收入确认中的估计、资产减值等。

对于财务报表所反映信息的质量,注册会计师应按照财务信息的主要质量特征加以评价,即要评价财务信息的相关性、可靠性、可比性和可理解性。具体来说,评价相关性就是要评价财务信息是否有助于使用者对被审计单位过去、现在或未来的情况做出评价或预测,以便做出正确的决策。评价可靠性就是要评价被审计单位是否以实际发生的交易或事项为依据进行会计确认、计量和报告。评价可比性就是要评价被审计单位会计政策的使用是否具有一贯性,采用的会计政策是否与其他相同类型的企业一致。评价可理解性就是要评价财务报表提供的信息是否清楚易懂。

对于财务报表的披露情况,主要评价被审计单位财务报表做出的披露是否充分,是否使财务报表使用者能够理解重大交易和事项对被审计单位财务状况、经营成果和现金流量的影响。对于财务报表的披露情况,应关注财务报表的格式和内容是否规范,所做出的披露是否充分,所提供的报表附注是否符合规定的最低要求并易于理解。

(2) 公允性。

财务报表的公允性是指被审计单位财务报表在所有重大方面是否公允反映其财务状况、经营成果和现金流量。在评价财务报表的公允性时，注册会计师一方面要评价财务报表整体的合理性，确定经管理层调整后的财务报表是否与注册会计师对被审计单位及其环境的了解一致；另一方面要评价财务报表的列报与内容的合理性及财务报表反映的真实性。

4. 财务报表与审计报告的关系

财务报表是对被审计单位财务状况、经营成果和现金流量的结构性表述。审计报告是注册会计师根据审计准则的规定，在执行审计工作的基础上，对被审计单位财务报表发表审计意见的书面文件。审计报告有助于提高财务报表的可信度。财务报表是审计报告发表意见的对象，审计报告与财务报表一起对外公布。

5. 管理层声明

管理层声明是指被审计单位管理层向注册会计师提供的关于财务报表的各项陈述，包括口头形式和书面形式的声明。管理层声明以书面形式存在时，也被称为管理层声明书。

管理层声明的作用有两个：一是明确管理层对财务报表的责任；二是为注册会计师提供具有补充作用的审计证据。对于某些对财务报表有重大影响的事项，如涉及管理层的判断、意图及仅限管理层知悉的事实的事项，除存在实施询问程序获取的审计证据之外，不存在其他充分、适当的审计证据。因此，获取管理层声明可以降低注册会计师与管理层之间产生误解的可能性。当然，注册会计师应搜集审计证据来支持管理层声明，管理层声明不能代替其他审计证据。

三、本章强化练习题

（一）单项选择题

1.（2021 年注会）下列有关未更正错报的说法，错误的是(　　)。

A. 在评价未更正错报时，注册会计师需要考虑每一项与金额相关的错报，以评价其对相关类别的交易、账户余额或披露的影响

B. 注册会计师与治理层沟通未更正错报时，应当逐项指明未更正错报的性质和金额

C. 注册会计师应当考虑与以前期间相关的未更正错报对相关类别的交易、账户余额或披露及财务报表整体的影响

D. 注册会计师应当要求管理层提供书面声明，说明其是否认为未更正错报单独或

汇总起来对财务报表整体的影响不重大

2. 下列有关审计工作的说法，不正确的是(   )。

A. 财务报表层次重大错报风险与财务报表整体相关

B. 注册会计师应当针对所评估的认定层次重大错报风险设计和实施进一步审计程序，包括审计程序的时间安排、范围和总体要求

C. 针对财务报表层次重大错报风险拟实施进一步审计程序的总体审计方案包括实质性方案和综合性方案

D. 综合性方案是指注册会计师在实施进一步审计程序时，将控制测试与实质性程序结合使用

3. 下列各项，与公司财务报表层次重大错报风险评估最相关的是(   )。

A. 公司应收账款周转率呈明显下降趋势

B. 公司持有大量高价值且易被盗窃的资产

C. 公司的生产成本计算过程相当复杂

D. 公司控制环境薄弱

4. 在既定的审计风险水平下，可接受的检查风险水平与认定层次重大错报风险评估结果的关系是(   )。

A. 反向关系　　　　　　　　B. 正向关系

C. 没有关系　　　　　　　　D. 根据具体情况确定

5. 如果被审计单位财务报表中存在重大错报，则在下列情况下，注册会计师很可能在诉讼中被判为重大过失的是(   )。

A. 注册会计师确实遵守了审计准则，但提出了错误的审计意见

B. 注册会计师基本上遵循了审计准则的相关要求

C. 注册会计师明知存在重大错报但仍做出虚假的陈述，出具了无保留意见的审计报告

D. 注册会计师运用常规审计程序通常能够发现该错报但未发现

6. 注册会计师对重大错报风险的评估水平与所需审计证据数量的关系是(   )。

A. 同向变动关系　　　　　　B. 反向变动关系

C. 同比例变动关系　　　　　D. 不存在关系

7. 下列有关财务报表层次重大错报风险的说法，不正确的是(   )。

A. 通常与控制环境有关

B. 与财务报表整体存在广泛联系

C. 可能影响多项认定

D. 可以界定于某类交易、账户余额或披露的具体认定

8. 如果注册会计师认为在审计中识别出的诉讼事项的估计金额存在重大错报风险，下列审计程序，不能应对该风险的是（ ）。

  A. 询问被审计单位内部法律顾问的意见

  B. 复核法律费用账户的记录

  C. 与被审计单位外部法律顾问面谈

  D. 向被审计单位外部法律顾问寄发询证函

9. 在评估和应对与关联方交易相关的重大错报风险时，下列说法，注册会计师认为正确的是（ ）。

  A. 所有的关联方交易和余额都存在重大错报风险

  B. 实施实质性程序应对与关联方交易相关的重大错报风险更有效，因此无须了解和评价与关联方关系及其交易相关的内部控制

  C. 超出正常经营过程的重大关联方交易导致的风险属于特别风险

  D. 注册会计师应当评价所有关联方交易的商业理由

10. 在审计过程中，注册会计师需要与被审计单位治理层沟通，下列有关与治理层沟通的说法，错误的是（ ）。

  A. 首次接受委托时，注册会计师与治理层的沟通可以随同就审计业务条款达成一致意见一并进行

  B. 对于审计过程中遇到的重大困难，注册会计师应当汇总在完成审计工作时与治理层沟通

  C. 如果注册会计师与治理层之间的双向沟通不充分且这种情况得不到解决，注册会计师应当采取适当的防范措施

  D. 对于审计准则要求的注册会计师的独立性，注册会计师应当以书面形式与治理层沟通

11. 如果注册会计师与治理层之间的双向沟通不充分，并且这种情况得不到解决，下列注册会计师采取的措施，错误的是（ ）。

  A. 根据范围受到限制的情况，发表非无保留意见或增加其他事项段

  B. 就采取不同措施的后果征询法律意见

  C. 与被审计单位外部的在治理结构中拥有更高权力的组织或人员沟通

  D. 在法律法规允许的情况下解除业务约定

12. 如果被审计单位是上市实体，下列事项，注册会计师通常不应与治理层沟通的是（ ）。

  A. 已与管理层讨论的审计中出现的重大事项

  B. 就审计项目组成员、会计师事务所其他相关人员及会计师事务所按照相关职业

道德要求保持了独立性做出声明

C. 审计工作中遇到的重大困难

D. 已确定的财务报表整体的重要性

13. 项目质量复核的时间是( )。

A. 出具审计报告前　　　　　　B. 审计工作底稿归档前

C. 与治理层沟通后　　　　　　D. 与审计委员会沟通后

14. 下列有关对财务报表报出后知悉的事实的处理，不正确的是( )。

A. 如果管理层修改了财务报表，注册会计师应当根据具体情况对有关修改实施必要的审计程序，复核管理层采取的措施能否确保所有收到原财务报表和审计报告的人士了解这一情况，并针对修改后的财务报表出具新的审计报告

B. 如果管理层既没有采取必要措施确保所有收到原财务报表和审计报告的人士了解这一情况，又没有修改财务报表，注册会计师应当采取措施防止财务报表使用者继续信赖该审计报告，并将拟采取的措施通知被审计单位治理层

C. 如果临近公布下一期财务报表，且能够在下一期财务报表中进行充分披露，注册会计师可以在下一期财务报表审计报告中增加强调事项段

D. 如果临近公布下一期财务报表，且能够在下一期财务报表中进行充分披露，注册会计师没有必要提请被审计单位修改财务报表，并出具新的审计报告

15. 在终结审计之前，对于控制风险的最终评估水平如与初步评估的结论不一致，注册会计师应当( )。

A. 重新了解内部控制

B. 考虑是否追加相应的审计程序

C. 重新执行控制测试

D. 重新确定重要性水平和可接受审计风险的水平

16. (2013年注会)下列有关期后事项审计的说法，错误的是( )。

A. 在财务报表报出后，如果被审计单位管理层修改了财务报表，且注册会计师提供了新的审计报告或修改了原审计报告，注册会计师应当在新的或经修改的审计报告中增加强调事项段或其他事项段予以说明

B. 如果组成部分注册会计师对某组成部分实施审阅程序，集团项目组可以不要求组成部分注册会计师实施审计程序以识别可能需要在集团财务报表中调整或披露的期后事项

C. 在设计用以识别期后事项的审计程序时，注册会计师应当考虑风险评估的结果，但无须考虑对之前已实施审计程序并已得出满意结论的事项执行追加的审计程序

D. 注册会计师应当设计和实施审计程序,以确定所有在财务报表日至审计报告日之间发生的事项均已得到识别

17. 如果被审计单位拒绝对财务报表报出后知悉的重大期后事项做出任何调整或披露,而该期后事项在审计报告日前已存在,注册会计师应当(   )。

    A. 提请被审计单位召开临时股东大会予以说明

    B. 撤回已经出具的审计报告

    C. 建议被审计单位发布修改的财务报表

    D. 向中国注册会计师协会做出专项说明

18. 在下列审计程序中,注册会计师最有可能获取期后事项审计证据的是(   )。

    A. 调查期后发生的长期负债的变化

    B. 重新计算在期后处置的固定资产的折旧费

    C. 确定期后人工费用率的变化是否已被授权

    D. 询问在资产负债表日前记录但在期后支付的预计负债

19. 下列有关期初余额审计程序的说法,不恰当的是(   )。

    A. 对于流动资产和流动负债的期初余额,注册会计师通常可以通过本期实施的审计程序获取全部的审计证据

    B. 对于非流动资产和非流动负债,注册会计师通常检查形成期初余额的会计记录和其他信息

    C. 在某些情况下,注册会计师可向第三方函证或实施其他替代程序

    D. 上期财务报表由其他注册会计师审计的,注册会计师可在被审计单位同意的前提下向前任注册会计师咨询关于期初余额的事项

20. 假如2019年的审计报告在2020年3月31日公布,下列不属于2019年期后非调整事项的是(   )。

    A. 2020年1月被审计单位宣告发放股票股利

    B. 2020年3月2日被审计单位发生火灾,造成重大损失

    C. 2020年2月被审计单位对外进行重大投资

    D. 2020年1月被审计单位收到2019年的销售退货

21. (2020年注会)下列有关管理层书面声明作用的说法,错误的是(   )。

    A. 书面声明是审计证据的重要来源

    B. 要求管理层提供书面声明而非口头声明,可以提高管理层声明的质量

    C. 在某些情况下,书面声明可能可以为相关事项提供充分、适当的审计证据

    D. 书面声明可能影响注册会计师需要获取的审计证据的性质和范围

22. (2020年注会)下列各项,注册会计师可以不向被审计单位管理层和治理层获

取书面声明的是( )。

A. 管理层认可其设计、执行和维护内部控制以防止和发现舞弊的责任

B. 管理层已向注册会计师通报了财务报表日至审计报告日之间发生的所有期后事项

C. 被审计单位已向注册会计师披露了所有已知悉的且在编制财务报表时应当考虑其影响的违反法律法规的行为

D. 未更正错报单独或汇总起来对财务报表整体的影响不重大

23.（2018 年注会）下列有关管理层书面声明日期的说法，错误的是( )。

A. 书面声明的日期不得早于财务报表报出日

B. 书面声明的日期不得晚于审计报告日

C. 书面声明的日期和审计报告日可以是同一天

D. 书面声明的日期可以早于审计报告日

（二）多项选择题

1. 注册会计师在评价错报影响时应汇总的错报包括( )。

A. 对事实的错报

B. 通过测试样本估计出的总体错报减去在测试中发现的已经识别的具体错报

C. 涉及主观决策的错报

D. 已调整错报

E. 通过实质性分析程序推断出的估计错报

2. 注册会计师应该保持应有的职业谨慎，合理运用专业判断，充分关注可能导致对被审计单位持续经营产生重大疑虑的事项或情况，该关注应该出现在( )。

A. 审计计划阶段　　　　　　　B. 审计实施阶段

C. 评价审计结果阶段　　　　　D. 审计报告出具后

3. 下列有关注册会计师完成审计工作的描述，正确的有( )。

A. 注册会计师在对被审计单位期后事项和或有事项等进行审计时，往往要向被审计单位的法律顾问和律师函证，得到律师声明书，对律师的函证通常是会计师事务所直接向被审计单位的律师寄发审计询证函

B. 管理层声明书标明的日期通常与审计报告日一致，但在某些情况下，注册会计师也可能在审计过程中或审计报告日后就某些交易或事项获取单独的声明书

C. 管理层声明书标明的日期一定与审计报告日一致

D. 对被审计单位律师的函证通常通过被审计单位向其律师寄发审计询证函的方式实施，而不是会计师事务所寄发

4. 财务报表审计中与被审计单位管理层沟通的事项一般包括( )。

A. 计划实施的审计工作的范围和时间

B. 实施审计工作及其结果

C. 审计人员在审计过程中注意到的内部控制重大缺陷

D. 审计人员的责任

5. 审计差异按性质可划分为（　　）。

A. 已知错报　　　　　　　　B. 估计错报

C. 差错准备　　　　　　　　D. 重大错报

6. （2021年注会）下列各项，项目合伙人应当在审计过程中复核的有（　　）。

A. 与重大事项有关的审计工作底稿

B. 与重大判断有关的审计工作底稿

C. 财务报表和审计报告

D. 项目质量复核人员编制的复核记录

7. 下列对审计报告日后至财务报表报出日前发现的事实的处理，正确的有（　　）。

A. 如果管理层修改了财务报表，注册会计师应当根据具体情况实施必要的审计程序，并针对修改后的财务报表出具新的审计报告

B. 如果管理层拒绝修改财务报表，并且审计报告尚未提交被审计单位，注册会计师应当按照《中国注册会计师审计准则第1502号——在审计报告中发表非无保留意见》的规定，出具保留意见或否定意见的审计报告

C. 如果管理层拒绝修改财务报表，并且审计报告已提交被审计单位，注册会计师应当通知被审计单位治理层不要将财务报表和审计报告向第三方报出

D. 如果管理层拒绝修改财务报表，并且财务报表已被报出，注册会计师应当登报声明撤回审计报告

8. 下列有关项目合伙人复核的说法，正确的有（　　）。

A. 项目合伙人无须复核所有审计工作底稿

B. 项目合伙人通常需要复核审计项目组对关键领域做出的判断

C. 项目合伙人应当复核与重大错报风险相关的所有审计工作底稿

D. 项目合伙人应当在审计工作底稿中记录复核的范围和时间

9. 所谓对审计工作底稿的整理和复核，包括（　　）。

A. 注册会计师及其助理人员对各自的审计工作底稿的初步整理

B. 审计项目组内经验较丰富的人员对经验较少的人员所实施的工作的复核

C. 项目负责人在出具审计报告前的复核

D. 其他注册会计师的复核

10. （2015 年注会）下列有关期后事项审计的说法，正确的有（　　）。

A. 注册会计师应当恰当应对在审计报告日后知悉的且如果在审计报告日知悉可能导致注册会计师修改审计报告的事实

B. 在财务报表报出后，注册会计师没有义务针对财务报表实施任何审计程序

C. 注册会计师应当要求管理层提供书面声明，确认所有在财务报表日后发生的、按照适用的财务报告编制基础的规定应予调整或披露的事项均已得到调整或披露

D. 注册会计师应当设计和实施审计程序，获取充分、适当的审计证据，以确定所有在财务报表日至财务报表报出日之间发生的、需要在财务报表中调整或披露的事项均已得到识别

11. 注册会计师有可能对期后事项实施的审计程序有（　　）。

A. 检查资产负债表日后发生企业合并的情况

B. 重新计算资产负债表日后出售固定资产的处置损益

C. 检查资产负债表日后诉讼案件的结案情况

D. 检查资产负债表日后资本公积转增资本的情况

12. 甲公司 2022 年度财务报表公布后，在 A 注册会计师知悉的下列事项中，需要对该年度财务报表采取适当措施的有（　　）。

A. 甲公司 2022 年度财务报表存在重大错报

B. 甲公司 2022 年度财务报表中披露的或有事项在财务报表公布后得到解决

C. 甲公司 2022 年度采用的收入确认会计政策不符合企业的具体情况

D. 甲公司在 2022 年度财务报表公布后，出售了占其 2022 年度合并净利润 30% 的一家子公司

13. 下列有关注册会计师对期后事项的责任的表述，正确的有（　　）。

A. 注册会计师应当实施必要的审计程序，获取充分、适当的审计证据，以确定截至审计报告日发生的、需要在财务报表中调整或披露的事项是否均已得到识别

B. 在审计报告日后，注册会计师没有责任针对期后事项实施审计程序

C. 对于在审计报告日至财务报表报出日之间知悉的可能影响财务报表的期后事项，注册会计师应当及时与被审计单位讨论，必要时实施适当的审计程序

D. 在财务报表报出后，注册会计师没有义务专门对财务报表进行查询

14. 针对下列或有事项，注册会计师应提出审计调整建议的有（　　）。

A. 基于合理的判断，M 公司对某项可能发生的担保损失于 2021 年确认预计负债 1 550 万元。2022 年 12 月法院做出终审判决，M 公司实际发生担保损失 1 500 万元。因此，M 公司于 2022 年确认营业外收入 50 万元

B. 2022 年 12 月 31 日，法院尚未对 M 公司被诉的一起合同纠纷案做出判决。基于合理的判断，M 公司胜诉的可能性为 40%。因此，M 公司没有确认预计负债

C. 2022 年 12 月 31 日，法院尚未对 M 公司涉及的一起三方合同纠纷案做出判决。M 公司的律师认为 M 公司很可能需要向合同一方支付违约金 500 万元，同时也基本确定可以从合同的另一方获得 400 万元赔偿。因此，M 公司确认预计负债 100 万元

D. 2022 年 11 月，法院判决 M 公司败诉，要求其偿付某银行担保责任款 300 万元。M 公司于 2022 年 12 月提起上诉，其律师认为上诉获胜的可能性很大，且截至 2022 年度财务报表签署日法院尚未做出判决。因此，M 公司没有确认预计负债

15. 注册会计师为发现审计年度必须查明的期后事项而向被审计单位管理层询问的内容包括（　　）。

A. 是否发生新的担保或承销

B. 被审计单位资产负债表日后编制的内部报表

C. 是否发生非常项目

D. 会计政策是否已发生或预计将发生重大变更

16. 发生在（　　）的期后事项，注册会计师应承担相应的责任。

A. 被审计年度内　　　　　　　　B. 财务报表日至审计报告日之间

C. 审计报告日至财务报表报出之间　　D. 财务报表报出后

17. 审计差异的内容包括（　　）。

A. 建议调整的不符事项　　　　　B. 不建议调整的不符事项

C. 重分类误差　　　　　　　　　D. 核算误差

18. （2014 年注会）A 注册会计师负责审计甲公司 2013 年度财务报表，现场审计工作完成日为 2014 年 2 月 28 日，财务报表批准日为 2014 年 3 月 20 日，审计报告日为 2014 年 3 月 29 日，财务报表报出日为 2014 年 3 月 31 日。下列有关书面声明日期的说法，正确的有（　　）。

A. A 注册会计师取得日期为 2014 年 3 月 29 日的书面声明

B. A 注册会计师取得日期为 2014 年 3 月 31 日的书面声明

C. A 注册会计师取得日期为 2014 年 2 月 28 日的书面声明，并于 2014 年 3 月 29 日就 2014 年 2 月 28 日至 2014 年 3 月 29 日之间的变化获取管理层的更新声明

D. A 注册会计师取得日期为 2014 年 3 月 20 日的书面声明，并于 2014 年 3 月 31 日就 2014 年 3 月 20 日至 2014 年 3 月 31 日之间的变化获取管理层的更新声明

19. 注册会计师获取（　　）可以表明管理层对财务报表责任的认可。

A. 治理层相关会议纪要　　　　　B. 管理层书面声明

C. 已签署的财务报表副本 D. 已审计的财务报表

20. 被审计单位管理层声明书是注册会计师获取的一种书面证据，管理层声明书具有的作用包括（   ）。

A. 明确管理层的会计责任

B. 为审计意见提供间接证据

C. 在一定程度上保护注册会计师

D. 避免注册会计师与管理层产生误解

（三）论述题

1. 注册会计师针对评估的认定层次重大错报风险设计进一步审计程序时，应考虑哪些因素？

2. 尚未更正错报的汇总数的内容包括哪些？

3. 会计上将期后事项分为哪两类？如何正确区分两类性质不同的期后事项？请举例说明。

（四）综合业务题

1．（2020年注会）甲公司是ABC会计师事务所的常年审计客户，主要从事家电产品的生产、批发和零售。A注册会计师负责审计甲公司2019年度财务报表，确定财务报表整体的重要性为800万元，明显微小错报的临界值为40万元。A注册会计师在审计工作底稿中记录了重大事项的处理情况，部分内容摘录如下：

（1）A注册会计师在审计过程中发现了一笔300万元的重分类错报，因金额较小未提出审计调整，要求管理层在书面声明中说明该错报对财务报表整体的影响不重大。

（2）甲公司某重要客户于2020年1月初申请破产清算。管理层在计提2019年年末坏账准备时考虑了这一情况。A注册会计师检查了相关法律文件，评估了计提金额的合理性，结果满意，据此认可了管理层的处理。

（3）A注册会计师在审计中发现甲公司采购总监存在受贿行为，立即与总经理沟通了该事项，获悉董事会已收到内部员工举报，正在进行调查。A注册会计师认为无须再与董事会或股东会沟通。

（4）甲公司总经理因新冠病毒感染疫情滞留外地，无法签署书面声明。A注册会计师与总经理视频沟通。总经理表示同意书面声明的内容，并授权副总经理在书面声明上签字并加盖了公章。A注册会计师接受了甲公司的做法。

要求：针对上述事项，假定不考虑其他条件，逐项指出A注册会计师的做法是否恰当。如不恰当，请简要说明理由。

2.（2019年注会）A注册会计师在审计工作底稿中记录了重大事项的处理情况，部分内容摘录如下：

（1）甲公司2018年度财务报表存在一笔未更正错报400万元，系少计提企业所得税所致。因该错报金额小于财务报表整体的重要性，A注册会计师认为该错报不重大，不影响审计结论。

（2）甲公司于2019年年初更换了管理层。因已获取新任管理层有关2018年度财务报表的书面声明，A注册会计师未再要求前任管理层提供书面声明。

（3）在审计报告日后、财务报表报出日前，甲公司2018年年末的一项重大未决诉讼终审结案，管理层根据判决结果调整了2018年度财务报表。在对该调整实施审计程序后，A注册会计师对重新批准的财务报表出具了新的审计报告。

要求：针对上述事项，假定不考虑其他条件，逐项指出A注册会计师的做法是否恰当。如不恰当，请简要说明理由。

四、强化练习题参考答案

(一) 单项选择题

1. B 2. B 3. D 4. A 5. D 6. A 7. D 8. B 9. C
10. B 11. A 12. D 13. A 14. D 15. B 16. D 17. C 18. D
19. A 20. D 21. C 22. B 23. A

(二) 多项选择题

1. ABCE 2. ABC 3. BD 4. ABCD 5. ABC 6. ABC
7. ABC 8. ABD 9. ABC 10. ABC 11. ACD 12. AC
13. ACD 14. BCD 15. ACD 16. BCD 17. ABCD 18. AC
19. ABC 20. ABCD

(三) 论述题

1.【答案】 在针对评估的认定层次重大错报风险设计进一步审计程序时，注册会计师应当考虑下列因素：

(1) 风险的重要性。风险的后果越严重，就越需要注册会计师关注和重视，越需要注册会计师精心设计有针对性的进一步审计程序。

(2) 重大错报发生的可能性。重大错报发生的可能性越大，就越需要注册会计师精心设计进一步审计程序。

(3) 涉及的各类交易、账户余额和披露的特征。不同的交易、账户余额和披露，产生的认定层次重大错报风险会存在差异，适用的审计程序也会有差别，需要注册会计师区别对待，并设计有针对性的进一步审计程序予以应对。

(4) 被审计单位采用的特定控制的性质。不同性质的控制（尤其是人工控制还是自动化控制）对注册会计师设计进一步审计程序具有重要影响。

(5) 注册会计师是否拟获取审计证据，以确定内部控制在防止或发现并纠正重大错报方面的有效性。如果注册会计师在风险评估时预期内部控制运行有效，随后拟实施的进一步审计程序必须包括控制测试，且实质性程序自然会受到之前控制测试结果的影响。

2.【答案】 尚未更正错报的汇总数包括已经识别的具体错报和推断误差。

(1) 已经识别的具体错报。已经识别的具体错报是指注册会计师在审计过程中发现的能够准确计量的错报，包括以下两类：

① 对事实的错报。这类错报产生于被审计单位收集和处理数据的错误、对事实的忽略或误解，或故意舞弊行为。

② 涉及主观决策的错报。这类错报产生于两种情况：一是管理层和注册会计师对会计估计值的判断差异。二是管理层和注册会计师对选择与运用会计政策的判断差异。注册会计师认为管理层选用会计政策造成错报，管理层却认为选用会计政策适当，导致出现判断差异。

（2）推断误差。推断误差也称可能误差，是注册会计师对不能明确、具体地识别的其他错报的最佳估计数。推断误差通常包括：

① 抽样误差，即通过测试样本估计出的总体的错报减去在测试中发现的已经识别的具体错报。

② 分析程序推断误差，即通过实质性分析程序推断出的估计错报。

3.【答案】 会计上将期后事项分为以下两类：

（1）对财务报表日已经存在的情况提供证据的事项。

（2）对财务报表日后发生的情况提供证据的事项。

正确区分两类性质不同的期后事项的关键在于正确界定期后事项主要情况出现的时间。凡主要情况出现在财务报表日前的期后事项，应提请被审计单位予以调整；反之，建议被审计单位在财务报表附注中加以披露即可。

下面举一个例子来说明两类期后事项的区别。假定在2023年3月20日被审计单位有一个主要客户破产，同时假定被审计单位在估计2022年12月31日财务报表中可能无法收回的账款时，预计该客户的应收账款可以如数收回。如果注册会计师复核该期后事项后，确定破产是由该客户日益恶化的财务状况引起的，并且这一情况在资产负债表日就已经存在，只是被审计单位不知道而已，那么这一期后事项就属于第一类期后事项（因为主要客户应收账款无法收回发生在资产负债表日之前），注册会计师应当提请被审计单位调整2022年度的财务报表，也即该项损失需要确认在2022年度财务报表中。但是，如果注册会计师审计后发现，该客户在2022年年末状况良好，破产是由某些突发因素导致的，如特大水灾、火灾等，则此时这一期后事项属于第二类期后事项，注册会计师只需要提请被审计单位在2022年度财务报表附注中披露该事项。

（四）综合业务题

1.【答案】 （1）不恰当。注册会计师应当要求管理层更正审计过程中发现的超过明显微小错报临界值的错报。

（2）恰当。管理层对财务报表日后调整事项在2019年年末计提坏账准备时予以考虑，注册会计师也针对这一事项检查了相关支持性文件和实施了相应审计程序。

（3）不恰当。如果确定或怀疑舞弊涉及管理层、在内部控制中承担重要职责的员工及其舞弊行为可能导致财务报表重大错报的其他人员，注册会计师应当尽早就此类事项与治理层沟通。

(4) 恰当。受新冠病毒感染疫情影响，注册会计师通过视频沟通核实了相关人员的身份，并且总经理确认同意书面声明内容后，授权副总经理签署并盖章。因此，注册会计师在审计报告日前获取了管理层签署的书面声明。

2.【答案】(1) 不恰当。注册会计师判断错报是否构成重大错报还应当考虑错报的性质。注册会计师应从定量和定性两个方面考虑错报是否构成重大错报。

(2) 恰当。注册会计师应向被审计单位现任管理层获取涵盖审计报告针对的所有财务报表和期间的书面声明。

(3) 不恰当。重新出具审计报告的（第一时段延长），注册会计师应将针对第一时段期后事项的审计程序延伸至新的审计报告日，不能仅针对该调整实施审计程序。

第十五章 审计报告

▶▶ 一、本章学习目标

（1）了解审计报告的含义、作用与分类。

（2）了解对财务报表形成审计意见所需考虑的要素。

（3）理解增加强调事项段与其他事项段的情形。

（4）熟练掌握审计报告的基本内容、格式与相关时间点。

（5）熟练掌握审计报告中关键审计事项的确定与描述。

（6）熟练掌握审计意见的分类标准与发表。

（7）熟练掌握非无保留意见审计报告的出具与格式。

▶▶ 二、本章重点与难点

1. 与审计报告相关的日期汇总（表15-1）

表15-1 与审计报告相关的日期汇总

日期	含义
审计报告日（一般情况下在其他日期之后）	在确定审计报告日时，注册会计师应当确信已获取下列两方面的审计证据： (1) 证明构成整套财务报表的所有报表（包括相关附注）已编制完成的证据。 (2) 法律法规规定的被审计单位的董事会、管理层或类似机构已经认可其对财务报表负责的证据。 审计报告日不应早于注册会计师获取充分、适当的审计证据（包括管理层认可对财务报表的责任且已批准财务报表的证据），并在此基础上对财务报表形成审计意见的日期。注册会计师签署审计报告的日期通常与管理层签署已审计财务报表的日期为同一天，或晚于管理层签署已审计财务报表的日期
财务报表日	财务报表涵盖的最近期间的截止日期

续表

日期	含义
财务报表批准日	构成整套财务报表的所有报表（包括相关附注）已编制完成，并且被审计单位的董事会、管理层或类似机构已经认可其对财务报表负责的日期。在审计实务中，审计报告日与财务报表批准日通常是相同的日期
财务报表报出日	审计报告和已审计财务报表提供给第三方的日期
书面声明的日期	书面声明的日期应当尽量接近对财务报表出具审计报告的日期，但不得在审计报告日后

2. 不同情况下审计意见的选择（表15-2）

表15-2 不同情况下审计意见的选择

类型		发表意见的条件	意见内容
无保留意见		如果认为财务报表在所有重大方面按照适用的财务报告编制基础的规定编制并实现公允反映，注册会计师应当发表无保留意见	如果对财务报表发表无保留意见，除非法律法规另有规定，审计意见应当使用"我们认为，后附的财务报表在所有重大方面按照［适用的财务报告编制基础（如企业会计准则等）］的规定编制，公允反映了［……］"的措辞
非无保留意见	保留意见	当存在下列情形之一时，注册会计师应当发表保留意见： (1) 在获取充分、适当的审计证据后，注册会计师认为错报单独或汇总起来对财务报表影响重大，但不具有广泛性。 (2) 注册会计师无法获取充分、适当的审计证据以作为形成审计意见的基础，但认为未发现的错报（如存在）对财务报表可能产生的影响重大，但不具有广泛性	当由于财务报表存在重大错报而发表保留意见时，注册会计师应当在审计意见部分说明：注册会计师认为，除形成保留意见的基础部分所述事项产生的影响外，后附的财务报表在所有重大方面按照适用的财务报告编制基础的规定编制，公允反映了［……］。 当由于无法获取充分、适当的审计证据而发表保留意见时，注册会计师应当在审计意见部分使用"除［……］可能产生的影响外"等措辞
	否定意见	在获取充分、适当的审计证据后，如果认为错报单独或汇总起来对财务报表的影响重大且具有广泛性，注册会计师应当发表否定意见	当发表否定意见时，注册会计师应当在审计意见部分说明：注册会计师认为，由于形成否定意见的基础部分所述事项的重要性，后附的财务报表没有在所有重大方面按照适用的财务报告编制基础的规定编制，未能公允反映［……］
	无法表示意见	如果无法获取充分、适当的审计证据以作为形成审计意见的基础，但认为未发现的错报（如存在）对财务报表可能产生的影响重大且具有广泛性，注册会计师应当发表无法表示意见	当由于无法获取充分、适当的审计证据而发表无法表示意见时，注册会计师应当： (1) 说明注册会计师不对后附的财务报表发表审计意见。 (2) 说明由于形成无法表示意见的基础部分所述事项的重要性，注册会计师无法获取充分、适当的审计证据以作为对财务报表发表审计意见的基础。 (3) 修改《中国注册会计师审计准则第1501号——对财务报表形成审计意见和出具审计报告》第二十五条第（二）项中规定的财务报表已经审计的说明，改为注册会计师接受委托审计财务报表

3. 审计报告的要素

（1）标题——审计报告。

（2）收件人——被审计单位全体股东。

（3）审计意见。

（4）形成审计意见的基础。

（5）管理层对财务报表的责任。

（6）注册会计师对财务报表审计的责任。

（7）按照相关法律法规的要求报告的事项（如适用）。

（8）注册会计师的签名和盖章。

（9）会计师事务所的名称、地址和盖章。

（10）报告日期。

4. 关键审计事项的确定流程

（1）以"与治理层沟通的事项"为起点确定关键审计事项。

《中国注册会计师审计准则第1151号——与治理层的沟通》要求注册会计师与被审计单位治理层沟通审计中发现的重大事项，包括注册会计师对被审计单位会计实务（包括会计政策、会计估计和财务报表披露）重大方面的质量的看法，以及审计工作中遇到的重大困难等，以便治理层履行其监督财务报告过程的职责，也便于注册会计师履行审计职责。在现行准则规范下，除非注册会计师针对这些事项发表无保留意见，否则这部分沟通事项将不在审计报告中披露。

（2）从"与治理层沟通过的事项"中确定"在执行审计工作时重点关注过的事项"。

《中国注册会计师审计准则第1504号——在审计报告中沟通关键审计事项》规定，在确定哪些事项属于重点关注过的事项时，注册会计师需要特别考虑以下三个方面：

① 评估的重大错报风险较高的领域或识别出的特别风险。特别风险通常与重大的非常规交易和判断事项有关，通常是注册会计师重点关注过的事项。但需要注意的是，并非所有的特别风险都一定是注册会计师重点关注过的事项。

② 与财务报表中涉及重大管理层判断（包括被认为具有高度估计不确定性的会计估计）的领域相关的重大审计判断。通常情况下，涉及重大管理层判断的领域是注册会计师重点关注过的，一般也会被认定为特别风险。除此之外，对于那些虽然未被认定为特别风险但具有高度估计不确定性的会计估计，注册会计师也需要考虑其是不是在执行审计工作时重点关注过的事项。这类会计估计通常较为复杂，且高度依赖管理层的判断，某些情况下还可能涉及专家的参与。注册会计师还需要特别关注对财务报表有重大影响的会计政策及其变更，特别是被审计单位的会计实务与行业内其他公司存在重大差

异的情况。

③ 本期重大交易或事项对审计的影响。这些重大交易或事项往往也是管理层做出复杂判断的领域，它们可能会对注册会计师的整体审计策略产生重大影响，也很有可能被认定为特别风险，如关联方交易、在公司正常经营过程之外的重大或异常交易等。因此，注册会计师在确定需要重点关注的事项时需要特别考虑该方面。

（3）从"在执行审计工作时重点关注过的事项"中确定对本期财务报表审计"最为重要的事项"，从而构成"关键审计事项"。

"最为重要"并不意味着只有一项，"最为重要的事项"的数量受被审计单位规模和复杂程度、业务和经营环境的性质，以及审计业务具体事实和情况的影响。注册会计师需要以被审计单位和已执行的审计工作为背景，综合考虑就相关事项与治理层沟通的性质和程度、该事项对预期使用者理解财务报表整体的重要程度、与该事项相关的会计政策的复杂程度或主观程度、与该事项相关的错报的性质和重要程度、为应对该事项需要付出的审计努力的性质和程度（包括利用专家的工作、向审计项目组以外的成员咨询等）、执业人员遇到的困难的性质和严重程度、与该事项相关的控制缺陷的严重程度、该事项是否涉及多项相联系的审计考虑等因素，确定这些事项的相对重要程度，以确定多少及哪些事项是"最为重要的事项"。

5. 审计报告中的关键审计事项描述

注册会计师应当在审计报告中单设一部分，以"关键审计事项"为标题，并在该部分使用恰当的子标题逐项描述关键审计事项。关键审计事项部分包括引言和对关键审计事项的逐项描述。

审计报告中各关键审计事项的先后顺序由注册会计师做出判断，可以按照各事项的相对重要程度，或者按照相关事项在财务报表附注中的披露顺序排列。

（1）关键审计事项部分的引言。

关键审计事项部分的引言应当同时说明下列事项：

① 关键审计事项是注册会计师根据职业判断，认为对本期财务报表审计最为重要的事项。

② 关键审计事项的应对以对财务报表整体进行审计并形成审计意见为背景，注册会计师不对关键审计事项单独发表意见。

（2）对关键审计事项的逐项描述。

在审计报告的关键审计事项部分逐项描述关键审计事项时，注册会计师应当分别索引至财务报表的相关披露（如有），并同时说明下列内容：

① 该事项被认定为审计中最为重要的事项之一，因而被确定为关键审计事项的原因。

② 该事项在审计中是如何应对的，可以包括审计应对措施或审计方案中与该事项最为相关或对评估的重大错报风险最有针对性的方面、对已实施审计程序的简要概述、实施审计程序的结果、对该事项的主要看法等。

注册会计师在描述关键审计事项时对审计程序的结果的说明，需要注意避免被认为是就某项关键审计事项单独发表意见，并避免引起对财务报表整体审计意见的质疑。

另外，在审计报告中沟通关键审计事项不能代替管理层按照适用的财务报告编制基础在财务报表中做出的披露。

（3）不在审计报告中沟通某项关键审计事项的情形。

《中国注册会计师审计准则第 1504 号——在审计报告中沟通关键审计事项》对在特殊情况下不在审计报告中沟通关键审计事项的情形做出规范，包括：

① 法律法规禁止公开披露某事项。

② 在极少数情形下，如果合理预期在审计报告中沟通某事项造成的负面后果超过在公众利益方面产生的益处，注册会计师确定不应在审计报告中沟通该事项。如果被审计单位已公开披露与该事项有关的信息，则本项规定不适用。

如果确定不在审计报告中沟通某项关键审计事项，注册会计师应当考虑取得有关法律建议，并考虑从管理层获取关于公开披露该事项为何不适当的书面声明，包括管理层对这种沟通可能带来的负面后果的严重程度的看法。

6. 关键审计事项与审计报告其他要素之间的关系

（1）导致发表非无保留意见的事项和与持续经营相关的重大不确定性优先于关键审计事项。

《中国注册会计师审计准则第 1504 号——在审计报告中沟通关键审计事项》强调，在审计报告中沟通关键审计事项不能代替下列事项：

① 注册会计师按照《中国注册会计师审计准则第 1502 号——在审计报告中发表非无保留意见》的规定，根据审计业务的具体情况发表非无保留意见。

② 当可能导致对被审计单位持续经营能力产生重大疑虑的事项或情况存在重大不确定性时，注册会计师按照《中国注册会计师审计准则第 1324 号——持续经营》的规定进行报告。

以上两种情况，就其性质而言都属于关键审计事项。但是，这些事项不得在审计报告的关键审计事项部分进行描述，而应当分别在形成保留（否定）意见的基础部分或与持续经营相关的重大不确定性部分进行描述，并在关键审计事项部分提及形成保留（否定）意见的基础部分或与持续经营相关的重大不确定性部分。

（2）关键审计事项优先于强调事项和其他事项。

根据《中国注册会计师审计准则第 1503 号——在审计报告中增加强调事项段和其

他事项段》的规定，注册会计师在审计报告中增加强调事项段和其他事项段的前提条件是：当《中国注册会计师审计准则第 1504 号——在审计报告中沟通关键审计事项》适用时，该事项未被确定为在审计报告中沟通的关键审计事项。

如果某事项构成关键审计事项，除上述导致发表非无保留意见的事项和与持续经营相关的重大不确定性之外，应在关键审计事项部分描述，而不得在强调事项段或其他事项段描述。

7. 在审计报告中增加强调事项段和其他事项段

（1）需要增加强调事项段的情形。

注册会计师在特定情况下在审计报告中增加强调事项段的情形包括：

① 法律法规规定的财务报告编制基础是不可接受的，但其是基于法律法规做出的规定。

② 提醒财务报表使用者关注财务报表按照特殊目的编制基础编制。

③ 注册会计师在审计报告日后知悉了某些事实（期后事项），并且出具了新的或经修改的审计报告。

注册会计师可能认为需要增加强调事项段的情形包括：

① 异常诉讼或监管行动的未来结果存在不确定性。

② 在财务报表日至审计报告日之间发生的重大期后事项。

③ 在允许的情况下，提前应用对财务报表有重大影响的新会计准则。

④ 存在已经或持续对被审计单位财务状况产生重大影响的特大灾难。

（2）增加其他事项段的前提条件。

在审计报告中增加其他事项段的前提条件包括：

① 未被法律法规禁止。

② 当《中国注册会计师审计准则第 1504 号——在审计报告中沟通关键审计事项》适用时，该事项未被确定为在审计报告中沟通的关键审计事项。

如果某事项不符合关键审计事项的规定，而注册会计师认为有必要沟通虽然未在财务报表中列报，但根据职业判断认为与财务报表使用者理解审计工作、注册会计师的责任或审计报告相关的事项，则应当在审计报告中增加其他事项段。

（3）在审计报告中包含强调事项段不影响审计意见。

包含强调事项段不能代替下列情形：

① 根据审计业务的具体情况，按照《中国注册会计师审计准则第 1502 号——在审计报告中发表非无保留意见》的规定发表非无保留意见。

② 适用的财务报告编制基础要求管理层在财务报表中做出的披露，或为实现公允反映所需的其他披露。

③ 按照《中国注册会计师审计准则第 1324 号——持续经营》的规定，当可能导致对被审计单位持续经营能力产生重大疑虑的事项或情况存在重大不确定性时做出的报告。也就是说，强调事项段不能代替"与持续经营相关的重大不确定性"段落，即当可能导致对被审计单位持续经营能力产生重大疑虑的事项或情况存在重大不确定性时，应按照《中国注册会计师审计准则第 1324 号——持续经营》的要求增加"与持续经营相关的重大不确定性"段落，而非增加强调事项段。

（4）强调事项段不同于其他事项段。

其他事项段是指审计报告中含有的一个段落，该段落提及未在财务报表中列报的事项，且根据注册会计师的职业判断，该事项与财务报表使用者理解审计工作、注册会计师的责任或审计报告相关。其他事项段不包括法律法规或其他职业准则（如《中国注册会计师职业道德守则》中与信息保密相关的规定）禁止注册会计师提供的信息。其他事项段也不包括要求管理层提供的信息。强调事项是已在财务报表中恰当列报的事项，而其他事项是未在财务报表中列报的事项。注册会计师在审计实务中应分清两者的区别，恰当使用强调事项段和其他事项段。

三、本章强化练习题

（一）单项选择题

1. 下列有关审计报告的叙述，正确的是(　　)。
   A. 审计报告应由两位注册会计师签名和盖章，其中一位必须是主任会计师
   B. 注册会计师出具非无保留意见的审计报告时，应在意见段之前增加说明段
   C. 审计报告的日期是指编写完成审计报告的日期
   D. 审计报告的收件人是指被审计单位管理层

2. 审计报告的作用不包括(　　)。
   A. 鉴证作用　　　　　　　　　B. 保证作用
   C. 保护作用　　　　　　　　　D. 证明作用

3. 标准审计报告和非标准审计报告的分类标准是(　　)。
   A. 审计报告的性质　　　　　　B. 审计报告使用的目的
   C. 审计报告的详略程度　　　　D. 审计报告使用的范围

4. 注册会计师签发的审计报告，相对于政府审计和内部审计而言，更具有鉴证作用，主要是因为(　　)。
   A. 注册会计师的审计水平更高
   B. 注册会计师的审计程序更科学

C. 注册会计师具有超然独立的第三者身份

D. 注册会计师审计的效果更好

5. 下列不属于非无保留意见的审计报告的是(　　)。

　A. 保留意见　　　　　　　　　　B. 否定意见

　C. 无法表示意见　　　　　　　　D. 无保留意见

6. 审计意见的形成基础是(　　)。

　A. 审计证据　　　　　　　　　　B. 审计程序

　C. 审计准则　　　　　　　　　　D. 审计人员

7. (2016年注会) 下列有关审计报告日的说法，错误的是(　　)。

　A. 审计报告日可以晚于管理层签署已审计财务报表的日期

　B. 审计报告日不应早于管理层书面声明的日期

　C. 在特殊情况下，注册会计师可以出具双重日期的审计报告

　D. 审计报告日应当是注册会计师获取充分、适当的审计证据，并在此基础上对财务报表形成审计意见的日期

8. 注册会计师在对财务报表审计后出具的审计报告的标题统一为(　　)。

　A. 注册会计师审计报告　　　　　B. 财务报表审计报告

　C. 注册会计师审阅报告　　　　　D. 审计报告

9. 审计报告是注册会计师在完成审计工作后向委托人提交的最终产品，下列有关审计报告特征的说法，不正确的是(　　)。

　A. 审计报告具有特定的要素和格式，注册会计师只有以书面形式出具审计报告，才能清楚表达对财务报表发表的审计意见

　B. 对于小型被审计单位，注册会计师可以不执行审计工作，直接出具审计报告

　C. 注册会计师应当按照中国注册会计师审计准则的规定执行审计工作

　D. 注册会计师通过对财务报表发表审计意见，履行审计业务约定书约定的责任

10. 审计报告的收件人一般是(　　)。

　A. 审计业务的委托人　　　　　　B. 政府审计局

　C. 会计师事务所　　　　　　　　D. 税务机关

11. 在审计报告中，说明被审计单位的名称和财务报表已经过审计，并指出构成整套财务报表的每张财务报表的名称，提及财务报表附注，指明财务报表的日期和涵盖的期间的段落是(　　)。

　A. 管理层对财务报表的责任段　　B. 注册会计师的责任段

　C. 引言段　　　　　　　　　　　D. 审计意见段

12. 下列错报，通常对财务报表不具有广泛影响的是(　　)。

A. 由于信息系统缺陷而未将子公司纳入合并范围将会涉及多个财务报表项目而不局限于特定的项目

B. 被审计单位没有将年内收购的一家重要子公司纳入合并范围

C. 针对重要固定资产，被审计单位进行减值测试，没有计提固定资产减值准备

D. 当与披露相关时，产生的影响对财务报表使用者理解财务报表至关重要

13. 下列不属于财务方面可能导致注册会计师对被审计单位的持续经营能力产生疑虑的事项或情况的是(　　)。

A. 重要子公司无法持续经营且未进行处理

B. 存在大量长期未做处理的不良资产

C. 失去主要市场、特许权或主要供应商

D. 无法继续履行重大借款合同中的有关条款

14. 下列不属于经营方面可能导致注册会计师对被审计单位的持续经营能力产生疑虑的事项或情况的是(　　)。

A. 异常原因导致停工、停产　　　B. 关键管理人员离职且无人代替

C. 主导产品不符合国家产业政策　　D. 人力资源短缺

15. 由于(　　)，注册会计师极有可能出具无法表示意见的审计报告。

A. 可能对财务报表产生重大影响，但被审计单位进行了恰当处理的事项

B. 重要信息披露不充分

C. 被审计单位施加的范围限制

D. 子公司的其他注册会计师发表了保留意见

16. 当审计报告的意见段中出现"除……的影响外"的字样时，表明审计报告是(　　)。

A. 无保留意见　　　　　　　　　B. 保留意见

C. 否定意见　　　　　　　　　　D. 无法表示意见

17. 如果实施有关实质性测试后，注册会计师仍认为与某一重要账户或交易类别的认定有关的检查风险不能降低至可接受水平，那么注册会计师应当发表(　　)。

A. 无保留意见　　　　　　　　　B. 保留意见或否定意见

C. 保留意见　　　　　　　　　　D. 无法表示意见

18. 在对 A 上市公司的财务报表进行审计时，注册会计师发现该公司因产品质量问题而被起诉，索赔金额巨大。截至资产负债表日，法院尚未做出最终判决。根据律师意见，A 上市公司很可能败诉，但具体赔偿金额尚无法确定。对于该项诉讼，A 上市公司没有在财务报表中做出恰当披露，且拒绝接受注册会计师的调整建议。单独考虑此事项的影响，注册会计师应当(　　)。

A. 发表不带强调事项段的无保留意见

B. 发表带强调事项段的无保留意见

C. 视其重要程度，发表保留意见或否定意见

D. 视其重要程度，发表保留意见或无法表示意见

19. 针对下列情况，注册会计师出具的审计报告，恰当的是(　　)。

A. 如果注册会计师无法就关联方和关联方交易获取充分、适当的审计证据，注册会计师应当将其视为审计范围受到限制，并根据其对财务报表的影响程度，出具保留意见或无法表示意见的审计报告

B. 如果被审计单位关联方交易的会计处理不符合适用的财务报告编制基础的要求且拒绝调整，注册会计师应当根据其对财务报表的影响程度，出具保留意见或无法表示意见的审计报告

C. 如果被审计单位管理层拒绝签署关于其财务报表编制责任的书面声明，注册会计师应当将其视为审计范围受到限制，出具无法表示意见的审计报告

D. 如果被审计单位未能按照适用的财务报告编制基础的要求，在财务报表中对关联方和关联方交易进行充分披露，注册会计师应当根据其对财务报表的影响程度，出具保留意见或无法表示意见的审计报告

20. 下列有关无法表示意见与否定意见的区别和联系的说法，错误的是(　　)。

A. 无法表示意见不同于否定意见，它通常仅仅适用于注册会计师不能获取充分、适当的审计证据的情形

B. 注册会计师如果发表否定意见，必须获取充分、适当的审计证据

C. 注册会计师如果发表否定意见，也可以不获取充分、适当的审计证据

D. 无论是无法表示意见还是否定意见，都只有在非常严重的情形下才采用

21. 注册会计师通过检查被审计单位的应收账款账龄分析表，确认其账龄在三年以上的应收账款总金额超过了财务报表层次重要性水平。对此，被审计单位采取了积极的措施来加大催收力度，并在财务报表附注中进行了充分披露。根据被审计单位的财务状况，注册会计师认为这部分应收账款的收回情况很可能对其持续经营假设产生重大影响。假定被审计单位不存在其他情况，注册会计师应当(　　)。

A. 在审计报告意见段前增加说明段，发表保留意见

B. 以审计范围受限为由发表无法表示意见

C. 在审计报告意见段后增加强调事项段进行说明

D. 以持续经营假设受影响为由发表否定意见

22. 注册会计师在出具保留意见、否定意见或无法表示意见的审计报告时，应在意见段前增加说明段，明确说明理由，并在可能的情况下指出其(　　)。

A. 对审计意见的影响

B. 对财务报表反映的影响程度

C. 对财务报表审计的影响

D. 对被审计单位财务状况的影响程度

23. B 公司从事剧毒化学物质的生产和销售。在审计其财务报表时，注册会计师发现该公司存货占总资产的 10%，但因存货的特殊性质，无法实施监盘程序。对于存货的数量，除管理层保证存货数量的声明外，注册会计师无法获取其他审计证据。单独考虑此事项的影响，注册会计师应当(　　)。

A. 发表不带强调事项段的无保留意见

B. 发表带强调事项段的无保留意见

C. 视其重要程度，发表保留意见或否定意见

D. 视其重要程度，发表保留意见或无法表示意见

24. 注册会计师在对 C 公司财务报表进行审计的过程中，发现其财务存在下列情况：① 大额债务到期但不能偿还；② 过去几年连续亏损；③ 净资产出现负数。目前，C 公司正在实施重整计划。注册会计师在评估管理层的重整计划后认为，C 公司编制财务报表时运用的持续经营假设是适当的，但重整计划的成功实施仍具有重大不确定性。C 公司已接受注册会计师的建议，在财务报表中对此进行了充分披露。单独考虑此事项的影响，注册会计师应当(　　)。

A. 发表不带强调事项段的无保留意见

B. 发表带强调事项段的无保留意见

C. 视其重要程度，发表保留意见或否定意见

D. 视其重要程度，发表保留意见或无法表示意见

25. 下列情况，注册会计师应出具带强调事项段无保留意见审计报告的是(　　)。

A. 针对资产负债表日的一项未决诉讼，律师认为胜负难料，一旦败诉将对被审计单位产生重大影响，被审计单位已在财务报表附注中进行了披露

B. 针对资产负债表日的一项未决诉讼，律师认为胜负难料，一旦败诉将对被审计单位产生重大影响，被审计单位拒绝在财务报表附注中进行披露

C. 审计年度中转入不需用设备一台，未计提折旧金额为 5 万元（累计折旧重要性水平为 10 万元），被审计单位未予调整

D. 被审计单位将按正常市价出售给子公司的商品全部确认为当期收入，已在财务报表附注中作为关联方交易予以披露

26. 如果上期未解决事项对比较信息产生重大影响，也对本期数据产生重大影响，

注册会计师应当( )。

  A. 不予关注

  B. 在说明段中仅需说明未解决事项对比较信息的重大影响

  C. 对本期财务报表整体发表非无保留意见，在说明段中清楚说明未解决事项对比较信息和本期数据的重大影响，并在可能的情况下指出影响程度

  D. 在审计报告中增加强调事项段来说明这一情况

（二）多项选择题

1. 审计报告可评价被审计单位财务报表的( )。

  A. 合法性　　　　　　　　B. 可靠性

  C. 相关性　　　　　　　　D. 公允性

  E. 可比性

2. 审计报告的证明作用主要表现在( )。

  A. 对审计工作质量起证明作用

  B. 对注册会计师的审计责任起证明作用

  C. 可以证明注册会计师在审计过程中是否实施了必要的审计程序

  D. 可以证明注册会计师是否以审计工作底稿为依据发表审计意见

  E. 可以证明注册会计师发表的审计意见是否与被审计单位的实际情况相一致

3. 审计报告应当包括的内容有( )。

  A. 审计报告标题及收件人名称　　B. 报告日期

  C. 审计意见段　　　　　　　　　D. 审计机构和审计人员签章

  E. 管理建议书

4. 审计报告的引言段应当( )。

  A. 指出构成整套财务报表的每张财务报表的名称

  B. 提及财务报表的附注

  C. 指明财务报表的日期

  D. 选择和运用恰当的会计政策

  E. 指明财务报表的涵盖期间

5. 下列有关审计报告基本要素的表述，正确的有( )。

  A. 对于股份有限公司，审计报告收件人一般可写成"××股份有限公司全体股东"

  B. 注册会计师根据已获取的充分、适当的审计证据，发表审计意见

  C. 审计报告应当由一名具有相关业务资格的注册会计师签名和盖章

  D. 注册会计师在审计报告中载明会计师事务所的地址时，应标明会计师事务所所在的市、区、街道

E. 审计报告的日期应在被审计单位管理层签署已审财务报表的日期之前

6. 注册会计师在确定审计报告的日期时,应考虑的因素有( )。

A. 注册会计师应当实施的审计程序已经完成

B. 注册会计师要求被审计单位调整或披露的事项已经提出

C. 被审计单位已经进行或拒绝进行调整或披露

D. 被审计单位管理层已经正式签署财务报表

E. 审计报告的日期应早于管理层签署财务报表的日期

7. 编制审计报告时,注册会计师应在审计报告的注册会计师责任段中说明的内容有( )。

A. 注册会计师按审计准则计划和执行审计工作,以合理确信财务报表是否不存在重大错报

B. 执行的审计工作为注册会计师发表审计意见提供了合理的基础

C. 已审报表的名称、反映的日期和期间

D. 管理层的会计责任

8. 被审计单位和管理层应负的责任包括( )。

A. 设计、执行和维护与财务报表编制相关的内部控制

B. 按照适用的财务报告编制基础编制财务报表,并使其实现公允反映

C. 对内部控制进行审核

D. 确保盈利预测的实现

E. 保证审计报告真实

9. 审查持续经营能力的实质性程序有( )。

A. 向被审计单位管理层询问影响持续经营能力的重大疑虑事项或情况

B. 向被审计单位的法律顾问函证

C. 审阅被审计单位管理层针对持续经营能力重大疑虑事项所采取的措施

D. 检查被审计单位董事会有关持续经营能力重大疑虑事项的会议记录

10. 编制审计报告前,注册会计师需要按规定对已审财务报表实施分析程序。与在审计其他阶段的应用不同,这一次分析程序的重点应集中在( )。

A. 调整前重大错报风险较高的方面

B. 考虑了所有重分类误差的财务报表部分

C. 注册会计师认定的重要审计领域

D. 接受了账项调整建议后的财务报表部分

11. 在确定与公司治理结构中的哪些适当人员沟通时,下列做法,正确的有( )。

A. 如果公司设有审计委员会或监事会，应当着重与审计委员会或监事会沟通

B. 如果公司是集团的组成部分，沟通的对象除了公司治理层外，还可能包括集团治理层

C. 在与公司治理层沟通前，不应先与公司内部审计人员沟通

D. 在与公司治理层沟通前，应当先与公司管理层沟通

12. 在与治理层沟通注册会计师的责任时，下列表述，正确的有（　　）。

A. 注册会计师应当就其责任直接与治理层沟通

B. 注册会计师承担对财务报表审计的责任可以减轻治理层的责任

C. 注册会计师应当和治理层沟通与其履行对财务报告过程监督职责相关的重大事项

D. 注册会计师通常不专门为识别与治理层沟通的补充事项设计程序

13. 在与治理层沟通计划的审计范围和时间安排时，下列各项，注册会计师通常认为宜沟通的有（　　）。

A. 重要性的具体金额

B. 拟如何应对由舞弊或错误导致的特别风险

C. 对与审计相关的内部控制采取的方案

D. 拟利用内部审计工作的程度

14. 在确定与治理层沟通的时间时，注册会计师的下列做法，正确的有（　　）。

A. 对于计划事项的沟通，可以随同对业务约定条款的协商一并进行

B. 对于审计中遇到的重大困难，应当尽快予以沟通

C. 对于注意到的内部控制设计或执行中的重大缺陷，应当在审计结束后以管理建议书的形式沟通

D. 对于审计中发现的与财务报表相关的事项，应当在最终完成审计工作前沟通

15. 注册会计师在确定某一与治理层沟通的事项的相对重要程度及该事项是否构成关键审计事项时，可能需要（　　）。

A. 考虑该事项对预期使用者理解财务报表整体的重要程度

B. 考虑为应对该事项而实施审计程序或评价这些审计程序的结果（如有）在多大程度上需要特殊的知识或技能

C. 从定性和定量方面考虑，与该事项相关的由舞弊或错误导致的已更正错报和累积未更正错报（如有）的性质及重要程度

D. 考虑与该事项相关的会计政策的性质或与同行业其他实体相比，管理层在选择适当的会计政策时涉及的复杂程度或主观程度

16. 当注册会计师出具（　　）的审计报告时，应当在意见段之前增加说明段，以

说明所持意见的理由。

A. 保留意见 B. 无保留意见

C. 否定意见 D. 无法表示意见

E. 带强调事项段的无保留意见

17. 注册会计师应当出具无法表示意见的审计报告的条件有（　　）。

A. 审计程序没有得到实施

B. 审计范围受限

C. 无法获取充分、适当的审计证据，证明财务报表不存在影响重大和广泛的事项

D. 财务报表整体不存在重大错报

E. 财务报表未能在所有重大方面公允反映被审计单位的财务状况、经营成果和现金流量

18. 标准无保留意见的审计报告应该包括的基本内容有（　　）。

A. 财务报表批准报出日 B. 注册会计师的责任段

C. 注册会计师的签名和盖章 D. 强调事项段

E. 审计意见段

19. 下列有关标准审计报告的表述，正确的有（　　）。

A. 审计报告要素齐全 B. 属于无保留意见

C. 不附加说明段 D. 不附加强调事项段或任何修饰性用语

E. 可以带强调事项段

20. 下列各项，注册会计师可能出具保留意见的审计报告的有（　　）。

A. 被审计单位管理层拒绝出具声明书

B. 存货在资产负债表日后市价严重下跌，被审计单位拒绝披露

C. 被审计单位在资产负债表日后由于意外灾害造成损失，且其拒绝在财务报表中披露

D. 被审计单位拒绝调整的错报金额超过了财务报表层次重要性水平

E. 被审计单位内部控制极度混乱，会计记录缺乏系统性与完整性

21. 下列专用术语，表示保留意见的有（　　）。

A. "由于上述问题造成的重大影响" B. "除上述问题造成的影响以外"

C. "除存在上述问题以外" D. "由于无法获取必要的审计证据"

22. 无法表示意见的审计报告与标准无保留意见的审计报告在内容上的区别有（　　）。

A. 引言段 B. 管理层的责任段

C. 注册会计师的责任段 D. 意见段

23. 下列情形，注册会计师可能考虑在审计报告中增加强调事项段的有（　　）。

A. 异常诉讼或监管行动的未来结果存在不确定性

B. 存在已经对被审计单位财务状况产生重大影响的特大灾难

C. 限制审计报告分发和使用

D. 提前应用（在允许的情况下）对财务报表有广泛影响的新会计准则

（三）论述题

1. 如何理解"注册会计师对审计结论的评价贯穿审计的全过程"这句话？

2. 注册会计师在得出审计结论时应当考虑哪些方面？

3. 导致注册会计师在审计报告中发表非无保留意见的事项有哪些？非无保留意见对审计报告要素内容的修改包含哪些内容？

4. 在确定某一与治理层沟通过的事项的相对重要程度及该事项是否构成关键审计事项时，需要考虑哪些相关因素？不在审计报告中沟通关键审计事项的情形有哪些？

（四）综合业务题

1.（2019 年注会）ABC 会计师事务所的 A 注册会计师负责审计多家上市公司 2018 年度财务报表，遇到下列与审计报告相关的事项：

（1）A 注册会计师无法就甲公司 2018 年年末存放在第三方的存货获取充分、适当的审计证据，对财务报表发表了保留意见。A 注册会计师认为除这一事项外，不存在其他关键审计事项，因此未在审计报告中包含关键审计事项部分。

（2）乙公司的某子公司于 2019 年 1 月 1 日起停止营业并开始清算，债权人申报的债权金额比该子公司 2018 年年末相应的账面余额多 5 亿元，占丙公司 2018 年年末合并财务报表净资产的 15%。乙公司管理层解释系该子公司与债权人就工程款存在争议，最终需要支付的金额尚不确定，故未在财务报表中予以确认。A 注册会计师认为该事项对财务报表使用者理解财务报表至关重要，在无保留意见的审计报告中增加了强调事项段来提醒财务报表使用者关注。

（3）丙公司的某重要子公司 2018 年年末处于停产状态，其核心技术人员已离职并成立了新公司，与丙公司竞争并占据主要市场份额。丙公司管理层拟在三年内自主研发替代性技术，基于该假设编制的预计未来现金流量现值显示，收购该子公司形成的大额商誉不存在减值。A 注册会计师认为技术研发成功的可能性存在重大不确定性，在无保留意见的审计报告中增加了强调事项段来提醒财务报表使用者关注。

（4）丁公司 2016 年度和 2017 年度连续亏损，2018 年度实现净利润 1.4 亿元，其中包括控股股东债务豁免收益 2 亿元。A 注册会计师认为该交易不具有商业实质，对 2018 年度财务报表发表了保留意见。

要求：针对上述（1）至（4）项，逐项指出 A 注册会计师的做法是否恰当。如不恰当，请简要说明理由。

2. D注册会计师作为XYZ会计师事务所的审计项目负责人，在审计以下单位2022年度财务报表时分别遇到下列情况：

（1）甲公司拥有一项长期股权投资，账面价值500万元，持股比例30%。2022年12月31日，甲公司与K公司签署投资转让协议，拟以350万元的价格转让该项长期股权投资，已收到价款300万元，但尚未办理产权过户手续，甲公司以该项长期股权投资正在转让中为由，不再计提减值准备。（假设不考虑预计未来现金流量）

（2）乙公司于2021年5月为L公司1年期银行借款1 000万元提供担保，因L公司不能及时偿还，银行于2022年11月向法院提起诉讼，要求乙公司承担连带清偿责任。2022年12月31日，乙公司在咨询律师后，根据L公司的财务状况，计提了500万元的预计负债。对于上述预计负债，乙公司已在财务报表附注中进行了适当披露。截至审计工作完成日，法院未对该项诉讼做出判决。

（3）丙公司于2022年年末更换了大股东，并成立了新的董事会，继任法定代表人以刚上任不了解以前年度情况为由，拒绝签署2022年度已审财务报表和提供管理层声明书。原法定代表人以不再继续履行职责为由，也拒绝签署2022年度已审财务报表和提供管理层声明书。

要求：假定上述情况对各被审计单位2022年度财务报表的影响都是重要的，且各被审计单位均拒绝接受D注册会计师提出的审计处理建议（如有）。在不考虑其他影响因素的前提下，请分别针对上述三种情况，判断D注册会计师应对被审计单位2022年度财务报表出具何种类型的审计报告，并简要说明理由。

四、强化练习题参考答案

（一）单项选择题

1. B　2. B　3. A　4. C　5. D　6. A　7. D　8. D　9. B
10. A　11. C　12. C　13. C　14. A　15. C　16. B　17. B　18. C
19. A　20. C　21. C　22. B　23. D　24. B　25. A　26. C

（二）多项选择题

1. AD　2. ABCDE　3. ABCD　4. ABCE　5. AB　6. ABCD
7. BC　8. AB　9. ABCD　10. BCD　11. AB　12. ACD
13. BCD　14. ABD　15. ABCD　16. ACD　17. BC　18. BCE
19. ABCD　20. ABCD　21. BC　22. ACD　23. ABD

（三）论述题

1.【答案】 对"注册会计师对审计结论的评价贯穿审计的全过程"可有以下理解：

（1）注册会计师应当根据实施的审计程序和获取的审计证据，评价对认定层次重大错报风险的评估是否仍然适当。

（2）财务报表审计是一个累积和不断修正信息的过程。随着计划的审计程序的实施，如果获取的信息与风险评估时依据的信息有重大差异，注册会计师应当考虑修正风险评估结果，并据以修改原计划的其他审计程序的性质、时间安排和范围。

（3）在实施控制测试时，如果发现被审计单位控制运行出现偏差，注册会计师应当了解这些偏差及其潜在后果，并确定已实施的控制测试是否为信赖控制提供了充分、适当的审计证据，是否需要实施进一步的控制测试，或实施实质性程序以应对潜在的错报风险。

（4）注册会计师不应将审计中发现的舞弊或错误视为孤立发生的事项，而应当考虑其对评估的重大错报风险的影响。在完成审计工作前，注册会计师应当评价是否已将审计风险降至可接受的低水平，是否需要重新考虑已实施审计程序的性质、时间安排和范围。

（5）在形成审计意见时，注册会计师应当从总体上评价是否已经获取充分、适当的审计证据，以将审计风险降至可接受的低水平。注册会计师应当考虑所有相关的审计证据，包括能够印证财务报表认定的审计证据和与财务报表认定相矛盾的审计证据。

2.【答案】 注册会计师应当就财务报表是否在所有重大方面按照适用的财务报告编制基础的规定编制并实现公允反映形成审计意见。为了形成审计意见，针对财务报表整体是否不存在由舞弊或错误导致的重大错报，注册会计师应当得出结论，确定是否已就此获取合理保证。

在得出结论时，注册会计师应当考虑下列方面：

(1) 按照《中国注册会计师审计准则第 1231 号——针对评估的重大错报风险采取的应对措施》的规定，是否已获取充分、适当的审计证据。

(2) 按照《中国注册会计师审计准则第 1251 号——评价审计过程中识别出的错报》的规定，未更正错报单独或汇总起来是否构成重大错报。

(3) 评价财务报表是否在所有重大方面按照适用的财务报告编制基础的规定编制。注册会计师应当依据适用的财务报告编制基础特别评价下列内容：

① 财务报表是否恰当披露了所选择和运用的重要会计政策。

② 所选择和运用的会计政策是否符合适用的财务报告编制基础，并适合被审计单位的具体情况。

③ 管理层做出的会计估计是否合理。

④ 财务报表列报的信息是否具有相关性、可靠性、可比性和可理解性。

⑤ 财务报表是否做出充分披露，使财务报表预期使用者能够理解重大交易和事项对财务报表所传递信息的影响。

⑥ 财务报表使用的术语（包括每一财务报表的标题）是否适当。

(4) 评价财务报表是否实现公允反映。在评价财务报表是否实现公允反映时，注册会计师应当考虑下列内容：

① 财务报表的总体列报（包括披露）、结构和内容是否合理。

② 财务报表是否公允地反映了相关交易和事项。

(5) 评价财务报表是否恰当提及或说明适用的财务报告编制基础。

3.【答案】 导致注册会计师在审计报告中发表非无保留意见的事项：

(1) 存在与具体金额相关的重大错报。

如果财务报表中存在与具体金额（包括定量披露）相关的重大错报，注册会计师应当在形成非无保留意见的基础部分说明并量化该错报的财务影响。举例来说，如果存货被高估，注册会计师可以在形成非无保留意见的基础部分说明该重大错报的财务影响，即量化其对所得税、税前利润、净利润和所有者权益的影响。如果无法量化财务影响，注册会计师应当在形成非无保留意见的基础部分说明这一情况。

(2) 存在与定性披露相关的重大错报。

如果财务报表中存在与定性披露相关的重大错报，注册会计师应当在形成非无保留意见的基础部分解释该错报错在何处。

(3) 存在与应披露而未披露信息相关的重大错报。

如果财务报表中存在与应披露而未披露信息相关的重大错报,注册会计师应当:与治理层讨论未披露信息的情况;在形成非无保留意见的基础部分描述未披露信息的性质;如果可行并且已针对未披露信息获取了充分、适当的审计证据,在形成非无保留意见的基础部分包含对未披露信息的披露,除非法律法规禁止。

如果存在下列情形之一,则在形成非无保留意见的基础部分披露遗漏的信息是不可行的:① 管理层还没有做出这些披露,或管理层已做出但注册会计师不易获取这些披露;② 根据注册会计师的判断,在审计报告中披露该事项过于庞杂。

(4) 无法获取充分、适当的审计证据。

如果因无法获取充分、适当的审计证据而导致发表非无保留意见,注册会计师应当在形成非无保留意见的基础部分说明无法获取审计证据的原因。

(5) 披露其他事项。

即使发表了否定意见或无法表示意见,注册会计师也应当在形成非无保留意见的基础部分说明注意到的、将导致发表非无保留意见的所有其他事项及其影响。这是因为对注册会计师注意到的其他事项的披露可能与财务报表使用者的信息需求相关。

非无保留意见对审计报告要素内容的修改:

(1) 当发表保留意见或否定意见时,注册会计师应当修改形成无保留意见的基础部分的描述以说明:注册会计师已获取的审计证据是充分、适当的,为发表非无保留意见提供了基础。

(2) 当由于无法获取充分、适当的审计证据而发表无法表示意见时,注册会计师应当修改审计报告的意见段以说明:注册会计师接受委托审计财务报表;注册会计师不对后附的财务报表发表审计意见;由于形成无法表示意见的基础部分所述事项的重要性,注册会计师无法获取充分、适当的审计证据以作为对财务报表发表审计意见的基础。

(3) 当注册会计师对财务报表发表无法表示意见时,注册会计师应当修改无保留意见审计报告中形成审计意见的基础部分,不应提及审计报告中用于描述注册会计师责任的部分,也不应说明注册会计师是否已获取充分、适当的审计证据以作为形成审计意见的基础。当注册会计师对财务报表发表无法表示意见时,注册会计师应当修改无保留意见审计报告中注册会计师对财务报表审计的责任部分,使之仅包含下列内容:

① 注册会计师的责任是按照中国注册会计师审计准则的规定,对被审计单位财务报表执行审计工作,以出具审计报告。

② 由于形成无法表示意见的基础部分所述的事项,注册会计师无法获取充分、适当的审计证据以作为发表审计意见的基础。

③ 声明注册会计师在独立性和职业道德方面的其他责任。

4.【答案】 在确定某一与治理层沟通过的事项的相对重要程度及该事项是否构成关键审计事项时,下列考虑可能是相关的:

(1) 该事项对财务报表预期使用者理解财务报表整体的重要程度,尤其是对财务报表的重要性。

(2) 与该事项相关的会计政策的性质或与同行业其他实体相比,管理层在选择适当的会计政策时涉及的复杂程度或主观程度。

(3) 从定性和定量方面考虑,与该事项相关的由舞弊或错误导致的已更正错报和累积未更正错报(如有)的性质及重要程度。

(4) 为应对该事项所需要付出的审计努力的性质和程度,包括:

① 为应对该事项而实施审计程序或评价这些审计程序的结果(如有)在多大程度上需要特殊的知识或技能。

② 就该事项在审计项目组之外进行咨询的性质。

(5) 在实施审计程序、评价实施审计程序的结果、获取相关和可靠的审计证据以作为发表审计意见的基础时,注册会计师遇到的困难的性质和严重程度,尤其是当注册会计师的判断变得更加主观时。

(6) 识别出的与该事项相关的控制缺陷的严重程度。

(7) 该事项是否涉及多项可区分但又相互关联的审计考虑。例如,对于长期合同的收入确认、诉讼或其他或有事项等方面,可能需要重点关注,这些方面可能影响其他会计估计。

不在审计报告中沟通关键审计事项的情形:

一般而言,在审计报告中沟通关键审计事项,有助于提高审计的透明度,是符合公众利益的。然而,在极少数情形下,关键审计事项可能涉及某些"敏感信息",沟通这些信息可能给被审计单位带来较为严重的负面影响。在某些情形下,法律法规也可能禁止公开披露某事项。例如,公开披露某事项可能妨碍相关机构对某项违法行为或疑似违法行为的调查。

因此,除非法律法规禁止公开披露某事项,或者在极少数情形下,如果合理预期在审计报告中沟通某事项造成的负面后果超过在公众利益方面产生的益处,注册会计师确定不应在审计报告中沟通该事项,否则注册会计师应当在审计报告中逐项描述关键审计事项。

(四) 综合业务题

1.【答案】(1) 不恰当。A 注册会计师应当在关键审计事项部分提及形成保留意见的基础部分。

(2) 不恰当。A 注册会计师应当发表非无保留意见,而不是增加强调事项段。存在争议的事项应当予以披露,但管理层未在财务报表中予以确认,属于错报。

(3)不恰当。丙公司的持续经营假设适当,但是存在重大不确定性,A注册会计师应当在无保留意见的审计报告中增加"与持续经营相关的重大不确定性"的单独部分,而不是增加强调事项段。"处于停产状态""核心技术人员离职""管理层拟在三年内自主研发替代性技术""大额商誉不存在减值",说明持续经营假设适当但存在重大不确定性,因此不应在强调事项段中说明。

(4)不恰当。A注册会计师应当出具否定意见的审计报告。该交易不具有商业实质,属于权益性交易,不影响损益,但是被审计单位将其计入损益以使自己扭亏为盈,属于错报且影响广泛。

2.【答案】(1)保留意见或否定意见的审计报告。由于该项长期股权投资转让交易尚未完成,甲公司应计提而未计提减值准备,不符合企业会计准则和相关制度的规定。同时,因为该事项重要,所以注册会计师应出具保留意见或否定意见的审计报告。

(2)带强调事项段的无保留意见的审计报告(标准无保留意见的审计报告)。因担保而产生的诉讼可能给乙公司带来损失,属于重大不确定事项,注册会计师应当考虑在意见段之后增加强调事项段(对未决诉讼已进行适当的会计处理,且已适当披露,符合企业会计准则和会计制度的规定,无须增加强调事项段)。

(3)无法表示意见的审计报告。由于管理层对已审财务报表未予认定,也未能提供管理层声明书,注册会计师的审计范围受到极大限制。

综合模拟卷（A卷）

第一部分 选择题（50分）

一、**单项选择题**（本大题共20小题，每小题1分，共20分。在每小题列出的四个备选项中只有一个选项是符合题目要求的，请将其代码填写在题后的括号内。错选、多选或未选均不得分）

1. 下列各项，不属于审计业务要素的是（　　）。
   A. 财务报告编制基础　　　　　　B. 审计报告
   C. 财务报表　　　　　　　　　　D. 审计准则

2. 下列有关注册会计师专业胜任能力和勤勉尽责的陈述，不恰当的是（　　）。
   A. 注册会计师应当通过教育、培训和执业实践获取与保持专业胜任能力
   B. 在运用专业知识和技能时，注册会计师无须运用职业判断
   C. 注册会计师应当采取适当措施，确保在其授权下从事专业服务的人员得到应有的培训和督导
   D. 在适当时，注册会计师应当使客户或专业服务的其他使用者了解专业服务的固有局限

3. 下列有关鉴证对象与鉴证对象信息的阐述，错误的是（　　）。
   A. 管理者只对鉴证对象信息负责
   B. 管理者既要对鉴证对象信息负责，也要对鉴证对象负责
   C. 实质性程序无法改变鉴证对象信息的客观性
   D. 鉴证对象可以是某种系统和过程

4. 对于下列应收账款认定，通过实施函证程序，注册会计师认为最可能证实的是（　　）。
   A. 准确性、计价和分摊　　　　　B. 分类
   C. 存在　　　　　　　　　　　　D. 完整性

5. 下列各项，不属于审计的前提条件的是(　　)。

A. 存在可接受的财务报告编制基础

B. 管理层愿意接受非无保留意见的审计报告

C. 管理层认可并理解其对财务报表承担的责任

D. 管理层向注册会计师提供必要的工作条件

6. 下列程序，一般用于对银行存款、应收账款、应收票据、其他应收款等项目审计的是(　　)。

  A. 复算　　　　　　　　　　　B. 观察

  C. 函证　　　　　　　　　　　D. 询问

7. 下列有关审计证据的说法，正确的是(　　)。

A. 外部证据与内部证据矛盾时，注册会计师应当采用外部证据

B. 审计证据不包括会计师事务所接受与保持客户或业务时实施质量管理程序获取的信息

C. 注册会计师可以考虑获取审计证据的成本与所获取的信息的有用性之间的关系

D. 注册会计师无须鉴定作为审计证据的文件记录的真伪

8. 下列与内部控制有关的审计工作，通常可以运用审计抽样的是(　　)。

A. 评价内部控制设计的合理性

B. 确定控制是否得到执行

C. 测试自动化应用控制的运行有效性

D. 测试留下运行轨迹的人工控制的运行有效性

9. 注册会计师采用差额法推断存货项目的总体错报，假定样本的账面金额是500万元，样本规模是200个，审计确定样本的实际金额是450万元，存货总体的账面金额是4 000万元，总体规模是2 000个，则推断的总体错报金额是(　　)万元。

  A. 400　　　　　　　　　　　B. 500

  C. 450　　　　　　　　　　　D. 550

10. 下列有关实施风险评估程序的说法，不恰当的是(　　)。

A. 无论重大错报风险的评估结果如何，均应当针对所有重大类别的交易、账户余额和披露实施实质性程序

B. 评价注册会计师对被审计单位及其环境了解的程度是否恰当，关键看其是否能识别和评估重大错报风险

C. 在某些情况下，不实施风险评估程序也能评估重大错报风险

D. 了解被审计单位及其环境贯穿整个审计过程

11. 下列有关控制测试目的的说法，正确的是(　　)。

A. 控制测试旨在评价内部控制在防止或发现并纠正认定层次重大错报方面的运行有效性

B. 控制测试旨在发现认定层次发生错报的金额

C. 控制测试旨在验证实质性程序结果的可靠性

D. 控制测试旨在确定内部控制是否得到执行

12. 为了应对财务报表层次较高的重大错报风险，注册会计师可以提高审计程序的不可预见性。下列程序，不能提高审计程序不可预见性的是(　　)。

A. 采用不同的审计抽样方法，使当期抽取的测试样本与以前有所不同

B. 对应收账款进行函证时，将函证账户的截止日期推迟

C. 对以前由于低于设定的重要性水平而未曾测试过的固定资产进行测试

D. 进行存货监盘时，事先通知被审计单位盘点地点，以便其做好准备

13. 下列认定，与销售信用批准控制相关的是(　　)。

A. 发生　　　　　　　　　　B. 准确性、计价和分摊

C. 权利和义务　　　　　　　D. 完整性

14. 为了检查被审计单位是否及时向客户发送账单，注册会计师可以执行的审计程序是(　　)。

A. 核对应收账款明细账余额和总账余额

B. 函证应收账款余额

C. 核对已发送账单的销售汇总表和应收账款明细账

D. 核对已发送账单的销售汇总表和销售收入记录

15. 下列与付款业务相关的内部控制，可能存在缺陷的是(　　)。

A. 建立了退货管理制度，对退货条件、退货手续、货物出库、退货货款收回等做出明确规定

B. 定期与供应商核对应付账款、应付票据、预付账款等往来款项

C. 已到期的应付款项直接由主管会计办理结算与支付

D. 财会部门在办理付款业务时，对采购发票、结算凭证、验收证明等相关凭证的真实性、完整性、合法性及合规性进行了严格的审核

16. 下列有关存货内部控制的叙述，错误的是(　　)。

A. 购货应由独立的采购部门负责

B. 验收可由购货部门负责

C. 企业应建立储存管理责任制

D. 各个生产部门必须制订严格的规划，由管理人员负责监督，控制整个生产过程

17. 下列审计程序，通常不能为定期存款的存在认定提供可靠的审计证据的

是( )。

A. 函证定期存款的相关信息

B. 对于未质押的定期存款，检查开户证实书原件

C. 对于已质押的定期存款，检查定期存单复印件

D. 对于在资产负债表日后已到期的定期存款，核对兑付凭证

18. 下列重大错报风险，注册会计师应当评估为特别风险的是( )。

A. 与重大资产余额相关的重大错报风险

B. 与管理层挪用货币资金相关的重大错报风险

C. 与关联方交易相关的重大错报风险

D. 与具有高度估计不确定性的会计估计相关的重大错报风险

19. 在审计过程中，注册会计师需要与被审计单位治理层沟通，下列有关与治理层沟通的说法，错误的是( )。

A. 首次接受委托时，注册会计师与治理层的沟通可以随同就审计业务条款达成一致意见一并进行

B. 对于审计过程中遇到的重大困难，注册会计师应当汇总在完成审计工作时与治理层沟通

C. 如果注册会计师与治理层之间的双向沟通不充分且这种情况得不到解决，注册会计师应当采取适当的防范措施

D. 对于审计准则要求的注册会计师的独立性，注册会计师应当以书面形式与治理层沟通

20. 下列有关审计报告的叙述，正确的是( )。

A. 审计报告应由两位注册会计师签名和盖章，其中一位必须是主任会计师

B. 注册会计师出具非无保留意见的审计报告时，应在意见段之前增加说明段

C. 审计报告的日期是指编写完成审计报告的日期

D. 审计报告的收件人是指被审计单位管理层

二、**多项选择题**（本大题共15小题，每小题2分，共30分。在每小题列出的四个备选项中至少有两个是符合题目要求的，请将其代码填写在题后的括号内。错选、多选、少选或未选均不得分）

1. 下列各项，属于注册会计师应当遵守的职业道德基本原则的有( )。

    A. 诚信　　　　　　　　　　B. 保密

    C. 客观公正　　　　　　　　D. 专业胜任能力和勤勉尽责

2. 下列各项，属于会计师事务所质量管理体系组成要素的有( )。

    A. 控制环境　　　　　　　　B. 资源

C. 相关职业道德要求   D. 监控和整改程序

3. 在理解审计重要性概念时，下列表述正确的有(　　)。

A. 重要性取决于在具体环境下对错报金额和性质的判断

B. 如果一项错报单独或连同其他错报可能影响财务报表使用者依据财务报表做出的经济决策，则该项错报是重大的

C. 判断一项错报对财务报表是否重大，应当考虑对个别特定财务报表使用者产生的影响

D. 较小金额错报的累积结果，可能对财务报表产生重大影响

4. 下列各项，属于注册会计师编制审计工作底稿的目的的有(　　)。

A. 有助于审计项目组计划和执行审计工作

B. 保留对未来审计工作持续产生重大影响的事项的记录

C. 便于后任注册会计师查阅

D. 便于监管机构对会计师事务所实施执业质量检查

5. 注册会计师运用各项风险评估程序，在了解被审计单位及其环境的整个过程中识别风险。下列识别的风险，与各类交易、账户余额和披露相联系的有(　　)。

A. 被审计单位因相关环境法规的实施需要更新设备，可能面临原有设备闲置或贬值的风险

B. 被审计单位对存货跌价准备的计提没有实施比较有效的内部控制，管理层未根据存货的可变现净值计提相应的跌价准备

C. 管理层缺乏诚信或承受异常的压力可能引发舞弊风险

D. 竞争者开发的新产品上市，可能导致被审计单位的主要产品在短期内过时，预示将出现存货跌价和长期资产的减值

6. 在了解被审计单位的内部控制时，注册会计师通常采用的程序有(　　)。

A. 查阅内部控制手册

B. 追踪交易在财务报告信息系统中的处理过程

C. 重新执行某项控制

D. 现场观察某项控制的运行

7. 拟实施进一步审计程序的总体审计方案包括(　　)。

A. 综合性方案   B. 风险审计方案

C. 实质性方案   D. 控制测试方案

8. 对销售交易中的内部控制进行测试时发现的下列情形，体现了适当的职责分离原则的有(　　)。

A. 一个职员负责主营业务收入和应收账款记账，但由另一个不负责账簿记录的职

员定期调节总账和明细账

B. 负责主营业务收入和应收账款记账的职员不经手货币资金

C. 将办理销售、发货、收款三项业务的部门（岗位）分别设立

D. 应收票据的取得和贴现必须经由保管票据以外的主管人员书面批准

9. 下列各项，可能影响采购与付款交易和余额的重大错报风险的有(　　)。

A. 低估负债或相关准备

B. 费用支出的复杂性

C. 舞弊和盗窃的固有风险

D. 迫于业绩考核需要，管理层存在错报负债费用支出的动因

10. 在对公司与固定资产相关的内部控制进行了解、测试后，注册会计师根据掌握的情况形成下列专业判断，其中正确的有(　　)。

A. 公司建立了比较完善的固定资产处置制度，且本年度发生的处置业务没有对当期损益产生重大影响，注册会计师决定不再对固定资产处置进行实质性测试

B. 公司的固定资产没有按类别、使用部门、使用状况等进行明细核算，注册会计师决定减少与之相关的控制测试，并增加实质性测试的样本量

C. 公司建立了比较完善的固定资产定期盘点制度，于年底对固定资产进行全面盘点，并根据盘点结果进行了相关会计处理，注册会计师决定适当减少抽查公司固定资产的样本量

D. 公司本年度固定资产的实际增减变化与固定资产年度预算基本一致，注册会计师决定减少对固定资产增减变化进行实质性测试的样本量

11. 下列审计程序，注册会计师在被审计单位存货盘点现场监盘时应当实施的有(　　)。

A. 评价管理层用以记录与控制存货盘点结果的指令和程序

B. 观察管理层制定的存货盘点程序的执行情况

C. 检查存货

D. 执行抽盘

12. 下列有关盘点库存现金的说法，正确的有(　　)。

A. 对库存现金进行盘点，应实施突击性的检查

B. 盘点库存现金的时间最好选择中午上班时

C. 盘点库存现金应由注册会计师进行监督

D. 盘点库存现金前，应由出纳将现金集中起来存入保险柜，必要时可加以封存

13. 下列审计程序，可以帮助注册会计师识别关联方的有(　　)。

A. 查阅以前年度审计工作底稿

B. 执行交易或余额的细节测试
C. 查阅股东大会、董事会会议及其他重要会议记录
D. 查阅会计记录中数额较大的、异常的及不经常发生的交易或金额

14. 下列有关注册会计师完成审计工作的描述，正确的有（　　）。

A. 注册会计师在对被审计单位期后事项和或有事项等进行审计时，往往要向被审计单位的法律顾问和律师函证，得到律师声明书，对律师的函证通常是会计师事务所直接向被审计单位的律师寄发审计询证函

B. 管理层声明书标明的日期通常与审计报告日一致，但在某些情况下，注册会计师也可能在审计过程中或审计报告日后就某些交易或事项获取单独的声明书

C. 管理层声明书标明的日期一定与审计报告日一致

D. 对被审计单位律师的函证通常通过被审计单位向其律师寄发审计询证函的方式实施，而不是会计师事务所寄发

15. 下列情形，注册会计师可能考虑在审计报告中增加强调事项段的有（　　）。

A. 异常诉讼或监管行动的未来结果存在不确定性
B. 存在已经对被审计单位财务状况产生重大影响的特大灾难
C. 限制审计报告分发和使用
D. 提前应用（在允许的情况下）对财务报表有广泛影响的新会计准则

第二部分　非选择题（50分）

三、**论述题**（本大题共5小题，每小题5分，共25分）

1. 可能对职业道德基本原则产生不利影响的因素有哪些？

2. 如何理解重要性、审计风险和审计证据三者之间的关系？

3. 抽样风险有哪些类型？它们会对审计工作产生什么样的影响？

4. 注册会计师可以从哪几个方面了解被审计单位及其环境？

5. 注册会计师在设计进一步审计程序时应考虑的因素有哪些？

四、综合业务题（本大题共 1 小题，共 25 分）

上市公司甲公司是 ABC 会计师事务所的常年审计客户，主要从事医疗器械的生产和销售。A 注册会计师负责审计甲公司 2020 年度财务报表，确定财务报表整体的重要性为 1 000 万元。

资料一：

A 注册会计师在审计工作底稿中记录了所了解的甲公司情况及其环境，部分内容摘录如下：

（1）为占领市场，甲公司 2020 年对 a 设备采用新的销售模式：将设备售价减半为每台 50 万元，设备销售合同约定客户必须向甲公司购买 a 设备使用的试剂，试剂采购合同根据需求另行签订。甲公司预期试剂销售的利润可以弥补设备降价的损失。2020 年 a 设备销量增长 20%。

（2）2020 年 6 月，甲公司受乙公司委托为其生产 1 000 台专用设备 b，每台售价 6 万元。乙公司指定了 b 设备主要部件的供应商，并与该供应商确定了主要部件的规格和价格。

（3）甲公司采用经销模式销售 2020 年 10 月推出的新产品 c 设备，每台售价 50 万元。合同约定：经销商在实现终端销售后向甲公司支付设备款，在采购设备半年内未实现终端销售的可以退货。截至2020年年末，甲公司累计销售c设备100台，与经销商对账显示这些设备均未实现终端销售。

（4）2020年5月，甲公司与丁大学合作研发一项新技术，预付研发经费3 000万元。2020年年末，该研发项目进入开发阶段。

（5）2020年7月，甲公司收到当地政府支付的新冠病毒感染疫情停工损失补助2 000万元。

资料二：

A注册会计师在审计工作底稿中记录了甲公司的财务数据，部分内容摘录如下：

单位：万元

项目	2020年 未审数	2019年 已审数
营业收入——a设备	30 000	50 000
营业成本——a设备	36 500	30 000
营业收入——b设备	6 000	0
营业成本——b设备	5 500	0
营业收入——c设备	5 000	0
营业成本——c设备	2 800	0
其他收益——停工损失补助	2 000	0
预付款项——丁大学	3 000	0
存货——a设备	10 000	8 000
存货——a设备存货跌价准备	100	100
合同资产——c设备经销商	5 000	0

资料三：

A注册会计师在审计工作底稿中记录了审计计划，部分内容摘录如下：

（1）A注册会计师拟对甲公司2020年度新增的三家重要经销商进行实地走访，提前将访谈提纲发送给甲公司销售经理，由其转交给经销商。

（2）A注册会计师拟委托境外网络所的B注册会计师对甲公司境外仓库的存货执行现场监盘，并通过视频直播观察监盘过程。

（3）2020年11月，甲公司将一家严重亏损的子公司转让给关联方，确认处置收益3 000万元。A注册会计师拟对该交易实施以下程序：检查交易的授权审批情况；检查相关合同并评价交易条款是否与管理层的解释一致；检查该子公司的工商变更登记情况；检查甲公司收到股权转让款的相关单据；评价该交易会计处理和披露是否恰当。

（4）甲公司将部分设备无偿提供给医院使用，同时向医院销售这些设备使用的专用试剂。A注册会计师拟通过检查设备移交记录和试剂销售情况，以及选取部分设备实施现场检查，获取有关设备存在的审计证据。

资料四：

A注册会计师在审计工作底稿中记录了实施进一步审计程序的情况，部分内容摘录如下：

（1）因航班临时取消，A注册会计师无法在甲公司重要异地仓库的存货盘点日到达现场，通过实施替代程序获取了有关该仓库存货存在和状况的审计证据。

（2）甲公司的直销设备在送达客户指定场所并安装验收后确认收入。在测试直销设备营业收入的完整性时，A注册会计师检查了仓储部门留存的出库单的完整性，从中选取样本，追查至营业收入明细账，结果满意。

（3）A注册会计师在对甲公司2020年度的职工薪酬实施实质性分析程序时，获取了人事部门提供的员工人数和平均薪酬数据，在评价了这些数据的可靠性后做出预期，预期值与已记录金额之间的差异低于可接受的差异额，结果满意。

（4）2020年年末，甲公司因一项重大的对外担保被起诉。A注册会计师认为甲公司聘请的外部律师不具有客观性，因此未与其沟通，而是征询了独立第三方律师的法律意见。

要求（1）：针对资料一（1）至（5）项，结合资料二，假定不考虑其他条件，逐项指出资料一所列事项是否可能表明存在重大错报风险。如果认为可能表明存在重大错报风险，请简要说明理由，并说明该风险主要与哪些财务报表项目的哪些认定相关（不考虑税务影响）。

要求（2）：针对资料三（1）至（4）项，假定不考虑其他条件，逐项指出A注册会计师的做法是否恰当。如不恰当，请简要说明理由。

要求（3）：针对资料四（1）至（4）项，假定不考虑其他条件，逐项指出A注册会计师的做法是否恰当。如不恰当，请简要说明理由。

【参考答案】

一、单项选择题

1. D 2. B 3. A 4. C 5. B 6. C 7. C 8. D 9. B
10. C 11. A 12. D 13. B 14. C 15. C 16. B 17. C 18. B
19. B 20. B

二、多项选择题

1. ABCD 2. BCD 3. ABD 4. ABD 5. ABD 6. ABD
7. AC 8. BCD 9. ABCD 10. BCD 11. ABCD 12. ACD
13. AC 14. BD 15. ABD

三、论述题

1.【答案】 可能对职业道德基本原则产生不利影响的因素包括自身利益、自我评价、过度推介、密切关系和外在压力。

如果经济利益或其他利益对注册会计师的职业判断或行为产生不当影响,将产生自身利益导致的不利影响。如果注册会计师对其以前的判断或服务结果做出不恰当的评价,并且将据此形成的判断作为当前服务的组成部分,将产生自我评价导致的不利影响。如果注册会计师过度推介客户或工作单位的某种立场或意见,使其客观性受到损害,将产生过度推介导致的不利影响。如果注册会计师与客户或工作单位存在长期或亲密的关系而过于倾向他们的利益或认可他们的工作,将产生密切关系导致的不利影响。如果注册会计师受到实际的压力或感受到压力而无法客观行事,将产生外在压力导致的不利影响。

2.【答案】 重要性水平与审计风险之间存在反向关系。一般而言,重要性水平越高,审计风险越低;重要性水平越低,审计风险越高。注册会计师在确定审计程序的性质、时间安排和范围时应当考虑这种反向关系。

重要性水平与审计证据的数量之间存在反向关系。一般而言，重要性水平越低，所需收集的审计证据越多；重要性水平越高，所需收集的审计证据越少。

可接受的审计风险与审计证据的数量之间存在反向关系。一般而言，可接受的审计风险越低，所需获取的审计证据越多；可接受的审计风险越高，所需获取的审计证据越少。

3.【答案】（1）控制测试中的抽样风险。控制测试中的抽样风险主要有两种：一是信赖过度风险；二是信赖不足风险。信赖过度风险是指在对内部控制的有效性进行测试时，基于对样本的考察得出了信赖内部控制的结论，但总体的实际情况可能并不符合这一结论。即在注册会计师选取的内部控制样本中，其有效性高于总体水平，这样对样本考察的结果将导致注册会计师对内部控制给予过度的信赖。信赖不足风险是指在对内部控制的有效性进行测试时，基于对样本的考察得出了不能信赖内部控制的结论，但总体的实际情况是可以信赖的，即对内部控制应该信赖而未予以信赖。

（2）实质性测试中的抽样风险。实质性测试中的抽样风险也有两种：一是误拒风险；二是误受风险。误拒风险是指在对账户余额的正确性进行测试时，实际上某项余额是正确的，而注册会计师考察样本后却得出该项余额不正确的结论，即将事实上正确的余额误作为错误的予以拒绝。误受风险是指在对账户余额的正确性进行测试时，实际上某项余额是错误的，而注册会计师考察样本后却得出该项余额正确的结论，即将事实上错误的余额误作为正确的予以接受。

4.【答案】 了解被审计单位及其环境，既包括了解被审计单位的外部环境，又包括了解其内部因素。具体来说，可分为以下六个方面：

（1）相关行业状况、法律环境和监管环境及其他外部因素。

（2）被审计单位的性质。

（3）被审计单位对会计政策的选择和运用。

（4）被审计单位的目标、战略及可能导致重大错报风险的相关经营风险。

（5）对被审计单位财务业绩的衡量和评价。

（6）被审计单位的内部控制。

5.【答案】（1）风险的重要性。风险的重要性是指风险造成后果的严重程度。风险造成的后果越严重，越需要精心设计有针对性的进一步审计程序。

（2）重大错报发生的可能性。重大错报发生的可能性越大，越需要设计进一步审计程序。

（3）涉及的各类交易、账户余额和披露的特征。不同的交易、账户余额和披露产生的认定层次重大错报风险会存在差异，适用的审计程序也有差别。

（4）被审计单位采用的特定控制的性质。不同性质的控制对进一步审计程序具有重要影响。

（5）注册会计师是否拟获取审计证据以确定内部控制的有效性。如果注册会计师在风险评估时预期内部控制的运行有效，拟实施的进一步审计程序就必须包括控制测试，实质性程序就会受控制测试结果的影响。

四、综合业务题

【答案】 要求（1）：

事项序号	是否可能表明存在重大错报风险（是/否）	理由	财务报表项目名称（认定）
（1）	是	新销售模式导致a设备销售毛利出现负数，未来试剂销售情况存在不确定性，可能存在少计存货跌价准备的风险	资产减值损失（完整性、准确性） 存货（准确性、计价和分摊）
（2）	是	b设备的毛利率较低，主要部件的供应商及其价格由乙公司指定，可能是受托加工业务，此时，可能需要按净额确认收入，可能存在多计收入和成本的风险	营业收入（准确性、发生） 营业成本（准确性、发生）
（3）	是	经销商在实现终端销售前没有付款义务，且可以退货，该业务可能是委托代销，此时，c设备的控制权可能没有转移给经销商，可能存在多计收入和少计存货的风险	营业收入（发生） 合同资产（存在） 营业成本（发生） 存货（完整性）
（4）	是	未确认研究阶段发生的费用，应根据研发进展情况确认已发生的研发费用，可能存在少计研发费用的风险	研发费用（完整性） 预付款项（准确性、计价和分摊、存在）
（5）	是	疫情导致的停工损失为非常损失，收到的补助与日常活动无关，可能存在多计其他收益的风险	其他收益（分类、发生） 营业外收入（分类、完整性）

要求（2）：

事项序号	是否恰当	理由
（1）	否	在访谈前应注意对访谈提纲保密
（2）	是	—
（3）	否	还应评价交易的商业理由是否合理
（4）	是	—

要求（3）：

事项序号	是否恰当	理由
（1）	否	应另择日期进行监盘
（2）	否	应从验收报告里选取样本
（3）	是	—
（4）	否	应与甲公司的外部律师直接沟通或向甲公司的外部律师寄发询证函

综合模拟卷（B卷）

第一部分　选择题（50分）

一、单项选择题（本大题共20小题，每小题1分，共20分。在每小题列出的四个备选项中只有一个选项是符合题目要求的，请将其代码填写在题后的括号内。错选、多选或未选均不得分）

1. 下列各项，通常不属于审计报告预期使用者的是（　　）。

   A. 被审计单位的股东

   B. 被审计单位的管理层

   C. 对被审计单位财务报表执行审计的注册会计师

   D. 向被审计单位提供贷款的银行

2. 注册会计师在执行审计业务时未能发现审查样本中明显涂改的错漏，这种情况属于（　　）。

   A. 违约　　　　　　　　　　B. 一般过失

   C. 重大过失　　　　　　　　D. 欺诈

3. 下列有关审计质量管理准则的表述，正确的是（　　）。

   A. 鉴证业务质量管理的要求高于非鉴证业务

   B. 会计师事务所质量检查的周期最短不得少于三年

   C. 在会计师事务所与被审计单位的分歧解决之前，不可以出具审计报告

   D. 为了确保审计质量，不可以将注册会计师的业务收入作为其考核指标

4. 进一步审计程序不包括（　　）。

   A. 控制测试　　　　　　　　B. 实质性分析程序

   C. 细节测试　　　　　　　　D. 确定总体审计策略

5. 下列各项，通常无须包含在审计业务约定书中的是（　　）。

   A. 财务报表审计的目标与范围

B. 出具审计报告的日期

C. 管理层和治理层的责任

D. 用于编制财务报表所适用的财务报告编制基础

6. 下列各项，不影响审计证据可靠性的是(　　)。

A. 被审计单位内部控制是否有效

B. 用作审计证据的信息与相关认定之间的关系

C. 审计证据的来源

D. 审计证据的存在形式

7. 注册会计师实施的下列审计程序，属于重新执行的是(　　)。

A. 利用被审计单位的银行存款日记账和银行对账单，重新编制银行存款余额调节表，并与被审计单位编制的银行存款余额调节表进行比较

B. 以人工方式或使用计算机辅助审计技术，对记录或文件中的数据计算的准确性进行核对

C. 对应收账款余额或银行存款进行函证

D. 对被审计单位执行的存货盘点或控制活动进行观察

8. 下列有关抽样风险的说法，错误的是(　　)。

A. 如果注册会计师对总体中的所有项目都实施检查，就不存在抽样风险

B. 在运用非统计抽样时，注册会计师可以对抽样风险进行定性的评价和控制

C. 无论是控制测试还是细节测试，注册会计师都可以通过扩大样本规模来降低抽样风险

D. 注册会计师未能恰当地定义误差将导致抽样风险

9. 下列有关注册会计师了解被审计单位对会计政策的选择和运用的说法，错误的是(　　)。

A. 如果被审计单位变更了重要的会计政策，注册会计师应当考虑会计政策的变更是否能够提供更可靠、更相关的会计信息

B. 当新的会计准则颁布施行时，注册会计师应当考虑被审计单位是否应采用新的会计准则

C. 在缺乏权威性标准或共识的领域，注册会计师应当协助被审计单位选用适当的会计政策

D. 注册会计师应当关注被审计单位是否采用了激进的会计政策

10. 下列有关重大错报风险的说法，不正确的是(　　)。

A. 财务报表层次重大错报风险与财务报表整体存在广泛联系，可能影响多项认定

B. 财务报表层次重大错报风险通常与控制环境有关

C. 重大错报风险与审计项目组人员的学识、技术和能力有关

D. 财务报表层次重大错报风险难以界定于某类交易、账户余额和披露的具体认定

11. 下列有关控制测试程序的说法，不正确的是(　　)。

A. 控制测试的程序包括询问、观察、检查、重新执行等

B. 询问可以测试控制运行的有效性

C. 观察提供的证据仅限于观察发生的时点，其本身不足以测试控制运行的有效性

D. 注册会计师在询问、观察之后，应当执行检查或重新执行等程序，以获取充分、适当的审计证据

12. 在考虑实施实质性程序的时间时，如果识别出由舞弊导致的重大错报风险，注册会计师应当(　　)。

A. 在期末或接近期末实施实质性程序

B. 在期中实施实质性程序

C. 在期中和期末都实施实质性程序

D. 实施将期中结论延伸至期末的审计程序

13. 企业设置严格的赊销审批制度，目的是直接降低应收账款(　　)认定的错报风险。

A. 存在 B. 计价和分摊

C. 完整性 D. 准确性

14. 对于无法实施函证程序的应收账款，注册会计师可以实施的最有效的替代审计程序是(　　)。

A. 进行销售截止测试 B. 扩大控制测试的范围

C. 审查与销售有关的凭证及文件 D. 执行分析程序

15. 注册会计师在对应付账款进行函证时，一般采用(　　)方式。

A. 积极式 B. 消极式

C. 积极式和消极式相结合 D. 积极式和消极式均可

16. 下列有关存货审计的说法，正确的是(　　)。

A. 存货监盘是证实存货完整性认定、权利和义务认定的重要程序

B. 针对难以盘点的存货，注册会计师应当根据被审计单位存货收发制度确认期末存货数量

C. 存货计价审计的样本应着重选择余额较小且价格变动不大的存货项目

D. 存货截止测试的主要方法是抽查存货盘点日前后的购货发票与验收报告，确定每张发票均附有验收报告

17. 注册会计师在检查被审计单位2011年12月31日的银行存款余额调节表时，

发现下列调节事项，其中有迹象表明性质或范围不合理的是(　　)。

A. "银行已收、企业未收"项目包含一项 2011 年 12 月 31 日到账的应收账款，被审计单位尚未收到银行的收款通知

B. "企业已付、银行未付"项目包含一项被审计单位于 2011 年 12 月 31 日提交的转账支付申请，用于支付被审计单位 2011 年 12 月的电费

C. "企业已收、银行未收"项目包含一项 2011 年 12 月 30 日收到的退货款，被审计单位已将供应商提供的支票提交银行

D. "银行已付、企业未付"项目包含一项 2011 年 11 月支付的销售返利，该笔付款已经总经理授权，但由于经办人员未提供相关单据，会计部门尚未入账

18. 下列事项，最可能引起注册会计师对持续经营能力产生疑虑的是(　　)。

A. 难以获得开发必要新产品所需的资金

B. 投资活动产生的现金流量为负数

C. 以股票股利替代现金股利

D. 存在重大关联方交易

19. 下列有关期后事项审计的说法，错误的是(　　)。

A. 在财务报表报出后，如果被审计单位管理层修改了财务报表，且注册会计师提供了新的审计报告或修改了原审计报告，注册会计师应当在新的或经修改的审计报告中增加强调事项段或其他事项段予以说明

B. 如果组成部分注册会计师对某组成部分实施审阅程序，集团项目组可以不要求组成部分注册会计师实施审计程序以识别可能需要在集团财务报表中调整或披露的期后事项

C. 在设计用以识别期后事项的审计程序时，注册会计师应当考虑风险评估的结果，但无须考虑对之前已实施审计程序并已得出满意结论的事项执行追加的审计程序

D. 注册会计师应当设计和实施审计程序，以确定所有在财务报表日至审计报告日之间发生的事项均已得到识别

20. 下列有关审计报告日的说法，错误的是(　　)。

A. 审计报告日可以晚于管理层签署已审计财务报表的日期

B. 审计报告日不应早于管理层书面声明的日期

C. 在特殊情况下，注册会计师可以出具双重日期的审计报告

D. 审计报告日应当是注册会计师获取充分、适当的审计证据，并在此基础上对财务报表形成审计意见的日期

二、多项选择题（本大题共 15 小题，每小题 2 分，共 30 分。在每小题列出的四个备选项中至少有两个是符合题目要求的，请将其代码填写在题后的括号内。错选、多选、少选或未选均不得分）

1. 下列注册会计师执行的业务，能够提供合理保证或有限保证的有（　　）。
   A. 财务报表审计　　　　　　　　B. 财务报表审阅
   C. 对财务信息执行商定程序　　　D. 管理咨询

2. 下列各项，属于注册会计师应当进行的初步业务活动的有（　　）。
   A. 评价遵守相关职业道德要求的情况
   B. 确定审计范围和审计项目组成员
   C. 就审计业务约定条款与被审计单位达成一致
   D. 针对接受或保持客户关系实施相应的质量管理程序

3. 下列有关在实施实质性分析程序时确定可接受的差异额的说法，正确的有（　　）。
   A. 评估的重大错报风险越高，可接受的差异额就越低
   B. 重要性水平影响可接受的差异额
   C. 确定可接受的差异额时，需要考虑一项错报单独或连同其他错报导致财务报表发生重大错报的可能性
   D. 需要从实质性分析程序中获取的保证程度越高，可接受的差异额就越高

4. 下列因素，直接影响控制测试样本规模的有（　　）。
   A. 可容忍偏差率
   B. 拟测试总体的预期偏差率
   C. 控制所影响账户的可容忍错报
   D. 注册会计师在评估风险时对相关控制的依赖程度

5. 了解被审计单位及其环境的程序有（　　）。
   A. 询问被审计单位的管理层及其他相关人员
   B. 监督盘点有关资产
   C. 分析程序
   D. 观察和检查

6. 在了解被审计单位财务业绩的衡量和评价时，注册会计师可以考虑的信息有（　　）。
   A. 经营统计数据　　　　　　　　B. 信用评级机构报告
   C. 证券研究机构的分析报告　　　D. 员工业绩考核与激励性报酬政策

7. 下列各项，属于财务报表层次重大错报风险的总体应对措施的有（　　）。

A. 向项目组强调保持职业怀疑的必要性

B. 指派更有经验或具有特殊技能的审计人员，或利用专家的工作

C. 提供更多的督导

D. 选择的进一步审计程序不被管理层预见或事先了解

8. 下列各项，注册会计师在确定进一步审计程序的范围时应当考虑的有（　　）。

A. 评估的重大错报风险　　　　B. 审计证据适用的期间或时点

C. 计划获取的保证程度　　　　D. 确定的重要性水平

9. 对与虚假销售有关的舞弊风险进行评估后，注册会计师决定提高审计程序的不可预见性。下列审计程序，通常能够达到这一目的的有（　　）。

A. 对账面金额较小的存货实施监盘程序

B. 不预先通知存货监盘地点

C. 对销售交易的具体条款进行函证

D. 对大额应收账款进行函证

10. 下列审计程序，与采购交易记录的完整性认定相关的有（　　）。

A. 从有效的订购单追查至验收单　　B. 从验收单追查至采购明细账

C. 从付款凭证追查至购货发票　　　D. 从供应商发票追查至采购明细账

11. 针对由第三方保管或控制的存货，如果存货是重要的，注册会计师可以实施的审计程序有（　　）。

A. 向持有被审计单位存货的第三方函证存货的数量和状况

B. 如果可行，安排其他注册会计师对第三方存货实施监盘程序

C. 检查与第三方持有的存货相关的文件记录

D. 当存货被作为抵押品时，要求其他机构或人员进行确认

12. 下列有关现金内部控制的说法，正确的有（　　）。

A. 他人未经授权不得接近现金　　B. 及时将收到的支票送存银行

C. 不得以收抵支　　　　　　　　D. 支票的签发和保管应由同一人负责

13. 下列审计工作，可以应对与会计估计相关的重大错报风险的有（　　）。

A. 测试与管理层如何做出会计估计相关的控制的运行有效性

B. 做出注册会计师的点估计或区间估计，以评价管理层的点估计

C. 确定截至审计报告日发生的事项是否提供有关会计估计的审计证据

D. 测试管理层如何做出会计估计及做出会计估计所依据的数据

14. 下列各项，项目合伙人应当在审计过程中复核的有（　　）。

A. 与重大事项有关的审计工作底稿　　B. 与重大判断有关的审计工作底稿

C. 财务报表和审计报告　　　　　　　D. 项目质量复核人员编制的复核记录

15. 下列专用术语,表示保留意见的有( )。
A."由于上述问题造成的重大影响" B."除上述问题造成的影响以外"
C."除存在上述问题以外" D."由于无法获取必要的审计证据"

第二部分　非选择题（50 分）

三、论述题（本大题共 5 小题,每小题 5 分,共 25 分）

1. 与各类交易和事项相关的认定及对应的审计目标有哪些?

2. 简述审计证据的充分性和适当性的含义及两者之间的关系。

3. 简述内部控制体系的要素,并指出内部控制的固有局限性。

4. 应收账款函证有哪几种类型?它们适合在什么情况下使用?

5. 如何理解"注册会计师对审计结论的评价贯穿审计的全过程"这句话?

四、综合业务题(本大题共 1 小题,共 25 分)

甲公司是 ABC 会计师事务所的常年审计客户,主要从事家电产品的生产、批发和零售。A 注册会计师负责审计甲公司 2019 年度财务报表,确定财务报表整体的重要性为 800 万元,明显微小错报的临界值为 40 万元。

资料一:

A 注册会计师在审计工作底稿中记录了所了解的甲公司情况及其环境,部分内容摘录如下:

(1) 2019 年 6 月,甲公司推出了应用 AI 技术的新款洗衣机,新产品迅速占领市场并持续热销。甲公司自 2019 年年末起以成本价清理旧款洗衣机库存。

(2) 为使空调产品在激烈的竞争中保持市场占有率,甲公司自 2019 年 3 月起推出 30 天保价和赠送 5 次空调免费清洗服务的促销措施。

(3) 2018 年 12 月 31 日,甲公司取得常年合作电子商务平台公司乙公司 20% 的股权,对其具有重大影响。乙公司 2019 年接受委托对甲公司自有电子商务平台进行升级改造。乙公司 2019 年度净利润为 3 亿元。

(4) 2019 年,甲公司获得节能产品价格补贴 5 000 万元和智能家电研发补助 6 000 万元。

(5) 2019 年 1 月起,甲公司将智能家电产品的质保期由一年延长至两年,产品销量因此有所增长。

资料二:

A 注册会计师在审计工作底稿中记录了甲公司的财务数据,部分内容摘录如下:

单位:万元

项目	未审数	已审数
	2019 年	2018 年
营业收入——洗衣机(旧款)	130 000	220 000
营业成本——洗衣机(旧款)	120 000	170 000
营业收入——空调	300 000	290 000

项目	未审数 2019 年	已审数 2018 年
营业成本——空调	220 000	200 000
其他收益——节能产品价格补贴	5 000	0
其他收益——智能家电研发补助	6 000	3 000
研发费用	24 000	25 000
存货——洗衣机（旧款）	20 000	40 000
存货跌价准备——洗衣机（旧款）	800	1 600
长期股权投资——乙公司	56 000	50 000
固定资产——电子商务平台	15 000	5 000
预计负债——空调产品售后清洗服务	6 000	0
预计负债——智能家电产品质量保证	7 200	6 000

资料三：

A 注册会计师在审计工作底稿中记录了实施进一步审计程序的情况，部分内容摘录如下：

（1）A 注册会计师在期中审计时针对 2019 年 1 月至 9 月与采购相关的内部控制实施测试，发现存在控制缺陷，因此，未测试 2019 年 10 月至 12 月的相关控制，通过细节测试获取了与 2019 年度采购交易相关的审计证据。

（2）甲公司销售经理每月将销售费用实际发生额与预算数进行比较分析，并编制分析报告，交给副总经理审核。A 注册会计师选取了 4 个月的分析报告，检查了报告上副总经理的签字，据此认为该控制运行有效。

（3）甲公司 2019 年年末应收账款余额较 2018 年年末增长 30%，明显高于 2019 年度的收入增幅。管理层解释系调整赊销政策所致。A 注册会计师检查了甲公司赊销政策的变化情况，扩大了函证、截止测试和期后收款测试的样本量，并走访了甲公司的重要客户，结果满意。

（4）A 注册会计师对甲公司店面租金费用实施实质性分析程序时，确定可接受的差异额为 400 万元，账面金额比期望值少 1 400 万元。A 注册会计师针对其中 1 200 万元的差异进行了调查，结果满意。因剩余差异小于可接受的差异额，A 注册会计师认可了管理层记录的租金费用。

资料四：

A 注册会计师在审计工作底稿中记录了重大事项的处理情况，部分内容摘录如下：

（1）A 注册会计师在审计过程中发现了一笔 300 万元的重分类错报，因金额较小未提出审计调整，要求管理层在书面声明中说明该错报对财务报表整体的影响不重大。

（2）甲公司某重要客户于 2020 年 1 月初申请破产清算。管理层在计提 2019 年年末坏账准备时考虑了这一情况。A 注册会计师检查了相关法律文件，评估了计提金额的合理性，结果满意，据此认可了管理层的处理。

（3）A 注册会计师在审计中发现甲公司采购总监存在受贿行为，立即与总经理沟通了该事项，获悉董事会已收到内部员工举报，正在进行调查。A 注册会计师认为无须再与董事会或股东会沟通。

（4）甲公司总经理因新冠病毒感染疫情滞留外地，无法签署书面声明。A 注册会计师与总经理视频沟通。总经理表示同意书面声明的内容，并授权副总经理在书面声明上签字并加盖了公章。A 注册会计师接受了甲公司的做法。

要求（1）：针对资料一（1）至（5）项，结合资料二，假定不考虑其他条件，逐项指出资料一所列事项是否可能表明存在重大错报风险。如果认为可能表明存在重大错报风险，请简要说明理由，并说明该风险主要与哪些财务报表项目的哪些认定相关（不考虑税务影响）。

要求（2）：针对资料三（1）至（4）项，假定不考虑其他条件，逐项指出 A 注册会计师的做法是否恰当。如不恰当，请简要说明理由。

要求（3）：针对资料四（1）至（4）项，假定不考虑其他条件，逐项指出 A 注册会计师的做法是否恰当。如不恰当，请简要说明理由。

【参考答案】

一、单项选择题

1. C   2. C   3. A   4. D   5. B   6. B   7. A   8. D   9. C
10. C   11. B   12. A   13. B   14. C   15. A   16. D   17. D   18. A
19. D   20. D

二、多项选择题

1. AB   2. ACD   3. ABC   4. ABD   5. ACD   6. ABCD
7. ABCD   8. ACD   9. ABC   10. BD   11. ABCD   12. ABC
13. ABCD   14. ABC   15. BC

三、论述题

1.【答案】（1）发生。由发生认定推导出的审计目标是已记录的交易是真实的。

（2）完整性。由完整性认定推导出的审计目标是已发生的交易确实已经记录。

（3）准确性。由准确性认定推导出的审计目标是已记录的交易是按正确金额反映的。

（4）截止。由截止认定推导出的审计目标是接近资产负债表日的交易记录于恰当的期间。

（5）分类。由分类认定推导出的审计目标是被审计单位记录的交易经过适当分类。

2.【答案】 审计证据的充分性是指审计证据的数量要足以支持注册会计师的审计意见，它是注册会计师形成审计意见所需证据的最低数量要求。

审计证据的适当性是对审计证据质量的衡量，即审计证据在支持各类交易、账户余额、列报（包括披露）的相关认定，或发现其中存在错报方面具有的相关性和可靠性。

充分性和适当性是审计证据的两个重要特征，两者缺一不可，只有充分且适当的审计证据才是有证明力的。审计证据的适当性影响审计证据的充分性。也就是说，审计证据的质量越高，需要的审计证据数量可能越少。需要注意的是，尽管审计证据的充分性和适当性相关，但如果审计证据的质量存在缺陷，那么注册会计师仅靠获取更多的审计证据可能无法弥补其质量上的缺陷。

3.【答案】 内部控制体系包含内部环境（控制环境）、风险评估、内部监督、信息与沟通（信息系统与沟通）、控制活动五个相互关联的要素。

无论如何设计内部控制，其都只能为被审计单位财务报告目标的实现提供合理保证，原因之一是内部控制存在固有局限性。这些局限性包括：

（1）在决策时人为判断可能出现错误，以及可能因人为失误而导致被审计单位的内部控制体系失效。这种错误和失误既可能存在于内部控制的设计与修改过程中，也可能存在于内部控制的运行过程中。

（2）控制可能因两个或更多的人员串通或管理层不当地凌驾于内部控制之上而被规避。

（3）被审计单位内部行使控制职能的人员素质不适应岗位要求，会影响内部控制功能的正常发挥。

（4）成本效益问题也会影响被审计单位内部控制的实施。当实施某项内部控制成本大于其效果而发生损失时，则不应设置该控制环节或控制措施。

4.【答案】 应收账款函证有积极式函证和消极式函证两种。

当符合以下情况时，采用积极式函证较好：① 被审计单位个别账户的欠款金额较大；② 注册会计师有理由相信欠款可能会存在争议、过失等问题。

当符合以下情况时，可以采用消极式函证：① 被审计单位相关的内部控制是有效的，固有风险和控制风险评估为低水平；② 注册会计师预计应收账款过失率较低；③ 欠款余额小的债务人数量很多；④ 注册会计师有理由相信大多数被询证者能认真对待询证函，并对不正确的情况予以反应。

一般而言，对大额账项采用积极式函证，对小额账项则采用消极式函证。

5.【答案】 对"注册会计师对审计结论的评价贯穿审计的全过程"可有以下理解：

（1）注册会计师应当根据实施的审计程序和获取的审计证据，评价对认定层次重大错报风险的评估是否仍然适当。

（2）财务报表审计是一个累积和不断修正信息的过程。随着计划的审计程序的实施，如果获取的信息与风险评估时依据的信息有重大差异，注册会计师应当考虑修正风险评估结果，并据以修改原计划的其他审计程序的性质、时间安排和范围。

（3）在实施控制测试时，如果发现被审计单位控制运行出现偏差，注册会计师应当了解这些偏差及其潜在后果，并确定已实施的控制测试是否为信赖控制提供了充分、适当的审计证据，是否需要实施进一步的控制测试，或实施实质性程序以应对潜在的错报风险。

（4）注册会计师不应将审计中发现的舞弊或错误视为孤立发生的事项，而应当考虑其对评估的重大错报风险的影响。在完成审计工作前，注册会计师应当评价是否已将审计风险降至可接受的低水平，是否需要重新考虑已实施审计程序的性质、时间安排和范围。

（5）在形成审计意见时，注册会计师应当从总体上评价是否已经获取充分、适当的审计证据，以将审计风险降至可接受的低水平。注册会计师应当考虑所有相关的审计证据，包括能够印证财务报表认定的审计证据和与财务报表认定相矛盾的审计证据。

四、综合业务题

【答案】 要求（1）：

事项序号	是否可能表明存在重大错报风险（是/否）	理由	财务报表项目名称（认定）
（1）	是	旧款洗衣机价格调整至成本价，考虑销售费用和相关税费后，可变现净值将低于存货账面价值，而存货跌价准备计提比例与上年一致，可能存在少计存货跌价准备的风险	存货（准确性、计价和分摊） 资产减值损失（完整性、准确性）
（2）	是	赠送的清洗服务属于甲公司承诺的履约义务，应当递延到未来履约时确认收入，可能存在多计营业收入和预计负债的风险	营业收入（发生） 合同负债（完整性） 预计负债（存在） 销售费用（发生）
（3）	是	甲公司在对乙公司投资采用权益法核算时，直接用乙公司净利润计算，未抵销与联营企业乙公司之间发生的未实现内部交易损益，可能存在多计投资收益的风险	长期股权投资（准确性、计价和分摊） 投资收益（准确性）
（4）	是	节能产品价格补贴很可能作为产品价格的组成部分，可能存在少计营业收入的风险；2019年度研发费用未见增长，而计入损益的研发补助大幅增长，相关补助可能与资产相关，可能存在少计递延收益的风险	其他收益（发生） 营业收入（完整性、准确性） 递延收益（完整性）
（5）	是	质保期延长一倍，产品质量保证预计负债仅增长20%，可能存在少计预计负债的风险	预计负债（准确性、计价和分摊） 销售费用（准确性）

要求（2）：

事项序号	是否恰当	理由
（1）	是	—
（2）	否	仅检查签字不足以证明控制运行有效，注册会计师还应了解副总经理是否确实复核了报告内容
（3）	是	—
（4）	否	注册会计师需要对差异的全额进行调查

要求（3）：

事项序号	是否恰当	理由
（1）	否	注册会计师应当要求管理层更正所有超过明显微小错报临界值的错报或累积的错报
（2）	是	—
（3）	否	舞弊涉及管理层/在内部控制中承担重要职责的员工，注册会计师应当与治理层沟通
（4）	是	—

参 考 文 献

1. 陈汉文.《审计（第4版·立体化数字教材版）》学习指导书［M］. 北京：中国人民大学出版社，2020.

2. 高顿CPA个性化辅导研究院. CPA十年真题研究手册：审计［M］. 上海：立信会计出版社，2022.

3. 李晓慧. 审计学：实务与案例［M］. 5版. 北京：中国人民大学出版社，2021.

4. 曲明. 审计习题与案例［M］. 7版. 大连：东北财经大学出版社，2019.

5. 周中胜. 审计学［M］. 2版. 苏州：苏州大学出版社，2021.